rowohlt

Rüdiger Iwan

Die neue Waldorfschule

Ein Erfolgsmodell wird renoviert

Rowohlt

1. Auflage Juli 2007
Copyright © 2007 by Rowohlt Verlag GmbH,
Reinbek bei Hamburg
Lektorat Bernd Gottwald
Satz aus der Minion und Univers PostScript PageOne
Gesamtherstellung Clausen und Bosse, Leck
Printed in Germany
ISBN 978 3 498 03228 9

Inhalt

Das verlorene Jahrhundert

Eine Entschuldigung vorab an die Adresse aller engagierten Waldorflehrer. Gleichzeitig eine Kampfansage an die Stagnation in den tatsächlich existierenden Waldorfschulen. Hier wird der Umfang der am Erfolgsmodell erforderlichen Renovierungsmaßnahmen grob umrissen: ‹Waldorf› hat das 20. Jahrhundert weitgehend dazu genutzt, um darin nicht anzukommen. Und das 21. hat bereits begonnen!

Noch vor der Zeit seiner gültigen Niederschrift skizzierte ich einem Freund das Konzept meines Buches. Genauer gesagt: Ich mailte es ihm. Und mit der diesem Medium eigenen Geschwindigkeit verfing sich seine Antwort in meiner Box: ‹Natürlich›, räumte er ein, ‹habe die Waldorfbewegung in der Vergangenheit manches verschlafen. Und schlafe›, aktualisierte er seine Überzeugung, ‹in allen wesentlichen Punkten bis heute.› Dennoch gab er mir einen Rat mit auf den Weg: ‹Hole sie dort ab, wo sie ist!› – ‹Selbstverständlich›, musste ich unwillkürlich denken, ‹den Status quo kenne ich seit über fünfundzwanzig Jahren und will ihn gerne beschreiben.› – ‹Hole sie behutsam dort ab›, ergänzte er seine Bitte.

Das, glaube ich, ist mir nicht ganz gelungen!

Im Intercity von Stuttgart nach Karlsruhe. Mit dem reizvollen Auftrag, anlässlich einer gemeinsamen Fortbildungsveranstaltung von Waldorf- und Staatsschullehrern einen Vortrag über die Portfoliokultur des Lernens zu halten. Anlass genug, mal wieder einen Blick in eine meiner Lieblingslektüren zu werfen. Eine Broschüre des schwedischen Unterrichtsministeriums, des ‹Skolverket› aus Stockholm. Und wieder bin ich begeistert. Zum wiederholten Mal nimmt mich die Unbefangenheit, mit der unsere skandinavischen Nachbarn den Umbau von Schule und Lernen betreiben, für sie ein. Die offizielle

Herausgabe zu ‹Portfolio i skolan› [1] enthält alles Wissenswerte, um zu verstehen, warum man in Schweden nicht so viel wie wir über ‹Pisa› redet, aber glücklicher damit umzugehen versteht.

Für die Situation an Waldorfschulen gibt sie nicht weniger her. Die intensive Bearbeitung gerade dieser Lektüre hat mir die Stellen, an denen ‹unser› Modell weitgehend unbemerkt in die Jahre gekommen ist, markant zu Bewusstsein gebracht. Die Individualisierung aller Formen des Lernens, in der Waldorfpädagogik von Beginn an gefordert – in der Portfoliokultur des Lernens tatsächlich geleistet! Doch bevor mir die Vertiefung in mein Lieblingsthema gelingt, ziehen drei Mitreisende meine Aufmerksamkeit auf sich. Zwei Männer und eine Frau, die in einer offensichtlich angeregten Unterhaltung begriffen sind. Gesprächsfetzen dringen herüber – etwas von Unterricht und Schülern ist dabei. Klar doch. Lehrer. Dacht' ich mir! – Dacht' ich mir? Warum eigentlich? Meine Blicke aus den Augenwinkeln wandern prüfender hinüber. Sie lamentieren doch gar nicht. Ihre Ausstrahlung ist positiv. Dabei haben sie das Alter schon erreicht, in dem mancher ihrer Kollegen nach absolviertem Burn-out, die Frühpensionierung fest im Blick, neuen Mut zu schöpfen beginnt. Keine Spur davon bei der kleinen Gesprächsrunde, auf die sich meine erwachte Neugier richtet. Also keine Lehrer?

Im Sport, entgeht mir von drüben nicht, hätte ein Kollege die Idee erprobt, Schülerteams zu bilden, die eigenständig Teile des Unterrichts übernehmen. Und wie engagiert sie ihre Aufgabe anpacken würden! Man müsste prüfen, ob man dieses Prinzip nicht auch auf andere Fächer übertragen könne. – Also doch! Lehrer. Aber woher? Jetzt will ich es genau wissen. Anders wird sich meine Neugier nicht befriedigen lassen. Welcher Schulform aus unserem in alter preußischer Strenge dreigeteilten System sind sie zuzuordnen? Einer Hauptschule vielleicht, nach neuem Bildungsplan? Einer Realschule, die ‹Klippern› (bzw. die Methoden von Heinz Klippert) zum Prinzip allen Unterrichts erheben will? Oder einem Gymnasium, das im Zeichen von Themenunterricht und Seminarfach neue Ansätze erprobt? – Oder etwa!? Könnten die Kollegen drüben nicht am Ende auch zu dem einen Prozent aller bundesdeutschen Lehrer gehören, die an Waldorfschulen tätig sind? Noch bevor ich mich in weiteren Vermutungen verliere, fällt das Stichwort, das alle Zweifel beseitigt: Eurythmie. Die Bewegungskunst, die der Begründer der Waldorfschule einst entwickelt hat und die bis heute einzig dort Gegenstand von Unterricht ist. Quer über den schmalen Gang steuere ich zielstrebig auf den vierten freien Platz der Sitzgruppe zu, die die Deutsche Bahn als Einladung zum Gespräch freundlicherweise bereits eingerichtet hat. –

Es gibt sie: die ‹Unausburnbaren›, die tagtäglich und mit Erfolg das Anliegen treibt, Kinder, die den Zauber der ersten Stunde in der Schule erlebt haben, nicht zu «Landsknechten einer geschlagenen Armee» (Peter Sloterdijk) herunterkommen zu lassen. Engagierte Kolleginnen und Kollegen, die in dieses Ziel investieren ohne Ende. Und gerade deshalb daraus die Kraft zu einem Neuanfang immer wieder ziehen. Sie sind mir unter Lehrern aller Schulformen begegnet. In großer Zahl *auch* an Waldorfschulen. Insofern mag die geschilderte Szene exemplarischen Wert besitzen. Und für das Engagement einer großen Anzahl von Lehrern stehen, die an Schulen dieser besonderen pädagogischen Prägung arbeiten.

In einer Hinsicht ist sie irreführend. Sie hat möglicherweise den Eindruck erweckt, als ob durch das Engagement der Kollegen die Schulen selbst, an denen sie arbeiten, in Bewegung wären. Das stimmt – in aller Regel – nicht. So häufig dort Lehrer anzutreffen sind, die aus ihrem Beruf ihre Berufung machen, so selten hat ihr gesteigerter Einsatz eine erkennbare Auswirkung auf die Veränderung der Schule selbst. Aus dem einfachen Grund, weil man sich dort zu geistig ist, um in der Dimension von Zielen, Prozessen und Verantwortlichkeiten denken zu lernen (und zu handeln!). Die einfachsten Begriffe einer Organisation und ihrer Entwicklungsgesetze fehlen. Und statt diesen Mangel zu beheben, erschöpfen sich die Bemühungen einer Mehrzahl der ‹Selbstverwalter› (vgl. S. 105) in der Pflege nebulöser Vorstellungen über einen a priori für lebendig erklärten Schulorganismus. Das Profil der Schule lässt sich so nicht entwickeln.

Aber muss es das überhaupt? Erscheint das Modell doch, wie es ist, vielen für die Ewigkeit gemacht. Genügt es da nicht, Waldorf weltweit zu verbreiten?

Auf allen Kontinenten. Das immer Gleiche immer wieder neu! Und alle, die daheim noch auf Veränderung pochen, lässt man wechselweise in Watte beißen oder auf Granit. Je nachdem, wie es förderlicher ist – für die Bewahrung des Modells. Wie viele engagierte Lehrer sind an der Schnittstelle zwischen ihrem Klassenzimmer und der Verantwortung für das Schulganze in stille Resignation versunken. Und so von unerwarteter Seite der Gefahr des Burn-outs doch noch erlegen. Wie viele haben Waldorf rechtzeitig vorher den Rücken gekehrt. Weil sie eine Schule im Wandel erwartet, aber ein Modell im Stadium fortgeschrittener Stagnation angetroffen haben.

Es ist schon was dran an der Antwort, die mir ein renommierter Erziehungswissenschaftler im Anschluss an seinen Vortrag, auf meine Nachfrage hin, gab, warum er in seinem Überblick über neuere reformpädagogische Ansätze in Deutschland kein Wort über Waldorfschulen verloren habe: Eigentlich, räumte er ein, seien die ihm ganz sympathisch. Nur zu konservativ. «Aber nein», fiel er sich selbst ins Wort, «der Ausdruck ist zu schwach.» Und mit einer Schärfe, die in seinem Vortrag zuvor an keiner Stelle spürbar war, fügte er hinzu: «Manchmal habe ich den Eindruck, dass nach Begründung der Waldorfschule im Jahre 1919 die Mehrzahl der dort Verantwortlichen das 20. Jahrhundert in seinem weiteren Verlauf zu dem einzigen Zweck genutzt haben, ihre Schule *dort*, wenn möglich, nicht ankommen zu lassen.» Was dran ist an dieser Antwort, wird im Folgenden näher erläutert.

Das erstarrte Modell

Der Verlust der Radikalität

Waldorfschulen sind nicht erst in den letzten Jahren in die Jahre gekommen. Bereits die Gründung der historisch ersten Schule dieser besonderen pädagogischen Prägung weist alle Merkmale einer der Stagnation verfallenden Institution auf. Ein Stillstand des ursprünglich dynamisch gedachten Konzeptes, der sich fortsetzt bis in ‹unsere› Tage. Der Maßstab, der bei dieser Untersuchung angelegt wird, ist Christoph Lindenbergs Bestseller «angstfrei lernen, selbstbewusst handeln» aus den 70er Jahren des vergangenen Jahrhunderts entnommen: Waldorfschule als radikale Änderung des Grundkonzeptes von dem, was Schule bisher war. Dass dieser Anspruch aktueller ist denn je, von ‹Waldorfs› aber nie wirklich eingelöst wurde, wird in diesem Kapitel aufgedeckt.

Keine Alternative zur Schule

Waldorfschule heute ist eine alternative Schule, keine Alternative zur Schule.[2] Die einst in die Wirren der Weimarer Republik geschleuderte Provokation weist heute viel zu viele Merkmale gewöhnlicher Verschulung auf, als dass sie den Titel «Alternative zur Schule» noch für sich beanspruchen könnte. Sie ist «im Wesentlichen eine Schule herkömmlichen Zuschnitts, d. h. eine separate Institution *zum* Lernen *von* Lehrern, die nach konventionellen Regeln abläuft.»[3] Als da wären: Lehrer, die, wenn auch aus einem tiefgründig veranlagten Menschenbild heraus, dennoch nach den Methoden ihrer Großväter unterrichten. Inhalte, die, wenn auch aus einem übergreifenden Lehrplan heraus, so doch wie seit Jahrhunderten üblich in Fächer nach- und nebeneinander organisiert werden. Überhaupt Schulen, die zwar aus der Initiative von Eltern und Lehrern gegründet sind, die

Gebrechen staatlicher Bürokratie aber unter dem umgekehrten Vorzeichen der Selbstverwaltung nur fortsetzen.

Doch will sie überhaupt noch jemand, die Alternative zur Schule? Jemand aus den Reihen der Lehrer, die Waldorfpädagogik heutzutage aktiv betreiben? Oder aus denen der Eltern, die ihre Dienste für die eigenen Kinder in Anspruch nehmen? Überhaupt: Was soll das für eine Schule sein, die keine mehr sein will? Ein Gebilde, das einzig aus der Negation der bestehenden Realität seine Energie schöpfte? So etwas wie ein Pendant auf pädagogischem Gebiet zu einer Antiparteienpartei in der Politik? Aber das hatten wir doch schon! Und dabei haben die Grünen sich ja auch angepasst ans System. Und angepasst hat die Waldorfschule sich nicht minder. So radikal wie die Aussage daherkommt, wird sie bei den meisten Betroffenen Befremden auslösen. Bei manchen sentimentale Erinnerungen wecken. Und Einzelne zu kopfschüttelndem Bedauern verleiten.

Und doch ging es Christoph Lindenberg einst in seinem «angstfrei lernen, selbstbewusst handeln» [4] um nichts anderes als den Nachweis einer ‹Alternative zur Schule›. Ein Buch zu schreiben über etwas anderes, wäre ihm gar nicht in den Sinn gekommen. Diese Beweisführung war sein Ziel. Mit einem geringeren wäre er gar nicht an den Start gegangen. Hinter der «praxis eines verkannten schulmodells» sollte etwas zum Vorschein kommen, was so recht eigentlich keine Schule mehr war. Jedenfalls nichts von dem, was man sich konventionellerweise darunter vorstellte. Vielmehr etwas ganz Neues: Es ging «um eine grundsätzlich neue Konzeption» [5], um die «Erneuerung der gesamten Schulwirklichkeit», um «die radikale Änderung von dem, was Schule überhaupt ist».[6] Lindenberg wollte der alten Einrichtung an den Nerv. Sie sachlich, aber mit Nachdruck in ihre fossilen Bestandteile zerlegen. Und eine Alternative aufzeigen: eine Alternative zur Schule. Lindenberg konstatiert: «Unter diesem Anspruch steht nun die Waldorfschule.» [7] Dass ihm dessen Einlösung seinerzeit überzeugend gelungen ist, erklärt den großen Erfolg des Buches und hat maßgeblich zum Boom der Waldorfbewegung in den achtziger und neunziger Jahren beigetragen. Wie viele Menschen habe ich in den vergangenen Jahren getroffen, die gerade über die Lektüre dieses Bestsellers den Weg zur Waldorfschule gefunden haben. Mit den aus dem Buch abgeleiteten Vorstellungen über *die* Alternative. Und fast zwangsläufig daraus resultierenden Enttäuschungen.

Dreißig Jahre später stehen wir (mehr denn je) zu Lindenbergs Postulat einer «radikalen Änderung dessen, was Schule überhaupt ist», und stellen die Waldorfschule noch einmal darunter. Nach Jahren quantitativen Wachstums wird sie – unter besonderer Berücksichtigung der Merkmale, die Christoph Lindenberg einst zur Anerkennung des ‹verkannten Schulmodells› ins Feld führte – einer Qualitätsprüfung unterzogen.

Ein radikales Bündel von Neuerungen

Was nun war es, was Lindenberg ins Feld führte? Womit trat er die Beweisführung an? Es war «ein Bündel von Einzelheiten (...) die von Anfang an in der Waldorfschule geplant und verwirklicht wurden». Eine «Vielfalt von Änderungen», die nur «aus der radikalen Änderung des Grundkonzeptes (...) hervorgehen konnte».[8]

Und nichts, was sich seinerzeit darunter fand, dem wir heute nicht vorbehaltlos zustimmen könnten. Als da wären im Einzelnen: eine Schule, die sich aus der Zusammenarbeit von Eltern, Lehrern und Schülern organisiert (statt einer Schule als Veranstaltung des Staates). Kollegiale Selbstverwaltung des Lehrerkollegiums (statt bürokratischer Verwaltung), Konferenzen als Orte der Praxisforschung (statt formaler Versetzungskonferenzen). Ein Stundenplan, der pädagogischen Anliegen dient (statt sie zu verhindern). Insbesondere die Erprobung einer neuen Form der Unterrichtsökonomie (statt der Zersplitterung im 45-Minuten-Takt). Die Einbeziehung künstlerischer Unterrichte, insbesondere des Momentes der Arbeit (statt eines einseitig kognitiv ausgerichteten Lernens). Kein Sitzenbleiben, keine Zensuren (im Gegensatz zur verbreiteten Selektion durch Schule).

Ferner der Schularzt als Mitglied des Kollegiums, Fremdsprachenunterricht ab der ersten Klasse.

Vieles aus diesem Bündel findet sich an Waldorfschulen, manches auch nicht. Nichts aber aus der Vielzahl dessen, was Lindenberg einst anführte, zielt heute noch auf die Alternative zur Schule. Für die «radikale Änderung» des Grundkonzeptes bleibt es ungenutzt. Dabei: die erwähnten Tatsachen gäben es her. Fast ausnahmslos jede Einzelheit aus dem Bündel hat das Potenzial dazu. Würde es entfaltet, die gealterte Institution Schule würde gleich mit aus den Angeln gehoben und in überraschend neuer Gestalt erscheinen. In einer radikal anderen. Es wäre nicht die der Waldorfschule, wie wir sie heute haben.

Und warum haben wir sie nicht? Warum hat man die Vielfalt der Veränderungen, mit denen man einst angetreten ist, nicht bis heute längst dazu genutzt, um Schule in dieser neuen Gestalt zu kreieren? – Aus einem einfachen Grund! Weil man sie bereits zu *haben* glaubt.

Es ist wie beim sprichwörtlichen Wettlauf zwischen Hase und Igel, bei dem Letzterer seinen Erfolg bekanntlich einem Bluff verdankt. Indem er sich an Start und Ziel gedoubelt postiert (auch Waldorfschulen sind sich rund um den Globus zu gleich), kann er seinem Kontrahenten, dem mit jedem Lauf die Zunge verzweifelter aus dem Halse hängt, sein selbstsicheres «Bin schon da!» zurufen.

Also haben wir sie schon: die ganz andere Schule. Und brauchen uns folglich nirgendwohin zu bewegen, schon gar nicht auf Ziele oder gar neue Ziele zu.

Ein Blick in die Vergangenheit
Der Augenblick, in dem der Faden gerissen ist

Für Lindenberg stand fest: Was das «Bündel von Einzelheiten» im Innersten zusammenhält, war die treibende Kraft, «aus der Schule als Ganzem etwas Neues zu machen». Er war überzeugt, «dass eine derartige Vielfalt von Änderungen nur aus der radikalen Änderung des

Grundkonzeptes von dem, was Schule überhaupt ist, hervorgehen konnte»[9].

Das eine konnte ohne das andere nicht sein. Der Wille, das Konzept der Schule gründlich zu ändern, konnte der entsprechenden Mittel nicht entbehren. Und die Mittel würden auf Dauer wirkungslos, wenn sie nicht aus dem Willen zur Änderung des Grundkonzeptes hervorgingen.

Wenn diese Verbindung also existierte, wann ging sie dann verloren? Wenn der Faden einst hielt, wann ist er gerissen? Wann hat man aufgehört, mit den Mitteln, die man hatte, der Schule gründlich an den Nerv zu gehen? Die Antwort hat etwas Ernüchterndes. Es gab sie nie, die Verbindung. Der Faden konnte nicht reißen, weil er nie existierte.

Das Konzept, das Rudolf Steiner seinerzeit in einem ersten grandiosen Wurf in die Wirren der Zeit geschleudert hatte, stagnierte von der ersten Stunde an. In dem historischen Augenblick, der den Übergang von der Idee zur Tat bedeutete, war es um die Radikalität der Idee geschehen. Genau genommen bei dem Schritt, der von der Idee zu ihrer Institutionalisierung führte. Man hat das damals nicht so recht bemerken wollen. Dem Begründer der Waldorfpädagogik hingegen ist dieser Bruch nicht entgangen. Und er hat aus seiner Verzweiflung darüber keinen Hehl gemacht.

Heute ist es an der Zeit, die Koordinaten dieses historischen Ereignisses exakt zu bestimmen. Wenn wir uns mit dem Anspruch des etwas softigeren Gymnasiums nicht begnügen, wenn wir stattdessen die «Alternative zur Schule» noch ernsthaft in Erwägung ziehen, müssen wir wissen, wo genau uns der Ansatz dazu verlorenging.

Also schauen wir zurück. Der historische Umweg lohnt, er führt uns direkt in die Probleme der Gegenwart.

Pädagogische Bankrotterklärung

«Und jedem Anfang wohnt ein Zauber inne.»[10] Drei Jahre nachdem die erste Waldorfschule in Stuttgart ihre Türen geöffnet hatte, hatte sich der Zauber der ersten Stunde gründlich daraus verflüchtigt. Der Schwung, der die Pioniere von 1919 über die ersten Hürden getragen hatte, war erlahmt. Die ‹Realität› hatte sie eingeholt. Sie hatte sich in stetig steigendem Maße von der Seite gezeigt, die sie insbesondere für Idealisten so unangenehm macht: Sie stellte ihnen Hindernisse in den Weg. Immer mehr, immer neue! Krisensitzungen des Kollegiums mit Rudolf Steiner beginnen die Blätter der Konferenzaufzeichnungen zu füllen. Vorherrschendes Thema wird die innere, die pädagogische Verfassung der Schule. In Fortsetzungen kreist das Gespräch um erkennbar wunde Punkte: Die Schüler insbesondere in den oberen Klassen «gewöhnen sich das Mitarbeiten ab. Die 10. Klasse ist innerlich haltlos geworden. Die waren ganz erledigt.» – «Ich kann nur glauben, dass immer wiederum die Knaben und Mädchen, sobald sie fünfzehn, sechzehn Jahre alt sind, einfach den Händen der Lehrer entsinken.» Und folglich: «Die Klasse schläft in den oberen Klassen.» Die Symptome werden wiederholt auf einen Mangel methodischer Natur zurückgeführt: «Man kommt (…) aus einem richtigen Fassen der Klasse zum Dozieren.» Und dennoch (oder gerade deshalb!) tritt ein, «dass (…) in den oberen Klassen wirklich die Schüler über den Kopf der Lehrer wachsen»[11]. Das Eigenleben, das in Sonderheit eine Reihe von «Problem-Jugendlichen»[12] dabei entfaltet, nimmt erschreckende Ausmaße an. Zeitweise scheinen sie das Regiment in der Schule übernommen zu haben. Steiner bleibt nur übrig zu fordern: «Die Lehrer müssen die Schule wieder in die Hand (nehmen).»[13] Was der Begründer der noch jungen Pädagogik so schmerzlich vermisst, ist «das individualisierende pädagogische Engagement der Lehrerschaft, (der) wache, zukunftsoffene Blick für die zum Vorschein kommende Individualität des jungen Menschen und damit zugleich das persönliche Interesse an ihm»[14]. Und ausgerechnet zu diesem Zeitpunkt, wo es dringender denn je der Kräfte bedurft hätte, Hindernisse zu nehmen, wird das Kollegium zu «einer schweren Masse»[15].

Mangelnder Realitätssinn

Die Konferenz vom 15. Oktober 1922 zeigt zunächst dasselbe Bild: Krisensitzung des Kollegiums mit Rudolf Steiner. Probleme flackern an allen Ecken und Enden auf. Und als ob das nicht genügt hätte, war der Schulrat kurz zuvor auf Inspektion in der Waldorfschule. Hatte verschiedene Unterrichte besucht. Und seine Eindrücke in einem schriftlichen Bericht niedergelegt. Das Ergebnis fällt wenig schmeichelhaft aus. Ohne es zu wissen, bestätigt der Beobachter von außen die Sicht der Dinge, mit der sich die Betroffenen von innen seit Monaten bereits herumschlagen. Ausgerechnet der Vertreter der Schulbürokratie dem Kollegium der *Freien* Waldorfschule! Und jetzt geschieht etwas, was auf den ersten Blick verständlich ist. Man ist vonseiten des Kollegiums nicht bereit, den Wein zu trinken, der einem da ungebeten von außen eingeschenkt wird. Gegenüber Rudolf Steiner jedenfalls hatten die Kollegen abgewiegelt. Der Bericht sei «unwohlwollend» verfasst. Mit anderen Worten: Der Schulrat habe die Situation darin schlechtgeredet. Verständlich auf den ersten Blick. Schließlich hatte man den Schulrat nicht gebeten zu kommen. Sein Besuch war obligatorisch. Ein Muss! Und wer lässt sich schon gerne ungebeten ein Feedback verpassen. Auf den zweiten Blick allerdings erscheint die Reaktion befremdlich. Zwischenzeitlich nämlich hatte sich Steiner die Ausführungen des Schulrates selbst zu Gemüte geführt. Und sieht sich als Erstes genötigt, das Urteil aus den Reihen des Kollegiums zurechtzurücken. «Unwohlwollend»? Im Gegenteil: «wohlwollend» sei der Bericht verfasst. Keinesfalls so, dass man den Eindruck haben müsse, der wolle «der Schule auf den Leib». Und so muss Steiner, stellvertretend für das Kollegium, den Bericht als Bestätigung der inneren Schulkrise annehmen. «Die Dinge sind wahr, die darin stehen, das ist das Bittere.» [16]

Warum also hatte man aus den Reihen des Kollegiums zuvor abzuwiegeln versucht? Warum hatte man auf Zeit gespielt? Fehlte die Bereitschaft, der Krise ehrlich zu begegnen, ihr ins Auge zu schauen? Mangelte es an Realitätssinn?

Der Anfang vom Ende

Zehn Jahre nach dem Start einer Schule: das erste richtige Jubiläum. Und über allen Festlichkeiten ein Hauch von Wehmut! Ja, damals, als sich alle noch für alles engagierten! Wie leicht ließen Schwierigkeiten sich da bewältigen! Als tagsüber mit der Stadtverwaltung um die Genehmigung eines Bauplatzes gerungen und bis tief in die Nacht das Provisorium für den ersten Unterricht gemeinsam gerichtet wurde. Da war «alles (...) einfach, überschaubar, es wird improvisiert, jeder macht alles und es geschieht aus einer natürlichen Einheitlichkeit heraus» [17]. Als Pionierphase bezeichnet die Organisationsentwicklung die Zeitspanne, die von der Idee bis in die Gründerjahre einer Institution reicht [18], die Phase in der die Motivation der Pioniere dem direkten Bezug zur Aufgabe entspringt. In der es der Macht genügt, unbewusst gehandhabt zu werden, und die Kommunikation so direkt verläuft wie die Umsetzung impulsiv und impulsierend wirkt. Doch zehn Jahre später? Man mag das Jubiläum so gemeinschaftlich inszenieren wie möglich, die dahinterliegenden Risse sind doch nur schwerlich zu verdecken: die zwischen Vorstand und Schule, Lehrern und Elternschaft. Und die im Kollegium selbst: Entzweiungen allenthalben, die sich unbemerkt längst zu Gräben auszuwachsen begonnen haben. – Nein, so richtig schön sind sie nicht mehr: die Jahre, die der Schulgründung folgen. Wenn der Wind zwischen den Pionieren von einst längst kühler weht. Wenn Arbeitsabläufe sich getrennt haben. Abteilungen gebildet. Die Kommunikation formalisierter verläuft. Und die Macht nach Legitimation verlangt. Vor allem aber und in allem der rechte Schwung doch so fühlbar verlorengegangen ist. Als Differenzierungsphase wird diese Zeitspanne im ‹Leben› einer Organisation bezeichnet, die der ersten Begeisterung für ihre Gründung unweigerlich folgt. [19] Sie bedeutet den ‹Sündenfall› der Idee in ihre Institutionalisierung. Und der ist, seit Adam und Eva ihn für die Menschheit vorgemacht haben, in der Biographie einer Organisation genauso unumgänglich. Auch wenn man ihn gerade in Waldorfkreisen liebend gerne umgehen würde.

Zwischen übertragener Pionier- und unbewusst erlittener Differenzierungsphase bleibt die Entwicklung der schulischen Organisation stecken. Und alle weiteren Phasen, die sich mit dem Durchgang
durch den ‹Sündenfall› eröffnen könnten, geraten nie wirklich ins
Blickfeld.

Auf kurulischen Stühlen

Das Muster zu dieser Fehlentwicklung liefert die Mutterschule. In
ihrem Krisenjahr 1922. Die Organisation hat inzwischen begonnen,
um sich herum ihre eigene ‹Haut› zu bilden. Und allzu plötzlich sieht
man sich in der Schule vom Rest der Welt getrennt. Der Ausschluss
einiger Problemschüler, als Befreiungsschlag aus der pädagogischen
Misere gedacht, hatte sich als Bumerang entpuppt, den die Stuttgarter kritische Öffentlichkeit inzwischen heftig gegen die Schule zu-
rückschleuderte. Gegen die Lehrer, die sich unvermutet einer feind-
lich gesinnten Außenwelt gegenübersehen. Aber auch nach innen
stehen die Zeichen auf ‹Entzweiung›. Vom gewünschten Einklang
unter den Kollegen keine Spur – Parteibildungen stattdessen. Die ent-
gegenkommende Anerkennung fehlt, jeder geht seine Extrawege und
schließt sich in seinen vier Wänden ab. In dem frostigen Klima dieser
Monate wird nun versucht, die anstehende Arbeitsfülle zu bewältigen. Jeder hat seine tausend Fragen, die möglichst gleich besprochen
und gelöst gehören. Und tatsächlich ist man bemüht, alles zu bespre-
chen. In stundenlangen Konferenzen schiebt man eine riesige The-
menfülle vor sich her. Da ist in einem Atemzug die Rede von privaten
Treffen mit Schülern, der Stundenplanproblematik, der möglichen
Dreiteilung der Schule in den oberen Klassen, im nächsten von der
Berufung neuer Lehrkräfte, der Schulbuchfrage, der notwendigen Erklärung gegenüber der Öffentlichkeit. Und immer wieder zwischen-
durch von den Dingen, die nicht so sind, wie sie sein sollten. Eine Tagesordnung scheint es nicht zu geben. Ein Vorgehen ist nicht erkennbar. Die Fragen und Frager wechseln willkürlich. Antworten Steiners

erfolgen rundum und direkt in alle Richtungen. Nur leider, ohne dass Lösungen dabei näherrückten. Alles wird angesprochen! Nichts wirklich bearbeitet! Nichts bewegt sich mehr. Außer den unter der Sachebene lauernden Spannungen. Die aber richten sich nur wie ein Sperrfeuer auf die Arbeit. Und erschweren sie zusätzlich.

Und die Lehrer, die sich nach nur drei Jahren diesem Berg von Schwierigkeiten gegenübersehen? Sie haben kapituliert. Klammheimlich innerlich gekündigt. Steiner, um ihnen das bewusstzumachen, greift zu einem wenig schmeichelhaften Vergleich: «Es ist eine schwere Masse, das Lehrerkollegium. Sie sitzen auf kurulischen Stühlen der Waldorfschule. Wir aber müssen leben.»[20] Ausgerechnet die Lehrer der Freien Waldorfschule! Werden von Steiner mit römischen Staatsbeamten gleichgesetzt! So wie die sich vor Tausenden von Jahren an ihren Amts- und Ehrensessel geklammert haben, so fest sollen sich nach nur drei Jahren Waldorfschule die Lehrer auf ihren Konferenzstühlen verhockt haben, dabei offenbar eine Art des Aussitzens von Problemen antizipierend.

Die Organisation war in ihre bürokratische Phase geraten und mit ihr die Kollegen. Der Arbeits- und Führungsstil – wie er in der Gründungsphase akzeptabel war – wird jetzt zum Hemmschuh aller weiteren Entwicklung. Immer noch soll einer allein allen anderen die Fahne vorantragen und alle zugleich befeuern und mittragen. Immer noch ist alles auf die freie Unterredung abgestellt. Keine Spur eines systematischen, strukturierten Vorgehens. Das würde auch niemand wollen und als bürokratische Zumutung weit von sich weisen! Aber die Organisation verlangt danach. In dieser Phase einer notwendigen Abkühlung des einst heißgeliebten Impulses hin zu Ordnung, Struktur und in getrennte Funktionen. Nur wer diesen Gesetzmäßigkeiten gebührende Beachtung schenkt, kann die Idee, die einst zur Gründung der Institution führte, auch darin lebendig halten. Wer sie ignoriert, verheddert sich in ihnen wie in aufschießendem Gestrüpp. Und verliert im selben Augenblick die Ursprünglichkeit seines Impulses. Die Tage der von Steiner intendierten radikalen Änderung des Grundkonzeptes sind gezählt. Der Wille, Schule bis hinab zu ihren

Wurzeln neu zu denken, diese, wo nötig, zu ziehen, um wirklich Neues zu pflanzen, ist längst erloschen. Steiner hat das genau erkannt. Und auch diese Tatsache den Lehrern nicht vorenthalten.

Exakt in diesem Augenblick

Bis zum Jahr 1914 war die anthroposophische Bewegung «privater Ausdruck der Herzensangelegenheit»[21], «ein Forum der Begegnung, auf dem wechselseitige Hilfe, soziale, künstlerische und geistige Aktivitäten angeregt wurden (...), ein lebendiges Netz von Freundschaft und Hilfe; eine Wärmelandschaft in der modernen Gesellschaft»[22]. Zum Zeitpunkt der Waldorfschulgründung war sie es nicht mehr. Im Jahr eins nach der Weltkriegskatastrophe war aus den Reihen initiativer Anthroposophen eine Volksbewegung initiiert worden, die sich kein geringeres Ziel als das einer gesamtgesellschaftlichen Erneuerung gesetzt hatte. Daraus war die Waldorfschule hervorgegangen. Als eine der «Musterinstitutionen», in denen vorgelebt werden sollte, was gesamtgesellschaftlich noch unerreichbar schien (vgl. S. 94). Aber exakt *von* diesem Augenblick an, in dem die Idee, um in die Sphäre gesellschaftlicher Wirksamkeit vorzudringen, ihren Weg durch die Institutionalisierung antreten muss, «geht etwas aus, was sich wie ein Mehltau legt auf den Schwung der anthroposophischen Bewegung». Entsteht das «Stuttgarter System», das Steiner in jenen Monaten des Krisenjahres 1922 nicht müde wird zu geißeln. Es scheint – nach Steiner – das zu sein, was zugleich mit den Schwierigkeiten, die es verursacht, den Unwillen kultiviert, diese Ursachen sehen zu wollen. Etwas, was blind macht für die Realität: «Alles würde besser gehen, wenn nicht dieses System zu sehr einrisse.»[23] Aber es war eingerissen. Und der blinde Fleck war der Zustand der Organisation selbst.

Ich will Vorträge halten!

Und Steiner? Der das alles sieht und sichtbar darunter leidet? Welche Rolle nimmt er an? Abgesehen von der, die man ihm permanent überzustülpen sucht? Die des Verkünders, des Orakels, aus dem in jedem Augenblick zu allen Fragen die gewünschte Wahrheit spricht! Des Strohhalms auch in den Stunden der Not! An dem man sich in Ermangelung des eigenen Schopfes aus dem Sumpf herauszuziehen hofft, in den man durch die Schulgründung so unvermutet hineingeraten ist. Ist es die des Mahners? Des Rufers in der Wüste? Die Rolle dessen, der die Spannungen, noch bevor man sie erfolgreich unter den Teppich gekehrt hat, immer wieder darunter hervorholt? Fast scheint es so. Die Lehrer jedenfalls zeigen kein Interesse an den Konflikten, auf die Steiner regelmäßig zurückkommt. Er mahnt, er appelliert. Und wenn er es auch von sich weist: Er klagt an. («Ich will nicht anklagen», «ich will nur sagen, die Dinge sind so.»[24]) Oft bleiben ihm nur die drastischsten Versuche, um den Lehrern Gefahren vor Augen zu führen, denen sie längst erlegen sind. Im Grunde aber ist Steiner verzweifelt. Mit allen Antworten, die er erteilt, gelingt ihm eines nicht: den Lehrern den Ausweg aus der Krise zu weisen. Und wichtiger noch: sie zum Gehen zu veranlassen. Dazu müsste er eine Rolle einnehmen, die es zu diesem historischen Zeitpunkt noch nicht gab. Es wäre die des Entwicklungsbegleiters. Des Organisationsberaters. Dessen, der mehr macht, als den Finger auf die Wunde zu legen und die Verbesserung einzufordern. An den persönlichen Voraussetzungen zu dieser Rolle fehlte es Steiner gewiss nicht. Im Gegenteil! Es dürfte kaum einen Menschen geben, der sich bezüglich der Fähigkeit, andere Menschen in ihrem Anderssein vollständig in sich aufzunehmen, den Status eines Genies so überzeugend erworben hat wie Steiner im Verlaufe seines Lebens. Aber die Mitarbeiter einer Schule zu führen und die Organisation zugleich aus ihren Schwierigkeiten, das war für ihn neu. Eine Anforderung, der er sich in seinen späten Jahren erstmals stellte. Vorbereitet durch sein Leben war er darauf nicht. Zwar konnte er selbst strategisch denken und handeln. Aber andere

Menschen zu Mitunternehmern seiner Idee machen, diese Forderung traf ihn unvorbereitet. Mit der Weltkriegskatastrophe und dem Versuch sozialer Wirksamkeit der anthroposophischen Bewegung war sie unvermeidlich geworden. Steiner hatte sie gesehen und angenommen. Und er ist an ihr zerbrochen. Die Mittel, sie zu bewältigen, konnte er noch nicht kennen.

Im Jahre 1924, kurz vor dem Ausbruch von Steiners Krankheit, die im März 1925 zu seinem Tode führte, hat sich die pädagogische Misere in den oberen Klassen der Waldorfschule nicht zum Besseren gewendet, herrscht unter den Kollegen aus «einer Art der inneren Bequemlichkeit» heraus der «dozierende Duktus»[25] immer noch vor. Werden infolgedessen die Schüler nicht aus einer «schulmäßigen Behandlung» entlassen, nicht konsequent zur eigenen Urteiltätigkeit angeregt.[26] Es fehlt der «pädagogisch-professionelle Wille» zur Beziehungsaufnahme mit den Schülern. Jedenfalls sieht der Schulgründer sich zu einem neuerlichen Kraftakt veranlasst: «Ich muss einen neuen Einschlag geben.» – «Ich will Vorträge halten (...).»[27] Wieder will Steiner damit zu einem Mittel greifen, das er in seinem Leben über sechstausendmal zur Anwendung brachte. Ausgerechnet, um Lehrern das Dozieren abzugewöhnen, will er ihnen Vorträge halten. Lehrern gegenüber, die sich ihm gegenüber ganz offensichtlich noch in der Nachahmungsrolle befinden. Und ihm mehr noch als alle Inhalte die Form abnehmen, in der er sie ihnen bietet.

Steiner hat die beabsichtigten Vorträge seinerzeit nicht mehr halten können. Seine Krankheit ist ihm zuvorgekommen. Aber auch wenn er sie hätte halten können, verändert hätten sie nichts. Unter der Zielsetzung, unter der er dieses Mittel einzusetzen beabsichtigte, war es bereits obsolet. Überhaupt sind Vorträge in ihrer Wirkung von begrenztem Wert. Sie können individuelle Entwicklung impulsieren. Aber keine soziale Misere zum Besseren wenden. Sie hätten von so hoher Geistigkeit sein können, wie irgend möglich, der Grad ihrer Wirksamkeit auf die verwickelte pädagogische Situation wäre gleich null gewesen. Und erst recht zur Lösung von Knoten, in die eine Organisation infolge der Nichtbeachtung ihrer Gesetzmäßigkeiten die

Betroffenen zwangsläufig verwickeln muss, bedarf es anderer, wirksamerer Methoden. Steiner standen sie noch nicht zur Verfügung. In dem Maße, wie den Lehrern der Gründerjahre der Wille fehlte, fehlten Rudolf Steiner die Mittel. Mehr noch! Je nachdrücklicher er den Lehrern mit dem alten Mittel ihre «innere Bequemlichkeit» auszutreiben versuchte, desto mehr mussten sie ihr verfallen, desto mehr verloren sie, woran es ihnen ohnehin bereits zu mangeln schien: den Willen zum Wandel. Das festzustellen, schmälert Steiners Größe nicht. Den Nimbus der Vollkommenheit hat er für sich selbst nie beansprucht. Wir bieten ihm nur die Hand, um ihm von einem Sockel herunterzuhelfen, auf dem seine Anhänger ihm die Pose des erstarrten Denkmals verliehen haben.

Verlustreiches Wachstum

Die Waldorfschule hat überlebt. Die Krise des Jahres 1922 wurde schließlich überstanden. Irgendwie. Sicher nicht gemeistert.[28] Seit dem Ende des Zweiten Weltkriegs jedenfalls ist die Bewegung in beständigem Wachstum begriffen. Den 35 Schulen zu Lindenbergs Zeiten steht heute die Zahl von über zweihundert Einrichtungen allein in Deutschland gegenüber (und etwa tausend in aller Welt), die für sich in Anspruch nehmen, die Pädagogik Rudolf Steiners zu betreiben. Und immer noch wächst ihre Zahl. Doch der Preis des Wachstums ist der Verlust des ursprünglichen Impulses. So jung die menschenkundlich orientierte Pädagogik Steiners bis heute sein mag, so unaufhörlich altert das Schulkonzept seit seinen Anfängen, so sehr haben die Schulen die einst revolutionären Ansätze inzwischen aufgebraucht.

Von der radikalen Änderung des Grundkonzeptes redet heute keiner mehr. Entweder weil er sich darunter sowieso noch nie etwas vorstellen konnte, oder weil er glaubt, sie einmal für immer bereits erreicht zu haben. Beide Einstellungen taugen nur dazu, aus der ‹Zeit› herauszufallen, auf deren Höhe einen der geniale Gründer

einst so unverhofft versetzt hatte. Seitdem beherrscht die Fortschrei-
bung des Status quo die Szene. Sie steht – in nicht mehr allzu ferner
Zukunft (im Jahre 2019) vor der Vollendung ihres ersten Jahrhunderts. Und so wundert es nicht, dass sich im Status quo, wie wir sehen
werden, ein nicht unerheblicher Entwicklungsbedarf aufgestaut hat.

Der Impuls, Schule neu zu denken, ging auf dem langen Weg sei-
ner Umsetzung bereits infolge der ersten Schritte verloren. Im ersten
Stadium der unumgänglich gewordenen Institutionalisierung der
Idee. Die ‹Institutionsfrage› ist seither in Waldorfschulen ungelöst.

Verlorene Ideen, tradierte Formen
Das Prinzip Kochlöffel

Die Stagnation der Waldorfschulen erhält einen Namen: das Prinzip Kochlöffel! Das grundlegende Missverständnis, um das es sich hierbei handelt, besteht in der Verwechslung der tradierten Formen und Rituale mit ihren dahinterliegenden (und längst in Vergessenheit geratenen) Ideen. Die fehlende Unterscheidungsfähigkeit zwischen Erscheinungsform und Idee wird für die Stagnation des Modells ‹Waldorf› verantwortlich gemacht. Eine Reihung von Beispielen aus dem Schulalltag versucht den Umfang der erforderlichen Renovierungsmaßnahmen zu umreißen. Gleichzeitig damit wird die verlorengegangene Idee wieder freigelegt.

Das Übergewicht der Formen

Eigentlich geht es nur um den Kochlöffel: das Prinzip Kochlöffel! Es beherrscht die Waldorfschulen seit den Tagen ihrer Gründung. Seit Gedanken ihres Gründers auf die permanente Evolution einer revolutionären Alternative zur Schule zielten und die Mehrzahl der Lehrer deren Untergang im mitgebrachten Traditionsstrom besorgte.

Dabei hatte Herr Wolffhügel das Prinzip Kochlöffel nicht erfunden. Er hatte nur eine besondere Affinität zu dem geschätzten Hilfsmittel aus dem Alltag von Küche und Koch. Historisch fiel ihm damit allerdings eine Schlüsselrolle zu. Und das kam so: Bei einer der zahlreichen Konferenzen, die Rudolf Steiner mit den Lehrerinnen und Lehrern der ersten Waldorfschule abhielt, wollte der Lehrer Wolffhügel von ihm wissen, was er im Handfertigkeitsunterricht der 5. Klasse mit den Kindern denn erarbeiten könnte. Hierbei kam seine besondere Neigung für den Kochlöffel zur Geltung. Auch war der Unterricht für ihn neu, und vielleicht glaubte er, nicht nur für die Kinder etwas Sinnvolles zu tun, sondern auch für sich einen praktischen Halt an diesem so einfachen Gerät finden zu können. Jedenfalls konnte Rudolf Steiner Herrn Wolffhügels Begeisterung für Kochlöffel nicht teilen. Er reagierte eher zurückhaltend. Hört man sich in den Tonfall seiner Worte hinein, wird man ihm unschwer mehr Respekt für die Person Herrn Wolffhügels als Begeisterung für den Kochlöffel entnehmen: «Herr Wolffhügel, mit dem Handfertigkeitsunterricht haben Sie wohl noch nicht besondere Erfahrungen!» Herr Wolffhügel antwortet, worauf Rudolf Steiner weiterspricht: «Es ist durchaus nichts einzuwenden, dass die Kinder Kochlöffel machen. Ganz Fernliegendes brauchen sie nicht zu machen.»[29] Und die Kinder haben Kochlöffel gemacht. Und nicht nur die des Herrn Wolffhügel. Generationen von Fünftklässlern ...

Dabei ist der Kochlöffel auch der Lehrerschaft so nahe gekommen, dass er sich nahezu unbemerkt als Prinzip einschleichen konnte. Es steht für die Verwechslung von Idee und Form, von Wesen und Erscheinung. Es weist auf ein Übergewicht der Formen und erklärt diese Volkskrankheit Nr. 1 als Folge eines akuten Ideenmangels. Es wird repräsentiert durch den Kochlöffel, der – im Gegensatz zu seinem rührenden Wesen – maßgeblich den Stillstand des Konzeptes Waldorfschule verursacht hat.

Dabei setzt sich mein *eines* Prinzip auch aus einem Bündel von Einzelheiten zusammen. Und die sind im Wesentlichen identisch mit denen, die Lindenberg seinerzeit nannte. Der Unterschied besteht allein darin, dass er sie noch anführen konnte, um mit ihnen das Neue des Grundkonzeptes herauszustreichen, ich es aber mache, um daran den eingetretenen Stillstand aufzuzeigen. Zu danken haben wir diesen dem Prinzip Kochlöffel. An einigen ausgesuchten Exemplaren soll die Wirkungsweise des Prinzips erläutert werden. Sie sind so gewählt, dass von den verschiedenen Gesichtspunkten aus immer wieder dieselbe Frage erhellt wird: Warum die Waldorfschule Lindenbergs Anspruch, «aus der Schule als Ganzem etwas Neues zu machen», bis heute nicht eingelöst hat.

Monatsfeiern
Die verpasste Chance

Der Feier entronnen

Die Elfer sind aufgebracht: «Nein, so nicht! Jedenfalls nicht mit uns! *Wir* wollen da nicht mehr hin! Können Sie das nicht ändern?» Die Schülerinnen, die mich im Foyer der Schule abfangen, sind dem Ende der Monatsfeier entronnen. Sie haben gerade anderthalb Stunden Festsaalaufenthalt hinter sich gebracht. Zugemutet wurden ihnen da der Reihe nach Darbietungen aus dem Unterricht von der ersten bis zur zwölften Klasse. Und möglicherweise haben sie selbst – nach den Zehnern und vor den Zwölfern – vorn auf der Bühne gestanden. Ein englisches Gedicht rezitiert oder zu einer Musik von Bach sich in der Bewegungskunst der Eurythmie geübt. Ich weiß es nicht genau. Und will es auch nicht mehr wissen. Das Wissen, das ich mir durch ungezählte Aufenthalte auf Monatsfeiern leidvoll errungen habe, genügt mir. Und es ist anderer Natur, es betrifft nicht länger die Inhalte, sondern die Form, in der wir uns diese Inhalte gegenseitig glauben zumuten zu müssen!

Tatsächlich aber habe ich in einer der letzten Monatsfeiern mal kurz vorbeigeschaut. Ich stellte mich hinter die Reihen der Zuschauer, und ein verhaltenes Gewoge im Saal war das Erste, was ich wahrnahm. Vorn auf der Bühne führte eine Klasse irgendetwas auf. Aber meine Aufmerksamkeit wurde abgezogen von der Unruhe im Saal. Eine Mischung aus Stimmungen und Gerede, wie sie eben entsteht, wenn das, was von vorne kommt, die nicht erreicht, denen es in den Zuschauerreihen gilt. Unvertraut war mir das alles nicht.

Ich habe eine instinktive Abneigung davor, Menschen als Masse zu begegnen. Vielleicht rührt sie her aus Kindheitstagen. Von Besuchen ‹auf Schalke›, zu denen mein Vater mich jungen Spund glaubte mitnehmen zu müssen. Pfeifen und Brüllen, La Ola und so: alles, was sich auflädt, nur um sich desto heftiger abreagieren zu können: nee, mag ich nicht. Entsprechend harmlos war, was mir später diesbezüglich auf den Festen und Feiern in der Waldorfschule begegnet war. Aber immerhin: Hier sollten es ja Feste und Feiern sein. Keine Massenveranstaltungen in der Sportarena. Und harmlos oder nicht, die Anfänge hier, deren Auswüchse ich von dort bereits kannte, waren sich gleich.

Immer sind es Einzelne, die sich zu Gruppen zusammenschließen. In instinktiver Ablehnung der Langeweile, der sie sich ausgesetzt fühlen. Und ich kann sie verstehen. Zumindest die Schüler hier im Saal. Wäre ich einer von ihnen, nicht gerade in der ersten oder zweiten, eher in der sechsten, siebten Klasse: Was da vorne abliefe, würde mich nichts angehen. Sicher würde ich wie sie den Ausweg in viel versprechenden Nebenbeschäftigungen suchen.

Neu war diesmal nur der Festsaal, in dem die gewohnte Veranstaltung ablief, die Empore, unter der ich stand. Sie erlaubt Zuschauern, das Geschehen von höherer Warte aus zu verfolgen. Dass man diese gehobene Ausgangslage auch zu anderen als rein betrachtenden Zwecken nutzen kann, musste ich bald erfahren. Die ersten Versuche gingen daneben. Die nächsten trafen meinen Nachbarn. Dann erreichten die Nebenbeschäftigungen gelangweilter Schüler auch meinen Kopf. Ganz ehrlich! Ich konnte sie verstehen. Aber das Ende der Monatsfeier habe ich dann doch nicht mehr abgewartet.

Eine gelungene Mischung aus Umständen und Intuition

Die ‹Monatsfeier› hat auf pragmatischen Wegen Eingang gefunden in den Alltag der einst neu gegründeten Waldorfschule. Offenbar war es zur Zeit der Weimarer Republik in staatlichen Schulen des Landes Württemberg üblich, einmal im Monat den Montag offiziell für ‹blau› zu erklären. Der Tag war schulfrei. Und ganz offenkundig war man in der Waldorfschule nicht bereit, sich diesem landesweiten Brauch zu fügen. Stattdessen veranstaltete man an den in Frage kommenden Montagen ein Schulfest.[30] Zunächst als besinnliche Feier gedacht, ergab sich daraus mit schöner Regelmäßigkeit die Gelegenheit, sich untereinander Einblick in verschiedene Unterrichte zu geben. «Schülerproduktionen» bildeten nun den zentralen Inhalt der Zusammenkünfte.[31] Der monatliche Turnus hat ihnen ihren Namen gegeben. Auch wenn er heute nicht mehr bindend ist – die Feiern können monatlich, aber auch in größeren Abständen stattfinden –, die Idee hat sich durchgesetzt an Waldorfschulen: Schüler geben Mitschülern, Lehrern (und Eltern) Einblick in Inhalt und Arbeit ihrer Unterrichte.

In seiner Entstehung so etwas wie eine glückliche Mischung aus Umständen und Intuition, ließe sich die Idee weiter denken. In verschiedene, bislang unberücksichtigt gebliebene Richtungen. Auch tiefer fassen. Bis zu ihren Wurzeln in der Frage des Verhältnisses zweier pädagogischer Größen: dem Arbeiten und Lernen. Formen ließen sich entwickeln, die ihr bislang schlummerndes Potenzial freilegten: «für eine radikale Änderung des Grundkonzeptes von dem, was Schule eigentlich ist»[32] und bis heute ungenutzt bleibt.

Institutioneller Verstörung vorbeugen

Werfen wir einen Blick auf diejenigen, denen die Unternehmung Schule dient: die Schüler. Auch wenn sie in der Schule allgemein zu viel Zeit *versitzen* – befinden sie sich dort anerkanntermaßen auf einem *Lernweg*. Von Klassenstufe zu Klassenstufe. Da erschiene es nur natürlich, und für die persönliche Orientierung des Einzelnen hilfreich, sich gelegentlich einmal umzudrehen, zu schauen, woher ‹ich› komme, und – mit dem Blick nach vorn – wohin ‹ich› gehe. Dieser natürliche Blick auf das Woher und Wohin des eigenen Weges wird durch die Institution getrübt. Caroline geht morgens immer in die dritte, Timo in die siebte Klasse. Caroline hat noch keine Ahnung von dem, was sie in der siebten erwartet, Timo hat längst vergessen, was in der dritten gelaufen ist. Lernen in der Schule ist auf das Nach- und Nebeneinander hin organisiert. Das Prinzip Stundenplan verleiht ihr untergründig etwas vom Charme eines Rangier- und Verschiebebahnhofs, und lässt ein Wegebewusstsein beim Einzelnen nur schwer aufkommen. Dieser institutionellen Verstörung könnte wirksam begegnet werden: Wenn Timo Caroline zeigt, was sie in der siebten Klasse erwartet und Caroline Timo gelegentlich daran erinnert, was in der dritten einst gelaufen ist.

Berufsdeformation vorbeugen

Werfen wir einen Blick auf diejenigen, die für das Kernanliegen der Schule zuständig sind: die Lehrer. Sie dienen dem Lernen der Schüler. Doch bereits der Versuch, diesem Anliegen aus der Rolle des Stoffvermittlers gerecht zu werden, birgt unvermutet viele Haken. Schon der scheinbar simple Versuch, anderen etwas ‹bei›zubringen, muss bei denen, denen er gilt, nicht zwangsläufig auf Gegenliebe stoßen. Und die Reaktion, dem eigenen Anliegen infolge der verweigerten Annahme mehr Nachdruck zu verleihen, kann auch zu gesteigerter Ablehnung führen. Wer in diese Falle tappt, findet sich, statt in der Rolle des Mittlers, in der des Verhinderers wieder. Bereits das kein einfaches Geschäft.

Für den Waldorflehrer liegt die Latte höher: Der Unterrichtsstoff wird nicht gelehrt, damit das Kind den Stoff lernt, sondern damit durch den Stoff die kindliche Entwicklung gefördert wird. Der gesteigerte Anspruch erhöht zugleich die Gefahren, und mancher, der sich in der Rolle des Stoffumwandlers zugunsten der Entwicklungsförderung versucht, findet sich (wenn er es denn bemerkt) in der des Verkünders wieder. Zwar weiß er viel, vor allem aber will er sein Wissen auch mitteilen und fördert eines mit Sicherheit dabei nicht: die Entwicklung der Schüler. Möglich, dass er vor der Klasse begeistert agiert. Nur leider löst er damit das erhoffte Echo in den Reihen der Schülerschar nicht aus: Niemand, der dort bereit wäre, seine Gefühle mit ihm zu teilen. Begeisterung ist kein Garant dafür, dass der Funke überspringt. Sie kann auch vereinsamen, und so spielt sich unser um Erfüllung höchster Ansprüche bemühter Kollege gerade infolge seines hohen Einsatzes unbemerkt und zu stark in den Vordergrund. Er steht damit dem Lernen der Schüler fast vollständig im Wege.

Dieser Berufsdeformation, die insbesondere Waldorflehrern droht (und viele auch ereilt), ist nicht leicht zu begegnen. Aber leicht und regelmäßig kann ihr vorgebeugt werden. Indem der, dem sie droht, beiseitetritt. Auch das will gelernt sein: Schülern die Möglichkeit einzuräumen, über ihr Lernen und Arbeiten selbst miteinander ins Gespräch zu kommen. Es hieße, die Aufmerksamkeit vom bisher als zentral geltenden Anliegen des Unterrichtens auf die Rahmenbedingungen zu verlagern. Und aktiv die Voraussetzungen dafür zu schaffen, dass das neuartige, ungewohnte Gespräch zwischen den Schülern stattfinden kann.

Zu wenig beachtet!

Werfen wir noch einen Blick auf das, dem die ‹Kleinen› in der Schule mit schöner Regelmäßigkeit ihre ganze Energie widmen, die ‹Großen› hingegen ihre in der Regel nur mehr erlahmende Kraft: die Schülerarbeiten selbst – die Schülerprodukte. Geschenke an das Leben (und den Lehrer) in den ersten Jahren, verkommen sie in den späteren nicht selten zu Zwangsabgaben an den Unterricht. Und werden zuletzt – im Zeichen fragloser Pflichterfüllung – dem Staate offeriert. Weil er sie mit dem Gnadengeschenk der Studienberechtigung zu belohnen verspricht.

Arbeiten an Waldorfschulen decken ein breites Spektrum ab: Schüler schreiben und rechnen, sie zeichnen und malen, sie bilden und bauen, musizieren und eurythmisieren. Nicht nur in den ersten Jahren. Ungewöhnlich ist, dass sie es auch in den Folgejahren noch tun. In Klassenstufen, in denen handwerkliche oder künstlerische Tätigkeiten am benachbarten Gymnasium längst in die Arbeitsgemeinschaft ausgelagert worden sind, bilden sie in der 9. und 10. Klasse der Waldorfschule immer noch ein zentrales Unterrichtsanliegen, auch in den höheren Jahrgangsstufen: Das Spektrum bleibt breit.

Doch wird, was so vielfach entsteht, ebenso vielfältig wahrgenommen und gewürdigt? – Die fertige Plastik, das selbstgenähte Hemd, die gelungene Kopie eines Meisterwerkes? Ebenso wie das Berichtsheft aus dem Praktikum, die gelöste Rechenaufgabe, der Aufsatz aus dem Deutschunterricht? Oder das Epochenheft? Mira beispielsweise hat ihre sorgfältig erstellten Epochenhefte (vgl. S. 124) sorgfältig seit Jahren gesammelt. Sie ist da etwas sentimental. Doch steht sie zu ihren Gefühlen. Immerhin ist es ihre Schulzeit, und die erlebt sie schließlich nur einmal. Gelegentlich streift ihr Blick über den Meter ihres Bücherregals, auf dem ihre Schätze sich abgelagert haben. Sicher wird sie einmal, das hat sie sich jetzt schon fest vorgenommen, ihre Sammlung sichten. Und intensiv in ihren Heften schmökern. Irgendwann …

Florian wird das nie können. Aus dem einfachen Grunde nicht, da seine Epochenhefte nicht mehr existieren. Falls sie je existiert haben. Die, die entstanden, blieben Geschöpfe des Augenblicks. Flüchtige Naturen, die auch dadurch nicht an Haltbarkeit gewonnen haben, dass der Lehrer ihnen auf der letzten Seite ausführlich bescheinigt hat, was ihnen zur Vollkommenheit noch fehlt. Nein, Mira war da etwas museal veranlagt, er selbst orientiert sich eher am Zeitgeist und wirft seine Hefte weg.

Und so unrecht, wie es scheint, hat er gar nicht. Wenn Florian, was seine Banknachbarin aufbewahrt, längst auf seine Weise entsorgt hat, reagiert er nur konsequent auf das Vakuum, in dem seine Arbeiten im schulischen Milieu stehen. Auch sein eigener Lehrer konnte sich mit Florians Produkten nicht eingehender beschäftigen. Wie sollte er auch, wenn 35 weitere sich vor ihm auf dem Schreibtisch türmen. So hat niemand die Bemühungen und Fortschritte gefunden, die in seinen Arbeiten verborgen lagen. Eigentlich ein Affront – erst das Beste von Florian zu verlangen, und hat er es dann gegeben, findet es kaum Resonanz. Klar, dass er allmählich gelernt hat, sein Bestes für sich zu behalten. Und was entstand, wenn es denn entstand, rasch wieder zu entsorgen. Allein konnte Florian das rechte Verhältnis zu seinen Arbeiten nicht finden (es gab sogar Lehrer, die behaupteten, er sei faul).

Tatsächlich gibt es an Waldorfschulen die Anlässe, Schülerarbeiten wahrzunehmen: Ausstellungen, Aufführungen, Präsentationen – und eben die Monatsfeiern. Doch reichen sie nicht aus, schon gar nicht die Formen, in denen sie sich ereignen. Wenn anlässlich einer Ausstellung das eine Heft betrachtet, anlässlich einer Monatsfeier die andere Aufführung beklatscht wird. Der Wert dessen, worauf sich der Einsatz der Schüler in der Schule richtet, ist entschieden höher als der Grad der Wahrnehmung und Würdigung, den die Arbeiten erfahren.

Dem Mangel an Wahrnehmung und Würdigung, den Schülerarbeiten erfahren, könnte abgeholfen werden. Nicht dadurch, dass die Ansprüche einseitig auf Lehrerseite höhergeschraubt werden, vielmehr dadurch, dass Schüler eine neue Rolle erlernen könnten! Anliegen der Lehrer müsste es sein, dass Florian und Mira sich die Öffentlichkeit für ihre Arbeiten selber schüfen: mit Mitschülern, Lehrern, mit Eltern und – je älter, desto mehr – mit interessierten Menschen aus dem schulischen Umfeld. Den Lehrern erwüchsen daraus vielfältig neue Aufgaben. Als Erstes müssten sie Platz schaffen für das Neue. Und der ist traditionell besetzt – auch an Waldorfschulen: durch das Verständnis eines Lernens, das einseitig auf das Vermitteln der Inhalte festgelegt ist. Hier aber ginge es um etwas anderes: um einen neuen Um-gang mit der Schülerleistung. Die Bedingungen, unter denen er stattfinden könnte, müssten sorgfältig erwogen und geschaffen werden.

Warum sie nicht ist, was sie sein könnte

Systematisch habe ich es nicht erhoben, aber gefragt habe ich. Und vielfach auch ungefragt Antwort erhalten: Das Erlebnis Monatsfeier reduziert sich für Schüler – je älter sie werden, desto mehr – auf ein einziges Gefühl: die Langeweile.

Monatsfeier ist keine Orientierung für den eigenen Lernweg, kein Gespräch mit Mitschülern über das eigene Arbeiten und Lernen.

Nicht der Ort, um eigene Produktionen einer selbstorganisierten Öffentlichkeit zu präsentieren, und Lehrer treten dort auch nicht wirklich beiseite.

Vielmehr heißt Monatsfeier: in einem Saal *fest* zu sitzen (statt in einem *Fest*saal zu sitzen). Sich in die Rolle des Zuschauers zu fügen und zu lernen, der Reihe nach Beiträge aus möglichst allen Klassen über sich ergehen zu lassen. Es sind, nicht selten, dieselben. Was die Dritte, Fünfte oder Achte bietet, es ist einem, unweigerlich fast, bekannt, und einem mit jedem Mal mehr über! Das Gefühl, mit der jeweils nächsten Feier in einem nicht unerheblichen Maße auch zur Wiederholung zwangsverpflichtet zu werden, kann sich den aufsichtführenden Lehrern unmissverständlich mitteilen: als Disziplinproblem. Aber warum wird es dann so gemacht? Warum wird, was manchmal besser und oft schlechter funktioniert, fortgeschrieben? Wem wird dieses Opfer gebracht? – Einem obsoleten Gemeinschaftsverständnis. Individualisierung, wenn sie denn als Leitbild in der Beziehung zwischen Lehrern und Schülern wirksam ist: die Organisationsformen der Schule hat sie nicht erreicht. Ob Monatsfeier, Unterricht oder Konferenz: Waldorfschulen definieren sich fast ausnahmslos als Gemeinschaft. Die gebräuchlichste Organisationsformel lautet: Allen Alles! Eine Form, gegen die Schüler ab der fünften, sechsten Klasse immer spürbarer rebellieren. Und so sind Florian und Mira, Timo und Caroline sich längst einig: ‹Was da vorne geschieht und uns allen zugedacht ist, geht *mich* nichts an. Jedenfalls nicht wirklich. Wollt ihr *mir* tatsächlich was Gutes tun, dann tut es nicht allen zugleich an. Gießt einfach euer Ideal nicht im Gießkannenprinzip über uns alle zugleich aus ...› Doch ist es keine Nullbock-Generation, die da heranwächst. Und so haben ihre vier Vertreter längst auch eine zukunftsweisende Resolution verfasst: ‹Schafft Raum für Orientierung auf dem Lernweg! Für eine direkte Begegnung mit der Arbeit (und dem Arbeiten) des Mitschülers! Für ein Gespräch, das wir selbst organisieren lernen!›

Erstaunlicherweise treffen die vier Protagonisten damit übereinstimmend Ideen, die sich alle vom Ursprung der Monatsfeier herleiten lassen! Nur leider der Kochlöffel! Die ursprüngliche Idee der Monatsfeier, sie sollte, bevor sie hundert Jahre alt wird, aus dem Dornröschenschlaf ihrer Form erwachen dürfen.

Alter Schulschlendrian
Die missachteten Mahnungen

Die wollen mir meinen Maßstab kaputt machen

Fünf Uhr nachmittags. Vor einer halben Stunde ist meine Tochter nach Hause gekommen und sitzt jetzt in einer Mischung aus Missmut und Müdigkeit über ihren Hausaufgaben. Vier verschiedene Hausaufgaben in vier verschiedenen Fächern, die alle nur gemeinsam haben, dass Sie bis morgen erledigt sein müssen. Gefallen haben ihr Pflichtübungen dieser Art nie. Regelmäßig nur den Weg verstellt zu dem, was sie eigentlich in ihrer Freizeit machen wollte. Inzwischen aber ist sie in dem Alter, ihrem Ärger nicht nur Luft zu machen, sondern ihn auch genauer hinterfragen zu können. «Was wollen die eigentlich? Ich meine, was wollen die Lehrer eigentlich erreichen?» Sie schaut auf, zu mir herüber, und beeilt sich, die Antwort auf ihre Frage, noch bevor ich mich einmischen könnte, selbst zu geben: «Die wollen mir meinen Maßstab kaputt machen!» Eine harsche Behauptung allerdings, die sie unmittelbar zu weiteren Ausführungen veranlasst: «Ich kann vier Aufgaben bis morgen nicht wirklich bearbeiten. Also was mache ich? Ich mach's irgendwie! Also soll ich alles gleichmäßig flüchtig und oberflächlich machen, oder?» Fast so etwas wie eine Provokation, durch die ich mich veranlasst fühlen könnte, etwas beizutragen. Schließlich interessiert mich das Thema, aber wieder kommt mir meine Tochter zuvor. Diesmal mit ihren Erinnerungen: «Ich glaube, dass ich schon seit Jahren, wenn ich mir in den Ferien vornehme, etwas für mich zu arbeiten, immer meine eigenen Maßstäbe gegen die Schule behaupten musste. Also ja nicht so oberflächlich zu werden wie so oft bei den Hausaufgaben. Sondern mir selbst mein Level zu setzen.» Vielleicht haben mich ihre harschen Worte etwas erschreckt. Auch wenn ich nicht zum Verteidiger der Hausaufgaben konvertiere, fühle ich mich doch bemüßigt, einiges zur Verteidigung der Schule anzuführen. Schließlich gibt es doch Ansätze für individuelleres Arbeiten. Also führe ich sie an: die Kunstunterrichte, das Klassenspiel, die Jahresarbeit (vgl. S. 83). Aber so recht erreiche ich meine Tochter mit diesen Hinweisen nicht. Schließlich sitzt sie jetzt über den Hausaufgaben, und es ist deren Bleigewicht, das gerade auf ihr lastet. Also sage ich noch etwas, was mir im Moment, wo ich es sage, schon ziemlich dumm in den Ohren klingt. Dumm zumindest als Entschuldigung für Lehrer: «Ich glaube, sie wissen ja gar nicht, dass Hausaufgaben so wirken, dass sie bei dir so ankommen.» Hätte nur noch der Zusatz gefehlt, dass Lehrer es ja eigentlich (wie meine Eltern mit mir auch) immer gut meinen. Nein! Damit kann ich ihr nicht weiterhelfen. Dass Lehrer hier seit Jahrhunderten an demselben falschen Strang ziehen, dass sie es an ihrer Waldorfschule mit genauso ‹Null›-Bewusstsein tun wie anderswo auch, kann meine Tochter nicht trösten.

Wie «Pisa» sind wir wirklich?

Wenn beim Stichwort «Pisa» in Deutschland Reformen im Schulwesen angemahnt werden, heißt es aus unseren Kreisen oft «Ich bin schon da». Doch hat sich die Waldorfschule auf vielen Feldern bereits viel zu sehr dem konventionellen Schulsystem angepasst – und damit ihr erneuerndes Potenzial verspielt. Unlängst verfing sich eine E-Mail zum Thema «Sitzenbleiben» in meiner Box, eine Aufforderung vonseiten des Geschäftsführers beim «Bund der Freien Waldorfschulen», sich an einer diesbezüglichen Diskussion zu beteiligen. Mitglieder der Grünen-Fraktion in Berlin hatten sie losgetreten. Im Umkreis des Pisa-Bebens wird dort die Forderung diskutiert, mit den Siegern des internationalen Schultests gleichzuziehen und das, was nachgewiesenermaßen niemandem hilft, jedermann stattdessen unnötige Kosten aufbürdet, das Sitzenbleiben bzw. «Durchfallen», nunmehr selbst fallenzulassen.

In der Waldorfschule muss niemand dort sitzenbleiben, niemand auch fällt dorthin zurück, von wo sie (und er) aufzusteigen für ihr natürliches Recht erachten. So selbstverständlich wie das Älterwerden begibt sich für Schülerinnen und Schüler in der Waldorfschule der Übertritt in die nächsthöhere Klassenstufe. Den Kindern und Jugendlichen dieser besonderen Form von Gesamtschule wird von jeher die Schmach der Ehrenrunde erspart.

Auch Lindenberg hat seinerzeit und mit vollem Recht darauf verwiesen, dass dort, wo der Mensch im Mittelpunkt steht (ein gern benutztes Motto in Waldorfkreisen), das Sitzenbleiben als «quasi gottgewollte Naturnotwendigkeit» keinen Platz hat.

Nur natürlich, dass auch Waldorfpädagogen sich aufgefordert fühlen, im Schatten von Pisa hierzu die Stimme zu erheben. Als Waldorflehrer hat man schon längst das Gefühl, dass man Gutes zwar gern von «uns» abguckt, der Waldorfpädagogik im Gegenzug aber die gebührende Teilnahme im öffentlichen Diskurs vorenthält. Also *klopfen wir uns auf die Schulter*, in aller Öffentlichkeit: Bei «uns» bleibt niemand sitzen. Die Waldorfschule selektiert nicht wie der Staat am Ende der vierten Klasse. Wir können uns damit zu Recht unter die skandinavischen der Pisa-Spitzenreiter einreihen ...

Weil wir ahnungslos sind ...

Aber fassen wir uns gleichzeitig auch an die eigene Nase! Machen wir uns einmal einige schlechte Gewohnheiten bewusst, die das fehlende Sitzenbleiben in ein weniger verklärtes Licht rücken – und es bei genauerem Hinsehen eher als Inkonsequenz denn als genuine Errungenschaft der nach Waldorfart praktizierten Pädagogik ausweisen. Überspitzt formuliert? – Leider nicht! Nur die Summe, die sich unter dem Strich aus zahlreichen Beobachtungen des Schulalltags aufdrängt! Tatsächlich handhabt man wie frau in der Waldorfschulpraxis aufs entschiedendste Mittel, die in unrühmlicher Übereinstimmung mit dem im Übrigen abgelehnten System aus Selektion und Berechtigung stehen. – Weil man muss? – Weil man es so will? – In erster Linie, weil man ahnungslos ist! Und so tut man der nächsten Generation an, was man selbst erlitten hat: *Hausaufgaben?* Selbstverständlich! Wie anders sollte das Kind Durchgenommenes festigen? *Klassenarbeiten und Tests?* Wie sonst sollte man Auskunft erhalten über den Stand des Erreichten? Die *Korrektur?* Wie, wenn nicht aus Fehlern, sollte man lernen? Die *Zensur?* Schließlich wollen Schüler wissen, wo sie stehen. – So werden die Segel in einem Boot gehisst, das, zu nicht unwesentlichen Teilen längst morsch, keiner zukünftigen Generation mehr untergeschoben werden dürfte. Mag sein, der Geist der Waldorfpädagogik weht dennoch günstig. Doch sitzt auch einer in den morschen Planken. Und je länger die Fahrt währt, desto schwerer wird – bei noch so günstigem Wind – das Fahrzeug im Wasser liegen ...

Bleigewicht Hausaufgabe

Aus der Reihe der musealen Bestandteile sei hier die Hausaufgabe hinterfragt.

Rudolf Steiner war ein Gegner der Hausaufgaben. Bei aller Flexibilität, die er sich stets um den Kern seiner Überzeugungen bewahrt hat, blieb er seiner ablehnenden Haltung treu. Im Unterschied zu Anregungen Steiners für die Praxis, die den Angeregten unter der Hand zu Kochlöffeln wurden, handelt es sich bei der Hausaufgabe um einen solchen, den die Junglehrer von einst bereits seit über hundert Jahren fertig mit im Handgepäck trugen. Auch Waldorfpädagogen handeln aus Teilen eines angestammten Lehrerhabitus heraus, aus Gewohnheiten, die weniger gebildet als vielmehr vom Gattungswesen Lehrer ererbt werden. Diesen Kochlöffel aus seiner starren Form zu lösen, ihn für das Denken über den Umgang mit schulischen Aufgaben zurückzugewinnen, galt Rudolf Steiners Bemühen.

Er hat erläutert, er hat den Pionieren von einst versucht einsichtig zu machen, was mancher Lehrer von heute rundum als Provokation ablehnen würde: Hausaufgaben sind ein Rückfall in eine Pädagogik, deren Schattenseiten man zu überwinden angetreten war. Der von Steiner so bezeichnete Schulschlendrian sollte sich aber als stärker erweisen.

Steiner nicht verstanden ...

In der Konferenz mit den Ur-Waldorflehrern vom 11. September 1921 ist es der Mathematiklehrer, der bezüglich seines Algebra-Unterrichts von der Notwendigkeit der Hausaufgaben überzeugt scheint: «Hier tritt es besonders deutlich hervor, dass die Kinder zu Hause etwas rechnen sollten.» Auffällig ist, dass der Kollege die Notwendigkeit seiner Forderung aus der Sache selbst, der Algebra, ableitet und damit eine quasi objektive Begründung für die Wahl dieses Mittels vorgibt. Steiner hingegen geht von der inneren Verfassung des Kindes aus, von dem «gewissen Eifer», der den Anfang aller Bearbeitung von Aufgaben durch Schüler zu bilden habe, ohne den die Hausaufgabe jeder Legitimation zu entbehren scheint. Erläuternd heißt es weiter: «Es müsste lebendiges Leben hineinkommen; es müsste so gemacht werden, dass die Aktivität erregt wird, dass nicht die innere Haltung der Kinder gelähmt wird.» – Es müsste hineinkommen – wird also wohl nicht drin gewesen sein: das lebendige Leben! Steiner scheint die Unnachgiebigkeit des Kollegen zu spüren, und so entwickelt er von Satz zu Satz konkreter die Form, in der er zulassen will, wonach sein Gegenüber so überzeugt verlangt. Der Gefahr, «die Grundsätze einer wirklich sachgemäßen Erziehungskunst dadurch zu durchkreuzen, dass man doch wieder auf den Zwang hinarbeiten möchte», stellt er die Freiheitsgestalt gegenüber: «Zum Beispiel müsste es so gemacht werden, dass Sie, wenn Sie einen Stoff durchgenommen haben, etwa aus diesem Stoff hervorgehende Aufgaben so aufschreiben, dass Sie sagen: Morgen werde ich die folgenden Rechnungsoperationen behandeln –, und jetzt warten, ob die Kinder sich herbeilassen, diese Operationen zu Hause vorzubereiten.» Auf keinem anderen Wege als «aus dem Wollen der Kinder selbst» sollte hervorgehen, «dass sie von einem Tag zum andern selbst etwas tun». Nur natürlich, dass die Erziehung zur Freiheit, um glaubwürdig zu *wirken*, auf dem Wege zu ihrem Ziel sich keiner zu ihr im inneren Widerspruch befindlichen Mittel bedienen sollte. Auf dem Instrument des Zwanges schließlich lässt sich die Melodie der Freiheit nicht erüben.

Dennoch war und ist, was Steiner vorbringt, ein Affront gegen die Vertreter der Pflichtfraktion. Und ihre bis heute wirkungsvollste Reaktion darauf führt uns der Kollege von damals unmittelbar vor – er überhört ihn: «Übungen von Multiplikationen und so weiter, so etwas kann man auch nicht aufgeben?», lautet seine eindeutig ausweichende Antwort. Oder hat er Steiners Gedankenfigur nur deshalb nicht herausgehört, weil er – von seiner ausschließlich inhaltlichen Ebene aus – dessen Aussage im Kern gar nicht erfassen konnte? «Nur in dieser Form», versucht Steiner denn auch das Thema auf die Ebene des eigentlich erstrebten Wandels zurückzuführen, der mit dem bloßen Wechsel von der Algebra zur Arithmetik vom Kollegen umgangen, nicht aber bewältigt würde.[33] Vergeblich!

Inhalt und Form! Ich würde nicht so umständlich auf diesen zwei Seiten der Vergangenheit herumreiten, wenn sie – vergangen wäre. Wir Lehrer, die wir die Erziehung künftiger Generationen zu verantworten haben, neigen dazu, ihnen anzutun, was einst uns selbst eingeprägt wurde (wer wäre nicht auf dem beschriebenen Holzwege mittels Hausaufgaben zur Pflicht verzogen statt zur Verantwortung geführt worden). Auf der Ebene des alten Adams, unserer kollektiven Gewohnheiten, sind wir Lehrer (zunächst) alle gleich – konservativ. Und fahren auf dem morschen Untersatz des bereits zitierten Schulschlendrians Richtung Zukunft, wie wir wähnen, ungeachtet des Geistes, der in den Planken nagt und uns, statt des ersehnten Fortkommens, unerwünschten Tiefgang beschert. Wir sollten das Boot umbauen!

«Dann müssten wir auch die Schüler
durchplumpsen lassen ...»

Doch stärke man sich vor Inangriffnahme der gewünschten Perestroika durch die Klärung des eingangs behaupteten Zusammenhangs zwischen der einen, bereits inspizierten morschen Planke (der Hausaufgabe) und dem ganz großen Leck (dem zum Sitzenbleiben). In der Konferenz vom 9. Dezember 1922 führen die Kollegen Klage über das, was Steiner als «natürliche» Reaktion der Schüler auf die Hausaufgaben längst prophezeit hatte: Sie verleiten dazu, nicht gemacht zu werden. Und er hatte wiederholt gewarnt vor der damit verbundenen Gefahr einer völligen Demoralisierung des Verhältnisses zwischen Lehrer und Schüler.

So weit also war man inzwischen gekommen. Jetzt holt Steiner weiter aus und stellt die Hausaufgabe in den Zusammenhang, in den auch wir sie mit weiteren resistenten Resten der Vergangenheit einreihen: «Also ich glaube doch, dass es notwendig ist, dass wir uns immer die Frage stellen, wie müssen wir unter den geänderten Bedingungen arbeiten, wenn man am Ende des Schuljahres ein Drittel durchfallen lässt, während wir sie mitschleppen. Das gibt andere Bedingungen. Wenn wir dann dieselben Maßstäbe anlegen, wenn wir in derselben Weise denken, kommen wir nicht weiter. Dann müssten wir auch die Schüler durchplumpsen lassen. Man kann nicht das eine ohne das andere haben. Auf der anderen Seite muss man auch das bedenken: die Arbeiten, die zuhause gemacht werden, müssen gern gemacht werden. Es muss ein Bedürfnis dazu da sein, dass man es erreicht... Wir müssen es dahin bringen, dass die Kinder ihre Aufgaben gern machen.»[34]

Im Kern ist dies eine Gegenüberstellung der überkommenen Praxis schulischer Selektion (mit dem Ergebnis des durchfallenden Drittels) auf der einen und den geänderten Bedingungen innerhalb der Waldorfschule (mit ihrer Konsequenz, dass «wir sie mitschleppen») auf der anderen Seite. Entscheidend ist die Forderung, an die neuen Bedingungen nicht die alten Maßstäbe anzulegen. Also: Entweder denken in den alten Strukturen und «durchplumpsen lassen» oder «mitschleppen», dann aber auch umdenken. Was für die Hausaufgabe den Wandel dahingehend bedeutete, «dass die Kinder ihre Aufgaben gern machen». Aber: «Es muss ein Bedürfnis dazu da sein, dass man es erreicht.» – Und genau das scheint gefehlt zu haben, und bis heute zu fehlen!

Und will ich eigentlich wohin?

Aus der Form, in der es sich gewohnheitsmäßig ereignete, wollte Steiner das Üben lösen, um der Idee in neuen, individuellen Gestaltungen *das* Leben einzuhauchen, das ihr im Ursprungsland des kategorischen Imperativs verlorengegangen war. Doch hat sich der Kochlöffel Hausaufgabe, den die Lehrer bereits fertig mitbrachten, als nicht minder resistent erwiesen als diejenigen, die sie aus Anregungen des Schulgründers erst hatten bilden müssen. Also alle machen für morgen dasselbe! Egal, ob Kevin eine Stunde (erfolglos) darüber brütet, was Caroline in fünf Minuten erledigt haben wird und Fabio lieber gleich lässt, weil es ihn so gar nicht interessiert. Nein, diese vermeintlich letzte Bastion zur Aneignung schulischen Lernstoffes wird verteidigt, nötigenfalls mit Zähnen und Klauen. Wirksamer noch in gedankenloser Selbstverständlichkeit. Doch klingt das Lied der Freiheit auf dem Instrument der Pflicht immer schräger und fehlt der Pisa-Selbstgenügsamkeit der Waldorfschulen bei genauerem Hinsehen die Glaubwürdigkeit. Also nicht: «Ich bin schon da.» Eher schon: «Wo bin ich eigentlich?» Und: «Wohin will ich eigentlich?» Das radikal Neue des Konzeptes jedenfalls ließe sich nur durch Umwandlung des alten Schulschlendrians erfinden.

Verbalgutachten
Der verschenkte Fortschritt

Bei den ‹Noten› fehlt die Musik

Neulich wollte ich aus dem ICE aussteigen. Unter denen, die mit mir vor verschlossenen Türen auf das Halten des Zuges warteten, fiel mir ein Junge auf. Er mochte 12 oder 13 Jahre alt sein, war schlank, hatte ein schmales Gesicht und über allem einen strahlenden Blick. In der Hand hielt er ein Skateboard, das er auf seinem rechten Turnschuh absetzte und hob. Er war in einem intensiven Austausch mit einem Erwachsenen begriffen. Der Mann, um die 40 Jahre alt, mochte sein Vater, sein Onkel oder ein guter Freund sein. Die beiden verstanden sich jedenfalls gut. Sie unterhielten sich über die Schule, über Schulnoten. Und der Junge wusste, wie es schien, alles darüber, nicht nur über seine eigene 3-plus und 2-minus! Während er sein Skateboard auf den Turnschuhen in Bewegung hielt, konnte er zugleich Auskunft geben über sämtliche Schulnoten sämtlicher Mitschüler in allen erteilten Fächern. Er bezifferte *sich* so exakt wie seine Freunde und strahlte seinen lieben Onkel an. Der hörte zu. Ob er dabei die Begeisterung seines jungen Gesprächspartners teilte, war der Ruhe, mit der er es tat, nicht anzumerken. Sicher war, dass er den Mitteilungen des Jungen Raum gab und nur durch gelegentliche Fragen den Kenntnisreichtum seines Gesprächspartners abrufen konnte.

Plötzlich aber schien die Stimmung umgeschlagen. Ich bemerkte es zunächst an den Augen des Jungen, alles Strahlen war daraus gewichen. Er hielt seinen Blick gesenkt. Statt wie bisher zu seinem Onkel aufzuschauen, gelang es ihm nur noch unter Anstrengungen, und auch nur flüchtig, den Augen seines Gegenübers zu begegnen. Sein Skateboard stand still auf der Spitze seines Schuhs. In einem Moment, der mir entgangen sein musste, hatte der ‹liebe Onkel› den Gesprächsgegenstand gewechselt. Mit derselben Ruhe, mit der er bisher nach ‹Noten› gefragt hatte, wollte er jetzt mehr wissen. Er fragte nach den Inhalten. Weit entfernt auch jetzt, den Jungen zu examinieren!

Nur aus Interesse wollte er wissen, was in der Schule wirklich geschah, was man dort so lernte. Und der Junge – von diesem Augenblick an – fiel von einer Verlegenheit in die nächste. Bei der wachsenden Unruhe kurz vor der Ankunft drang vieles nur noch bruchstückhaft herüber. Einige Worte des Jungen aber hörte ich, höre sie heute noch, als wenn sie neben mir gesprochen würden: «So was (nämlich das, was wir eigentlich lernen) merke ich mir nicht.»

So war mir die Wirkung der Zensur noch nie dahergekommen, der Schnitt, mit dem sie das Lernen von der Feststellung seines Ergebniswertes trennt und die Inhalte ausräumt aus dem Gedächtnis. Zwar ist das Vergessenwerden – bis zu einem gewissen Grad – das Schicksal allen Unterrichtsstoffes. Aber die Kommunikation über Leistung wird wesentlich durch den Informationsersatz der Ziffernzensur unterbunden. Der Opa ist's gleich zufrieden, wenn der Enkel ihm den Einser vorhält. Was dahintersteckt, will er gar nicht wissen. Über Inhalte zu sprechen, fiele ihm im Traum nicht ein. Nur der Onkel interessierte sich dafür.

Von der Zukunft überholt

Die Waldorfschule ist von ihrer Gründung her eine notenfreie Schule. Zensuren, die auf das Sitzenbleiben als «quasi gottgewollte Naturnotwendigkeit» ausgerichtet sind, lehnt sie ab. Sie will nicht selektieren, nicht, bestimmten formalen Kriterien entsprechend, Aufstiegschancen eröffnen oder verweigern. «Die Waldorfschulen setzen dieser Pädagogik der Auslese eine Pädagogik der Förderung entgegen.» Ganz wesentlich beruht das ‹angstfrei lernen …› auf dem Verzicht jedweder angsterzeugender Instrumente. Das ‹selbstbewusst handeln› hätte sonst die Grundlage nicht, aus der es hervorgehen könnte. «Er (der Lehrer) kann nicht einfach ein Zensurenbüchlein zücken und Fünfen und Sechsen eintragen und so die Disziplin herstellen.» Wesentlicher Ersatz für den «Unsinn, (…) eine Arbeit mit einer Ziffer zu bewerten», ist deren inhaltliche Beschreibung: «Es ist aber auch unsinnig zu sagen: der Stil sei ‹4›, damit ist niemandem geholfen. Der Stil ist nicht ‹4›, sondern überladen, zu kompliziert, zu primitiv, von Klischees beherrscht, gewunden usw. Kurz, man tut besser daran, wenn man sachlich bleiben will, den Stil, die Gedankenführung und ähnliches zu charakterisieren und ihn nicht durch eine völlig inadäquate Note zu bewerten.»[35] Was zur Versachlichung des Umgangs mit der Schülerarbeit hier empfohlen wird, bildet auch die Alternative am Ende des Schuljahres. Die standardisierte Leistungsbewertung (nach Ziffernnoten) wird weitgehend vermieden. «Das ermutigende Gespräch, der Hinweis auf konkrete Verbesserungsmöglichkeiten in der zukünftigen Arbeit und das jährliche Berichtszeugnis sollen dagegen die individuellen Fortschritte unterstützen.»[36]

So hatte Steiner es einst initiiert. So hat Lindenberg es als einen der Eckpfeiler beschrieben, auf dem das ‹selbstbewusst handeln› angstfrei ruhen konnte. So gilt es bis heute als zukunftsweisendes Merkmal der Waldorfpädagogik. Nur leider ist es das schon lange nicht mehr. Die Zukunft ist ihre eigenen Wege gegangen und hat diesen Ansatz inzwischen überholt. Was als Berichtszeugnis (oder Schülercharakteristik) zur Zeit der Schulgründung noch als (schon damals) zwar nicht unbekannte, aber doch interessante Alternative gelten konnte, hat sich inzwischen weiterentwickelt und hat sich erfolgreich lösen können aus der Antinomie ‹Berichtszeugnis versus Ziffernnote›, in der es in der Waldorfschule längst steckengeblieben ist.

Hurra, wir haben die Noten

«Endlich haben wir Noten in der Elften.» Die Kollegin einer benachbarten Waldorfschule strahlt, als ob ihr ein großer Durchbruch in einer wichtigen Frage gelungen sei. Tatsächlich hat das Kollegium beschlossen, in allen Fächern nunmehr ab der Elften Ziffernzensuren zu erteilen. Die Erleichterung darüber ist meiner Gesprächspartnerin anzusehen. Hatte doch der Schlendrian Einzug gehalten in den Oberstufenklassen, ließen Arbeitsmoral und Disziplin schon seit geraumer Zeit zu wünschen übrig. «Endlich gibt es jetzt, zumindest ab der Elften, ein wirksames Mittel, um gegenzusteuern.» Noten sind nötig, lautet die einzige Botschaft. Und sie dringt so unverhohlen aus allen Worten meines Gegenübers und liegt so eindeutig als Stimmung darüber, dass ich erst gar keine Einwände zu machen versuche.

Mutter und Vater (einer Stuttgarter Waldorfschule) sind ratlos. Und die Lehrer waren es auch. Auf dem letzten Elternabend wurde gemeinsam mit Schülervertretern über die Frage der Notenvergabe diskutiert. Die Schüler forderten Zensuren, die Lehrer hielten mit den Waldorfzeugnissen dagegen. Die, meinten die Schüler, seien lustig. Und die Lehrer konnten nur bestätigen, dass am Schuljahresende bei der Zeugnisvergabe viel darüber gelacht würde. Der schließlichen Erwiderung vonseiten der Lehrer, dass Leistung auf diesem Wege charakterisiert werden solle, hielten die Schülervertreter entgegen, dass man so aber nicht erführe, wo man stehe. Und das schließlich wolle man wissen. Und zwar ganz genau: durch Zensuren eben. Worauf der allgemeine Eindruck entstand, dass dem nichts entgegenzuhalten sei. – «Wirklich nichts? Aber dem muss doch etwas entgegenzuhalten sein», schließen die Eltern ihren Bericht mit einer Frage, und wir unterhalten uns über Wege, die aus der Sackgasse führen könnten.

Montagmorgen in ‹meiner› Waldorfschule. Heute beginnt ein Experiment in der 9. Klasse. In der Epoche sollen Individualarbeiten entstehen. Aus dem Allgemeinen, das ich biete, können die Schüler ihr je Besonderes finden und dem in einer Arbeit Ausdruck verleihen.

Als Morgengabe auf den Tischen haben sich bereits die Bioklausuren der eben abgeschlossenen Epoche eingefunden. Der Kollege war fleißig und hat die Arbeiten bereits fertig korrigiert. Das Ergebnis liegt auf den Bänken. Die Eintretenden greifen danach und etwa folgende Kommunikation über Leistung entzündet sich: ‹Und was hast du?› – ‹1,9!› – ‹Und du?› – ‹Na ja, 3,1!› – ‹So ein Mist, 4,7!›, tönt es derweil aus einer Ecke, noch bevor irgendjemand danach hätte fragen können. Dumm nur, dass ich mit dem Kollegen über die Diskrepanz zwischen meinem Experiment und seinen Zehntelnoten nicht reden kann. Er mag es nicht, wenn ich an seine Gewohnheiten rühre.

Vor nicht allzu vielen Jahren wurde in Konferenzen um die Frage der Vergabe von Zensuren noch heftig gerungen. Und die Gruppe der Lehrer, die ihr Vordringen vom Abschluss her in immer frühere Klassen zu verhindern suchte, war groß. So richtig einigen konnte man sich damals allerdings nicht. Das Dilemma, Verbalgutachten zwar für angebrachter zu halten, Zensuren aber (mit Blick auf die Abschlussprüfungen) erteilen zu müssen, sah jeder. Auswege kannte keiner. So ging die Praxis ihre eigenen Wege, waren die Zensuren auf dem Vormarsch. Und gerieten die Verbalgutachten immer mehr in ihren Sog. Genaugenommen war die Ziffernnote in den Lehrergewohnheiten immer schon da und musste sich von dort aus nur gegen die schwächelnde Alternative wieder durchsetzen. Auf ernsthaften Widerstand stieß sie bei ihrem Vorstoß nicht. Vielmehr konnte sie sich erfolgreich einer weiteren Antinomie bedienen, die die Köpfe der Lehrerschaft beherrscht: die zwischen Freiheit und Qualitätssicherung. Also entweder lebt eine Waldorfschule aus der freien Initiative ihrer Lehrer (und ihre Qualität ergibt sich daraus wie von selbst), oder sie betreibt bewusst die Sicherung übergeordneter Standards (und aus ist es mit der Freiheit des Einzelnen). Für die Praxis der Waldorfschule liberaler Prägung ergibt sich: Was der Einzelne tut, insbesondere wie, bleibt dem Einzelnen überlassen. Wenn das Einzelnen nicht gefällt, dürfen sie gerne den Versuch unternehmen, alle anderen vom Gegenteil zu überzeugen. Was Einzelne wiederum dazu animiert, es anders zu machen. Schließlich ist man ‹frei›. Sonst könnte man ja gleich an die Staatsschule gehen. Also lassen wir die Schülercharakteristiken, wie sie sind. Und dürfen andere daneben mit Erleichterung feststellen: ‹Endlich haben wir Noten in der Elften.› Eine Rechnung der liberalen Art, die unter dem Strich und als Ergebnis den Stillstand des Konzeptes ergibt.

Was war eher da?

Die Ziffernzensur, in ihrer Bedeutung von der wissenschaftlichen Forschung geradezu pulverisiert, erweist sich in der Praxis bis heute als fast vollständig resistent. Äußerlich betrachtet mag sie als ein geradezu unscheinbar wirkendes Detail des staatlichen Berechtigungssystems erscheinen. Versucht man sich aber an ihm, spürt man rasch, dass man in einen Wald hineinruft, aus dem ein mächtiges Echo widerhallt. Die Mächtigkeit aber, so tief sie im System verankert ist, spricht nirgends eindringlicher als aus den Gewohnheiten von Lehrern.[37] Der Versuch einer Abschaffung der Zensur käme einem Verbot der menschlichen Abstraktionsfähigkeit gleich. Und wir lieben es, Sachverhalte komplexerer Natur auf einen für alle durchsichtigen, wenn auch nichtssagenden Nenner zu bringen. Ein solcher Sachverhalt ist die Schülerleistung, ein solcher nichtssagender Nenner die Ziffernnote. Wie anders auch sollte Leistung in der Massengesellschaft zu behandeln sein? Wie könnten zweihundert Bewerbungen auf drei Stellen hin bewältigt werden! Wenn nicht über Zahlen! Zahlen bilden das Sieb, durch deren Maschen heute die meisten fallen.

Das war nicht immer so. Zum Beispiel damals nicht, als es noch keine Massengesellschaft gab. Vielmehr war es so, «dass sich erst im Laufe des 19. Jahrhunderts die uns heute selbstverständliche starre Nummerierung der Leistungen entwickelt und differenziertere Begutachtungen abgelöst hatte».[38] Ursprünglicher als die Ziffernzensur ist die Charakteristik der Schülerleistung. Noch zu Beginn des 19. Jahrhunderts trat man den Übergang vom Gymnasium zur Universität nicht mit dem Ziffernzeugnis, sondern mit dem Gutachten unter dem Arm an: «Im Erklären und Übersetzen der lateinischen Prosaiker zeigt er viele Gewandtheit, im Verstehen und Interpretieren der Dichter hinlänglichen Scharfsinn, der schriftliche Ausdruck im Lateinischen ist verständlich, ziemlich correct und fließend und zuweilen bis zur Fülle des oratorischen Numerus gesteigert. (...) Vorzügliches Interesse bezeigte er für die teutschen Lectionen, in denen er sich theils durch einen verständlichen mündlichen Vortrag, theils durch einzelne, von vorzüglicher Auffassungs- und Darstellungsgabe zeugende schriftliche Arbeiten auszeichnete.» Mit diesem (hier in Auszügen wiedergegebenen) Gutachten des Schulleiters Wilhelm Dilthey hat Georg Büchner 1831 sein Darmstädter Gymnasium verlassen. Und man wird dem berühmten Schulleiter wohl nicht absprechen, dass er die Fähigkeiten seines später noch berühmter gewordenen Schülers hier aufschlussreich charakterisiert hätte.

Vier Jahre später hieß es in Trier über Karl Marx, er übersetze und erkläre im Lateinischen «die leichteren Stellen der im Gymnasium gelesenen Klassiker auch ohne Vorbereitung mit Fertigkeit und Umsicht». Und mit unleugbarem Instinkt für den Autor des später so schwerverdaulichen «Kapitals» wird im Gutachten fortgefahren, dass Marx sich bei seinen Übersetzungen insbesondere für die Stellen interessiere, «wo die Schwierigkeit nicht so sehr in der Eigentümlichkeit der Sprache als in der Sache und dem Gedankenzusammenhange liegt»[39]. Tatsächlich wurde Marx kein Meister der Formulierung. Aber (auf seine Art) ein Meister des Denkens. Wer wollte leugnen, dass hinter den Worten dieses Gutachtens antönt, was hinter einer Ziffernote für immer stumm bliebe. «Erst während des 19. Jahrhunderts wurden dann die Zeugnisse staatlicherseits ausgestellte Urkunden, die zu bestimmten Bildungslaufbahnen berechtigten.»[40]

Soweit dürfte feststehen: Womit Steiner die Lehrer der ersten Waldorfschule anzuregen versuchte, war nicht neu. Vielmehr holte er ein Mittel, das während des Vormarsches Preußens in Deutschland in der Versenkung verschwunden war, wieder daraus hervor. Worauf es ihm dabei ankam, hat er in gemeinsamen Konferenzen mit der Lehrerschaft deutlich gemacht. Insbesondere lenkte er das Augenmerk darauf, dass sich der Geist der Ziffernzensur, wenn man eine Alternative etablieren wollte, nicht unbemerkt wieder einschleicht: Man muss es so fassen, dass man ‹ohne zu zensieren charakterisiert›. Ferner: «gut individualisiert» (also pauschale Formulierungen nach Möglichkeit vermeidet). Und sich in der Kunst versucht, auch «Mängel positiv aus(zu)drücken».[41]

Den gesellschaftlichen Siegeszug der Zensur konnte die veränderte Praxis in den Waldorfschulen nicht aufhalten. Auch wenn heute längst erwiesen ist, dass der Dreier in der 6 a etwas anderes bedeutet als in der Parallelklasse. Im Namen allgegenwärtiger Vergleichbarkeit der Leistung muss verglichen werden. Wie sonst sollten wir bemerken können, ob wir die Abstiegsplätze im internationalen Pisa-Ranking endlich verlassen haben. Die Ziffernzensur beherrscht nach wie vor die Szene.

Was ist besser?

Doch hat das Verbalgutachten inzwischen an Verbreitung gewonnen.[42] Dabei geraten die Vor- und Nachteile der beiden Kontrahenten unaufgeregter in den Blick. Und als Betrachter tut man gut daran, sich nicht übereilt auf eine der beiden Seiten zu schlagen. Die Ziffernzensur ist informationsarm, ergebnisorientiert, fördert das Lernen um der Note willen und verhindert echte Motivation, erzeugt hingegen Überlegenheits- und Minderwertigkeitsgefühle und vieles Falsche mehr. Doch so viel Schlechtigkeiten sich auch sammeln lassen[43], so eindeutig besser muss die in Worte gefasste Beschreibung der Schülerleistung nicht sein. Selbstverständlich: Das Verbalgutachten kann einen hohen Informationsgehalt haben, ermöglicht es, Leistungsentwicklung darzustellen, konkrete Lernhilfen zu geben und ist – insbesondere für das Ranking in der Klasse – gerade nicht tauglich. Aber wehe, wenn der Umgang mit diesem Mittel nicht erübt und nicht wirklich gewollt wird. Mit schlechten Formulierungen kann man genauso danebenliegen wie mit einer zu Unrecht erteilten Zensur. Der Schritt zur Floskel, zur formelhaften Nichtigkeit ist nicht groß. Schlimmer noch: können Lehrer sich zu Äußerungen hinreißen lassen, denen gegenüber ich persönlich die abstrakte Fünf in Mathe vorziehen würde, da sie wenigstens die Bereiche von mir ausspart, in denen Lehrer sich für berechtigt halten könnten, mit ihren Formulierungen herumzutrampeln.

Charakterisierungen unter Druck

Die Kunst der Charakteristik des Kindes durch den Lehrer lebt vor allem in den unteren Klassenstufen. Sie kann wie das Öffnen für Seiten des Kindes wirken: «Fabio zeigte sich in diesem Schuljahr als ein im wörtlichen Sinne eigen-williger Geselle. Sein Verhalten fiel mir wieder als ein sehr markantes und mehrstimmiges auf. Mal waren es die Seelenklänge einer Querflöte, die ihn, bezogen auf frühere Zeiten, eher wehmütig erscheinen ließen, mal posaunale Töne (oder gar Paukenschläge!), die den Reichtum seiner Entwicklungsmelodie ausmachten.» Auch zu einem späteren Zeitpunkt kann die Originalität der Charakteristik gewahrt bleiben. Und der Lehrer leistet damit so ganz nebenbei, nicht nur die Schülerpersönlichkeit, sondern auch seinen persönlichen Unterrichtsstil zu beschreiben. So heißt es über einen Schüler aus der Elften in Französisch: «Jedes Mal, wenn es schien, Lukas sei endlich auf den Teppich heruntergekommen, flog der Teppich samt Lukas davon, inklusive Reiseproviant (Getränke, Kartoffelchips usw.). Im Verhältnis zu solchen Fortflügen blieben seine Fortschritte sehr bescheiden, aber doch groß genug, um Eltern und Lehrern die Hoffnung zu lassen. – Er hat sie ohnehin.»

Doch geraten die Formen der Rückmeldung nach oben hin unter Druck, dem sich die Lehrer immer bereitwilliger beugen. Charakteristika schnurren zusammen zu Ziffernnotenzeugnissen in Worten. Da heißt es über eine Zehntklässlerin in Geographie: «Marie hat interessiert am Unterricht teilgenommen. Ihr Heft hat sie gut erarbeitet und gestaltet. Sie hat gezeigt, dass sie sich gut mit ihrem Thema auseinandergesetzt hat. Insgesamt eine gute Leistung!» Und über Johannes: «Er hat gut mitgearbeitet. Sein Heft hat er ordentlich geführt und die Arbeit war gut.» Oder wenn es nicht so ‹gut› lief, in Physik zum Beispiel: «Zur Elektrizitätslehre und zur Kernphysik hat Christoph keinen Ordner abgegeben. Seine schriftlichen Arbeiten aber waren voll ausreichend.» – Charakterlose Worthülsen statt Charakterisierungen, die nicht mehr aussagen als das, was eine Zensur auch nicht sagen würde.

Die Beispiele bieten nur ein unvollständiges Bild. Doch beschreiben sie eine Tendenz, die einem vollständig unter die Haut gehen kann. Mit dem, worauf Lindenberg einst sein ‹selbstbewusst handeln› zu gründen glaubte, hat sie mehr zufällig noch zu tun als gewollt.

Kopernikanische Wende

Professor Rupert Vierlinger, ein vor allem in seinem Heimatland Österreich bekannter Pädagoge, plädiert seit einigen Jahrzehnten bereits für einen dritten Weg zwischen Ziffernnote und Verbalgutachten: Direkte Leistungsvorlage (kurz DLV) hat er ihn getauft.[44] Sie tut das, was ihr Name besagt: Sie macht die Leistung des Schülers für jeden weiteren Adressaten sichtbar: «Einer Ziffernnote muss man glauben, einem Verbalgutachten muss man glauben. Bei der direkten Leistungsvorlage kann der Adressat der Leistung sich selbst ein Urteil bilden.» – Sich selbst ein Urteil bilden! Klingt modern! Aber irgendwie auch mühsam. Offenbar soll man um eine Anstrengung nicht herumkommen, die einem die Ziffernzensur ja auch nur scheinbar erspart: «Die Sache selbst, der Wert der Schülerleistung an sich, bleibt (bei der Ziffernzensur) wie hinter einem Schleier verborgen. Sie erscheint gleichsam nur als Schatten an der Wand, um mit Platons Höhlengleichnis zu reden. – Die Direkte Leistungsvorlage öffnet dagegen das Atelier namens Schule und lässt den Adressaten (der Schulnachricht) einen Blick auf das Erreichte tun. Sie stellt die Sache ins Zentrum, nicht ein stellvertretendes Zeichensystem.»

Vor diesem Hintergrund betrachtet, gehören alle Formen der Verbalgutachten (genauso wie die Ziffernzeugnisse) in die erste, vom Glauben beherrschte Kategorie. Unabhängig von ihrer Qualität. «Die Alternativen (zur Ziffernnote, Anm. des Autors) begnügen sich freilich zumeist mit einer Modifikation der Berichtsform des Lehrers und entkommen dabei nicht den Verfälschungen, die sich aus der Kette von subjektiven Einschätzungen und Deutungen ergeben.»[45]

Der progressive Ansatz Vierlingers wurde inzwischen weiterentwickelt; aus der Urzelle der DLV das Portfolio kultiviert. (vgl. S. 131) Wie bei der DLV können Lehrerkommentare auch hier die Schülerprodukte flankieren. Muss der Abnehmer *jenen* nicht glauben, weil er *diese* einsehen und sich selbst ein Urteil darüber bilden kann. Der revolutionär nächste Schritt besteht darin, den Schüler in seine Rechte zu setzen. Ihn vom passiven Empfänger des Lehrerurteils zu erheben in den Rang eines Partners im dialogisch zu gestaltenden Prozess der Bewertung. Vom Ende her, an dem der Lehrer traditionell die Beurteilung vollzieht (und die Kurzschlusshandlung, den Transfer in die Ziffernnote, begeht), wird die Bewertung in den Lernprozess vorverlagert. Und für das Lernen zurückgewonnen. Indem sie in vielfältige Formen wechselseitiger Bewertung im Prozess umgeschmolzen wird. Bis dahin, dass Schüler lernen, von ihrem Königsrecht Gebrauch zu machen: den Bewerter ihrer Arbeit inhaltlich zu beauftragen. Sie selbst formulieren, wozu sie Rückmeldung haben wollen, warten nicht auf ihr Urteil, sondern auf konkretes Feedback; auf eine Rückmeldung, die schon allein deshalb Wirkung zeigen wird, weil der Empfänger sie erbeten hat, weil er selbst die Frage formuliert, auf die der Partner im Prozess der dialogischen Bewertung ihm antwortet.

Ein Siebenmeilenschritt! Größer allerdings für den Lehrer als für Schüler. Müssen Lehrer sich doch erst des Rituals bewusst werden, das sie verleitet, sich im Vollzuge der Korrektur zum alleinigen Beurteiler über die Leistung aufzuschwingen (und den Schüler wie selbstverständlich dabei zu entmündigen). Stattdessen müssen sie lernen, ihn als «Subjekt des eigenen Bewertungshandelns» ernst zu nehmen.[46] Schüler können das, wie selbstverständlich schlüpfen sie in die neue Rolle und entwickeln ungeahnte Kräfte daraus. (vgl. S. 171) Wenn Lehrer ihnen nur den Raum für die Entwicklung dieser Fähigkeiten geben.

Doppelt herausgefordert

Vor dem hier skizzierten Hintergrund ist die Waldorfschule in zwei Richtungen herausgefordert. Zunächst nach innen, auf eines ihrer zentralen pädagogischen Anliegen hin: die Entwicklung der Urteilskraft. Unterrichtsinhalte, unter diesem Aspekt betrachtet, sind nicht einfach Selbstzweck. Stoff ist nie Stoff, der eben beigebracht werden soll oder sonst wie als Vorwand für die nächste Klassenarbeit herhalten muss. Was durchzunehmen ist, legitimiert sich dadurch, dass es der Förderung einer Fähigkeit dient, die mit den Kindern heranwächst und im Jugendlichen zur Entfaltung kommen kann: das Vermögen, sich Weltzusammenhänge aus dem Wahrnehmen und Denken selbständig zu erschließen. Viel Aufmerksamkeit wird deshalb traditionell auf die Frage verwendet, welche Inhalte zu welchem Zeitpunkt diesem Anliegen dienlich sind. In nicht geringerem Maße darauf, wie weit es gelingen kann, sich mit der Natur des Heranwachsenden auf der einen, mit dem Unterrichtsstoff auf der anderen Seite so vertraut zu machen, dass Inhalte (sozusagen vom Kopf auf die Füße gestellt) als Entwicklungsimpuls wirken können (dessen integrierter Bestandteil das Wissen ist). Die Aufgabe des Lehrers besteht nicht unwesentlich darin, originäre Zugänge zu den Inhalten selbst nicht zu verstellen (weder durch eigene Interpretationen noch durch die geschlossene Form seiner Fragen). Vielmehr sie zu öffnen und Schüler so heranzuführen, dass ihre eigene Urteilskraft spürbar herausgefordert wird und an dieser Herausforderung wächst.

Dieses zentrale Anliegen, so schwer es zu verwirklichen ist, im Unterrichtsprozess hartnäckig und ausdauernd zu verfolgen, erscheint Waldorflehrern vertraut. Dasselbe Anliegen an anderer Stelle aufzuspüren, die Urteilsfähigkeit auf dem Feld der Leistungsbeurteilung selbst zu schulen (also Epochenhefte und Klassenarbeiten nicht zur Korrektur mit nach Hause zu nehmen, sondern zum Gegenstand von Unterricht und Erziehung zu machen), mag befremdlich wirken. Schon deshalb, weil Neuzugänge zu alten Anliegen der Waldorfpädagogik auf anderen als den ausgetretenen Wegen einfach zu selten gesucht werden. Und Leistungsbeurteilung traditionell sowieso ein Monopol der Lehrerschaft darstellt. Die Korrektur, den Lehrerkommentar, die Schülercharakteristik selbst umzuschmelzen in Formen des Dialogs und Schüler darin zu «Diagnostikern ihrer eigenen Arbeit»[47] und ihres eigenen Lernens auszubilden, liegt Lehrern fern, dem mit der Schülercharakteristik vertrauten Waldorflehrer ebenso wie seinem Staatsschulkollegen, der mit den gewohnten Ziffernnoten hantiert. Also fragen wir: In welchem Verhältnis steht das Anliegen der Waldorfpädagogik, die Entwicklung der Urteilskraft, zu dem Neuland der Bewertung der Leistung, auf dem es ebenso kultiviert werden könnte. Ließe sich Erziehung *zur* Freiheit dort nicht auch praktizieren? Mit spürbar größeren Anteilen einer Erziehung *in* Freiheit?

Die zweite Herausforderung führt nach außen und ist politischer Natur. DLV und Portfolio (der Paradigmenwechsel in der Leistungsbewertung) bieten nichts Geringeres als einen Hebel zur Überwindung des staatlichen Berechtigungswesens, und er ließe sich an einer, auch unter archimedischen Gesichtspunkten aussichtsreichen Stelle anbringen. Das eigentlich demokratische Potenzial, verdeckt bislang durch die Kurzschlüssigkeit, mit der Leistungsbeurteilung im Namen des Staates erfolgt, könnte von allen Beteiligten gleichmäßig gehoben werden. Es könnte ein Zukunftsmodell daraus entwickelt werden, das Zuspruch und Unterstützung von all denen erführe, die im Schatten von Pisa auf mehr verfallen als darauf, mit der Einführung nationaler Bildungsstandards und zentraler Vergleichsarbeiten das alte Paradigma der Leistungsmessung nur noch weiter zu erhärten: «Eine demokratische Schule hat die Persönlichkeit der Schüler durch Formen der Dokumentation und der Bewertung von Leistung zu achten, die ihre Selbständigkeit fördern, statt Abhängigkeiten zu verstärken. Einem solchen Verständnis von Schule sind Noten als Belohnungs-/Bestrafungssystem nicht mehr angemessen. Vielmehr ist die Fähigkeit zur Selbsteinschätzung und zum konstruktiven Umgang mit Kritik zu fördern.»[48] Die Waldorfschule, die ihre Entstehung einer emanzipatorischen Rolle verdankt, die ihr im Kontext einer gesellschaftlichen Erneuerungsbewegung einst zugefallen ist, sollte diese unter den heutigen Bedingungen bewusst erringen und aktiv handhaben lernen. Aus einem Ursprungsimpuls wie diesem ließe sich Zukunft generieren.

Von der Zukunft überholt

Selbstverständlich wusste Lindenberg seinerzeit schon von dem Druck, der – von den Abschlussprüfungen her – auf der Alternative einer weitgehenden Notenfreiheit lastet. Seine Forderung lautete denn auch, sich immer wieder klarzumachen, «dass es eigentlich ein ziemlicher Unsinn ist, eine Arbeit mit einer Ziffer zu bewerten» [49]. Unter den heutigen Bedingungen mag dieser Hinweis zu Recht als ungenügend empfunden werden. Was Lindenberg aber bestimmt nicht beabsichtigte, war das Sägen an dem Ast, auf dem die Waldorfschule mit einem nicht unwesentlichen Bestandteil ihrer Pädagogik sitzt. Statt Anschluss an die Entwicklung zu suchen, haben ‹wir› sie verschlafen. Wären wir aufgewacht, hätten wir längst bemerkt, dass die ‹Schülercharakteristik› historisch zwar eine wichtige Rolle spielt, aber beileibe nicht das Ende der Geschichte markiert. Wir hätten die Anregungen Steiners nicht zum Kochlöffel verkommen lassen. Aber wir lassen bis heute die Energien, wenn sie überhaupt noch auf das Thema dieses Kapitels gelenkt werden, in unproduktiven Kontroversen verpuffen. Und überlassen die Entwicklung – nach dem Drehen der immer gleichen Konferenzrunden – großzügig dem ‹Leben›: schleichendes Roll-back in der Stimmung eines vorherrschenden Laisser-faire.

Epoche

Das unverstandene Prinzip

Drohender Stundenplankollaps

Zur pädagogischen Krise des Jahres 1922 gesellte sich zu allem Über-
fluss das Stundenplanproblem. In dem Jahr der Nachkriegszeit, in
dem die Geldinflation in der noch jungen Weimarer Republik allmählich zu galoppieren begann, geriet auch der Stundenplan in der
Waldorfschule außer Kontrolle. Hatte er seit langem schon unter
Aufblasung (Inflation) gelitten, drohte jetzt seine «endlose, kau-
tschukartige Erweiterung (...), die dann ins Maßlose geht». Größere
Klassen als erwartet, infolgedessen ihre Teilung in den Fachunterrichten, hatten «eine zu große Zersplitterung» zur Folge. Steiner
stellt fest: «(...) so wie der Stundenplan jetzt ist, ist er ein Ungetüm [50].»

Dabei hatte er gerade dieses Problem bereits frühzeitig und scharf
ins Visier genommen. Innerhalb einer Reihe von Vorträgen, die den
Auftakt zur angestrebten Gründung der ersten Waldorfschule bildeten. Abrechnungen allesamt mit dem Schulwesen des untergegange-
nen Kaiserreiches und Wachrüttler für diejenigen unter den Zeitgenossen, die die Weltkriegskatastrophe als Bildungskatastrophe zu
verstehen bereit waren.[51] Dabei stößt Steiner auf den Stein des Anstoßes, der bis heute in Schulen nur allzu unbewusst umgangen wird –
den Stundenplan: «Diese Mördergrube für alles, was wahrhafte Pädagogik ist.» Der Garant schlechthin, um «das menschliche Gemüt
von Grund auf (zu) ruinieren»[52]. Was sich als Ordnungsprinzip tarnt
und vorgibt, nichts als die exakte Folge der Fächer im 45-Minuten-
Takt sicherzustellen, ist vom Zeitpunkt des Eintritts in die Schule an
das sicherste Mittel, um die «Konzentrationskraft auf das allergründ-
lichste (zu) zerstören (...)». Dagegen stellt Steiner als Alternative
«ein Schulwesen, das auf Konzentration sieht (...)». «Der Radikalis-
mus muss bis in die Abänderung des verruchten Stundenplanes (...)
gehen.»[53]

Ging er aber nicht, jedenfalls nicht radikal genug. Im Gegenteil: Drei Jahre nach Gründung der ersten Waldorfschule hat der verruchte Stundenplan die Gemüter der Betroffenen bereits voll im Griff. Hierzu lohnt es, die Konferenz vom 15. Oktober 1922 noch einmal zu konsultieren.

Drei Krisen auf einen Blick

Bereits zu Beginn dieser Unterredung des Kollegiums mit ihrem Schulgründer stand der Stundenplan auf der Tagesordnung. Doch wechselt das Thema unvermittelt über zum Dauerbrenner dieser Wochen und Monate. Rudolf Steiner hatte, wie er es immer tat in den Tagen seiner Anwesenheit in der Waldorfschule, verschiedene Unterrichte besucht. Zufrieden schien er auch diesmal nicht zu sein. Im Gegenteil war er an fast allen Orten des pädagogischen Geschehens der grassierenden Krise so hautnah begegnet, dass es ihm nicht gelingt, seine Erschütterung zu verbergen: «Andererseits bebe ich zurück, wenn ich sehe, dass die Kinder auch so wenig können.» Das «Dabeisein des Lehrers bei der Sache» scheint nur in einer Klasse gegeben. Im Übrigen hat das als Unart bereits wiederholt gegeißelte Dozieren notwendig zum Abhängen der Schüler geführt: «Es ist kein aktives Können in den Kindern.» [54] Da plötzlich drängt sich die Stundenplanproblematik wieder in den Vordergrund. Und für Augenblicke blitzt der innere Zusammenhang zwischen den Krisen auf: Hier die Aufblähung des Unterrichtsvolumens ins Maßlose, dort der Absturz der Unterrichtsqualität bis hart an den Rand des Versagens. Beides bedingt einander. Die Krisen wissen sich gegenseitig zu eskalieren. Vor allem aber spielen sie Ping-Pong dabei mit den Lehrern. Der Einzige, der das bemerkt, ist Steiner selbst. Er versucht, die Betroffenen wachzurütteln. Und tut es, wie so oft, vergebens!

Was war passiert? Der Lehrer «für die alten Sprachen» hatte sich zu Wort gemeldet. Hatte «je eine Stunde mehr» für Griechisch und Latein gefordert. Das, glaubte er zumindest, sei sein gutes Recht.

Schließlich war er für zwei konstituierende Bestandteile des erstmals mit dem Jahr 1924 ins Haus stehenden Abiturs zuständig. Also bitteschön: zwei Stunden mehr Griechisch und Latein! Doch Steiner sperrt: «Die Stunden kann man nicht vermehren.» Das schließlich stellt er nicht zum ersten Mal fest. Nur wenige Minuten zuvor – und auch da bereits zum wiederholten Male – hatte er sich unmissverständlich geäußert: «Die Stundenzahl hat ein Höchstmaß erreicht, sowohl für Lehrer wie für Kinder.» Doch so schnell lässt der Althumanist nicht locker. Und unverhofft erhält er Schützenhilfe vonseiten seiner Kollegen. Wo es um die Geschlossenheit einer Seilschaft bis hinauf zum Gipfel der Höchststundenzahl geht, zeigen alle Beteiligten sich von ihrer kooperativen Seite: «Mehrere Lehrer wegen Stundenplan und Stundenvermehrung», verzeichnet der Stenograph an dieser Stelle der Konferenzaufzeichnungen. Zwar lässt diese Formulierung Entscheidendes noch (h)offen (vielleicht haben sich ja alle gegen die bereits herrschende Inflation ausgesprochen), doch berauben uns bereits die nachfolgenden Worte Steiners jedweder Illusion: «Diese Vermehrung der Stunden kann nicht im absoluten Sinne angestrebt werden (...).» Also muss zuvor, zumindest von all denjenigen, die das Wort ergriffen haben, der Wunsch nach endloser «kautschukartiger Erweiterung des Stundenplans ins Maßlose» ergangen sein. Also hatte man mal wieder nichts begriffen. Und Steiner die Rolle überlassen, wiederholt und einsam gegen die geschlossene Phalanx der Inflationstreiber anzutreten.

Tatsächlich hatten alle Schützengehilfen nichts anderes als ihr eigenes kurzsichtiges Ziel im Auge: Stundenvermehrung, Fächeregoismus! Ein Urinstinkt, der Lehrer treibt, seit man das Lernen in vom Leben gesonderte Institutionen verbannt hat. Doch da, in besagter Konferenz, springt ein Kollege in die Bresche und mahnt an: «In der 10. Klasse sind Schüler, die vierundvierzig Stunden haben in der Woche.» Und Steiner greift die Eingebung des einen Kollegen auf, um allen anderen den Zusammenhang der Krisen noch einmal einzuleuchten: «Darin liegt auch der Grund, warum viele gar nichts können.» [55] Also: Die Schüler können nicht nur deshalb keine Fähigkeiten erwerben, weil Fähigkeiten sich nicht dozieren lassen, sondern allein schon deshalb nicht, weil ihnen zu viele Stunden zugemutet werden.

Leider ist uns nicht überliefert, ob die Verknüpfung eigentlich dreier Krisen (der methodischen mit der organisatorischen und pädagogischen), wie Steiner sie hier in schlichten Worten vornimmt, unter den Akteuren irgendwelche Reaktionen hervorzurufen vermochte. Das Gespräch springt, wie so oft, auf einen anderen Gegenstand über. Vielleicht auch vermochte der Fleiß des Stenographen an dieser Stelle nicht mehr zu verzeichnen.

Doch nur eine Woche später vermeldet er wie gewohnt: ein Lehrer möchte «mehr Wochen haben in der 11. Klasse für die Mathematik und Physik». Und Steiner wie immer bei diesem Anlass: «Solch eine Sache ist nicht anders zu machen als im Einklang mit allem übrigen.»[56] Fächeregoismus, wie gesagt, wogegen er vergeblich anzumahnen sucht. Ganz normal! Nur dass es damals in der ersten Waldorfschule schon so gar nicht anders war. Und bis heute so geblieben ist.

Größer gedacht, als kleiner getan

Dabei hatte Steiner der Waldorfschule ein vielversprechendes Mittel in die Wiege gelegt. Wohl weil er hoffte, sie würde damit, wenn sie erst einmal aus dem Gröbsten heraus wäre, zum Kampf um die Befreiung der Pädagogik aus der «Mördergrube» antreten. Doch weit gefehlt! Das Prinzip Konzentration, das Epochenprinzip, von Steiner in Umrissen bereits in den Monaten vor der Schulgründung entwickelt, gilt bis heute zwar als konstitutiver Bestandteil der Waldorfpädagogik. Aber als Ansatz für eine «radikale Änderung des Grundkonzeptes» ist es längst nicht mehr im Gebrauch. Und wurde auch wohl noch nie zu diesem Zweck benutzt. Epoche heutzutage heißt: Der Schultag morgens beginnt mit einer Unterrichtseinheit von rund 110 Minuten Länge. Im selben Fach und in der Regel für einen Zeitraum von drei Wochen, fertige Form auch dies. Die dahinterliegende Idee ist in Umrissen zwar noch bekannt, aber treiben tut sie die Verantwortlichen schon lange nicht mehr.

Bei näherem Hinsehen fällt auf, dass Steiner das Prinzip Epoche einst größer gedacht hat, als es bis heute getan wird. Epoche, das war in der ursprünglichen Form keine Unterrichtseinheit. Schon gar keine Festlegung auf einen Dreiwochentakt. Vielmehr entwickelte Steiner die Idee in der Größenordnung einer «Lebensepoche», eines «Lebensalters», in dem etwas im «heranwachsenden Menschen» die «Hauptaufmerksamkeit» erregt. Und damit sein natürliches Interesse weckt. Epoche hieß also zunächst, dass in jedem heranwachsenden Menschen zu verschiedenen Zeiten ein jeweils individuelles Thema darauf wartet, erwachen und sich ausleben zu dürfen. Eine folgenreiche Feststellung, da sich aus ihr ein wesentliches Grundprinzip der Waldorfpädagogik entwickeln sollte: die Erziehung vom Kinde her – die Kunst, in einer Art Umkehrung der eigenen Blickrichtung das innere Thema im Heranwachsenden zu erkennen und zuzulassen. Keine einfache Anforderung, hatte man sich doch eben erst im Jahrhundert der Verpreußung deutscher Schulen daran gewöhnt, Lehrpläne an Zöglingen im Stundentakt zu exekutieren.

Doch damit nicht genug, packt Steiner noch eine weitere Anforderung drauf. Es ist die bis heute übersehene. Während die erste – nach einer Erziehungskunst als Kunst der Erziehung vom Kinde aus – zumindest theoretisch höchstes Ansehen genießt, ist die zweite unmittelbar nach ihrem ersten Auftauchen wieder in der Versenkung verschwunden: Der Lehrer muss lernen zu planen, nicht nur den eigenen Unterricht, schon gar nicht den Stundenplan. (In diese Zwangsjacke sollte das Lernen ja gerade nicht hineinorganisiert werden.) Um dem Kinde zu ermöglichen, «so lange bei einer Sache bleiben» zu können, bis es das Gefühl hat: «Jetzt habe ich in dieser Sache etwas erreicht» [57], bedürfte der Erzieher einer umfassenderen Fähigkeit. Er müsste seinen Blick in demselben Maße, wie er ihn nach innen zu schärfen versuchte, nach außen hin erweitern. Um das, was er in der Epoche eines Kindes als dessen Thema gewahrte, auch als Epoche in die Lebensverhältnisse des Kindes hineinzugestalten. Nur so könnte sich, was im Heranwachsenden werden will, auch nach außen hin real entfalten.

Um diesen Umstand zu veranschaulichen, greift Steiner auf eigene Lebenserfahrungen zurück. Aus seinen Wiener Jahren. Im Juli 1884 hatte er im Hause des Baumwollimporteurs Ladislaus Specht eine Stelle als ‹Hofmeister› angetreten. Hatte dort «vier Knaben zu erziehen, von denen der jüngste das Sorgenkind seiner Eltern war. Er galt als abnormal, und man zweifelte in der Familie an seiner Bildungsfähigkeit. Steiner schlug den Eltern vor, ihm den Knaben zur Erziehung zu überlassen.» Sie willigten ein. Der «Hofmeister» nahm an. Und verrichtete seine Arbeit mit so unmittelbarem wie nachhaltigem Erfolg: «Im Laufe der Zeit gelang es, den Knaben so zu fördern, dass er erst den Lehrstoff der Volksschule nachholen und dann das Gymnasium regulär absolvieren konnte.» Und dieser Erfolg speiste sich aus den zwei bereits zitierten Quellen: der von innen: «Ich wurde gewahr, wie Erziehung und Unterricht zu einer Kunst werden müssen, die in wirklicher Menschenerkenntnis ihre Grundlage hat.» [58] Und der nach außen: Steiner hatte sich «von allen Persönlichkeiten, die für die Erziehung des Kindes verantwortlich waren» ausbedungen, «den ganzen Plan zu entwerfen (…) für das, was sonst mit dem Kinde getrieben wurde». Nicht wie der Lehrer, der dort allein *sein* Pensum absolvierte, kam er ins Haus Specht. Und andersgeartete Beschäftigungen seines Zöglings im Übrigen ausblendete. Im Gegenteil, er hatte seinen Blick darauf bewusst erweitert, mit dem Ziel, die Umgebungsumstände so einzurichten, «dass die Seele von selbst sich in einer bestimmten Lebensepoche auf eines konzentrieren kann» [59].

Um das Lernen aus der starren Taktierung (und der untergründig darin wirksamen Mechanik) zu befreien, bildete Steiner in den Monaten vor Gründung der ersten Waldorfschule ein archimedisches Hebelpaar heraus: mit dem Ansatz von innen her und der Umsetzung nach außen hin. Vom Paar ist uns nur noch ein Partner geblieben: der innere, ein einsamer Single! Weil er bis heute an seiner Verbindung nach außen gehindert wird, droht auch er verlorenzugehen. So ist die Gefahr des Rückfalls in die für überwunden geglaubte Vergangenheit einer ‹Exekution› des Lehrplans am Kinde in der Praxis längst größer, als es uns die traditionelle Waldorftheorie glauben machen möchte.

Weiter gefasst als vollstreckt

Lindenberg hatte den richtigen Riecher. Er knüpfte an das an, was Steiner mit dem Epochenprinzip veranlagt hatte, und deckte gleichzeitig auf, was darin als Potenzial für die Zukunft schlummerte: «Darüber hinaus bietet der Epochenunterricht als Form der Unterrichtsorganisation noch eine weitere Möglichkeit: Es können neue Unterrichtsthemen erfunden und eingeführt werden.» Das hört sich nach Überwindung des Fächerdenkens an und war auch so gemeint. Ganz natürlich enthält Steiners der Wirklichkeit abgelauschtes Prinzip ja die Chance zur Überwindung dieses Uraltgebrechens von Schule und Lehrerschaft. Schließlich würde, was *als* ‹Epoche› *in* der ‹Epoche› eines Kindes auftauchte, dies wohl kaum in Form eines Faches tun. Weit natürlicher als Thema in Erscheinung treten. So lautete Lindenbergs Prognose folgerichtig: «Es ist für die Zukunft denkbar, hier ganz neue Themen – ich ziehe dieses Wort dem Wort ‹Fächer›, das ohnehin die Assoziation von Schubladen weckt, vor – experimentell zu erproben.» Eine zeitgemäße Vorstellung! Damals nicht minder als heute: Epochen als Experimentierfeld! Auf das Lehrer sich – heraus aus ihren Schubladen – wagen, um dort die Überwindung des Fächerdenkens zugunsten der lebensgemäßeren Themen zu erproben. Und um ganzheitlich planen zu lernen, statt wie gewohnt nur lernteilig organisiert zu werden.

Inzwischen hatte die Zukunft über 30 Jahre Zeit, Lindenbergs Wunsch einzuholen. Doch wie die Uhren in Waldorfschulen ticken, ist die Entwicklung seither eher rückläufig. Das Prinzip, von Lindenberg einst weiter gefasst, wird bis heute enger vollstreckt. Epoche, das ist ja doch nur das Fach, dem von acht Uhr an, statt der normalen Konzession von fünfundvierzig die großzügigere für hundertzehn Minuten erteilt wurde. Der Auftakt, in dem Schülern Physik, Chemie oder Geschichte etwas langatmiger geboten wird, als kurzatmiger Französisch oder Englisch folgen. Möglich, dass Epochenlehrer innerhalb der Grenzen ihres Faches «Themen so (…) wählen, dass sie bisherige Fächergrenzen sprengen»[60], vereinzelt gar zögerliche Versuche zur Zusammenarbeit mit Fachkollegen zu verzeichnen sind. Was ausgeblendet bleibt bis heute, ist der revolutionäre Gehalt der Idee. Wäre man Lindenbergs Einladung an die Zukunft gefolgt, man wäre folgerichtig darauf gestoßen. Doch hat man sie übersehen, und die Formen mussten sich zwangsläufig verfestigen. Die Kampfansage an den Stundenplan jedenfalls wurde seit Steiner in Waldorfschulen nicht wieder erneuert. Hinter dem täglich aufschießenden Gestrüpp aus Epochen und Fächern schläft die «wahrhafte Pädagogik» für nunmehr bald 100 Jahre. Kein Prinz ist in Sicht, der sie wachküssen könnte.

Problem gelöst, Stillstand erreicht

Wer kämpft, kann verlieren, aber wer nicht kämpft, hat bereits verloren – besagt das Sprichwort. Wohl um den Zögernden vor dem Rückfall in die Resignation zu bewahren und ihm gleichzeitig Mut zu machen für die Annahme großer Herausforderungen. Doch gibt es noch eine Alternative. Eine Variante für alle, die ungern kämpfen und doch gerne Siege erringen: Der Kampf wird für siegreich beendet erklärt, ohne geführt worden zu sein. Zur Nachahmung empfohlen wird diese Option in einer Broschüre, die von der «Pädagogischen Forschungsstelle» des Bundes der Freien Waldorfschulen herausgegeben wird und inzwischen in zahlreiche Sprachen übersetzt wurde.[61] Tatsächlich fühlt man sich bei der Lektüre des inzwischen weltweit vertriebenen Heftes zurückversetzt in die wenigen Jahre nach dem Zusammenbruch der Sowjetunion, in denen Historiker voreilig das

Ende der Geschichte konstatierten. Zur Stundenplanproblematik heißt es lapidar: «Die Zerstückelung des Stoffes in Häppchen für Unterrichtsstunden von 45 Minuten, die stundenplanmäßig auf die Wochen verteilt sind, wurde abgelöst durch einen ‹Epochenunterricht›.» – Das war's, erledigt! Andere mögen sich woanders noch immer mit den Auswirkungen der Stundenstückelung herumschlagen, wir nicht! Hatte Lindenberg noch zurückhaltend von der Erprobung einer «Form der Unterrichtsökonomie» gesprochen (* 16), haben wir neue Ufer in der Zwischenzeit offenbar längst erreicht. Bei uns werden Inhalte «konzentriert einige Wochen lang jeden Morgen etwa 110 Minuten lang behandelt und dann abgeschlossen»[62].

Doch kann von einer Ablösung des Häppchen-Unterrichts zugunsten des Prinzips Konzentration in Wirklichkeit nicht die Rede sein. Höchstens in Ansätzen. Und zwar in solchen, die seit den Anfängen 1919 bis heute in nahezu unveränderter Form fortgeschrieben werden. Was bis heute (und inzwischen weltweit) praktiziert wird, ist das ‹Epoche-Plus-Modell›. Das heißt für Waldorfschüler in Deutschland und Österreich ebenso wie in Japan oder Australien, dass der Unterricht morgens mit der größeren Einheit für drei Wochen beginnt und täglich im 45-Minuten-Takt fortgesetzt wird (Handwerk und Kunst werden in der Regel in Doppelstunden unterrichtet). Gelegentlich ist der Versuch gemacht worden, das Epochenprinzip auf andere Fächer zu erweitern. Das war's dann auch schon. Dieser Umstand dürfte dem Autor der Broschüre eigentlich nicht entgangen sein. Was ihm aber fehlt, ist die notwendige Unterscheidung zwischen der ursprünglichen Idee «Epoche» und ihrer bis heute tradierten Form. Mit der Konsequenz, dass er Letztere zur endgültigen Lösung heraufstilisiert.

Wieder blieb, was Steiner als revolutionären Impuls einst setzte, bevor er sich evolutionär hätte entfalten können, im ersten Ansatz stecken. Einmal mehr wurde die Aufforderung, unter den Unsicherheitsbedingungen der Gegenwart selbständig zu handeln, mit dem auf dem Präsentierteller gebotenen Patentrezept verwechselt. Der Kochlöffel lässt grüßen.

Komponieren statt Unterricht vorbereiten

Endlich habe ich Herrn Scheufele an der Strippe und kann mit ihm über das «Altinger Modell» telefonieren. Er ist Leiter einer der wenigen Schulen in Deutschland, die inmitten der Pisa-Misere, statt ein schiefes Bild abzugeben, eine Vorreiterrolle spielen. Es geht mir um den Stundenplan bzw. um das, was man in dieser Haupt- und Werkrealschule daraus macht. Um dem Impuls des «Weil sie wirklich lernen wollen»[63] im harten Schulalltag zur Geltung zu verhelfen. Das Altinger Modell basiert auf dem «bildenden Tun»[64]: der Projektarbeit. In einer Weise, die dieser Königin unter den Unterrichtsmethoden wahrhaft huldigt. Nicht in der letzten Woche vor den Ferien, wenn nichts mehr läuft, doch dafür ein Projekt (wie wär's mit einer Schülerbefragung der City-Passanten zur geplanten autofreien Fußgängerzone?). Nicht als ‹kurzatmige Woche der Nebenfächer›, der «Reduktionsform», in der sie sich ausgerechnet an Waldorfschulen zu etablieren wusste.[65] Im Gegenteil: So richtig zentral wird die ‹Königin› in Alting aufgestellt und versammelt um sich herum die Schar der Fächer, die ihrem ganzheitlichen Anliegen dienen.

Vom Kampf mit dem «Ungetüm», den es zuvor zu bestehen galt, weiß Herr Scheufele einiges zu berichten. Und wohl gerade, weil es so schwer ist, das zentrale pädagogische Anliegen dem zerstörerischen Taktgeber zu entreißen, hat mein Gesprächspartner der Auseinandersetzung mit dem Stundenplan einiges an Begeisterung abzutrotzen vermocht. So scheint sich die stille Revolution an dieser Schule ereignet zu haben. Die in der simplen Umkehrung besteht, dass sich das Lernen nicht länger den Notwendigkeiten der äußeren Schulorganisation unterordnet, sondern die Organisation vielmehr dem Lernen dient.

Fast verächtlich kann er deshalb bei unserem Telefonat auf das «Ungetüm» herabschauen. «Ach wissen Sie! Einen Fachunterricht vorbereiten, was ist das schon?», resümiert er seine Ausführungen. «Nicht viel, nicht wahr? Irgendwie kleinlich, finden Sie nicht? Aber so ein Projekt entwickeln, so eine Aufgabe, die sie aus dem Leben greifen und an der die Fächer sich finden, das ist wie», und für einen Moment sucht mein Gesprächspartner nach dem rechten Wort, «wie Komponieren!» Komponieren – ein Begriff, den man landläufig eher mit der Organisation eines Musikstückes als mit der von Unterricht in Verbindung bringt. Aber er passt!

Am Anfang war die Idee

Stundenpläne sind bis heute nach demselben Prinzip organisiert wie die Fahrpläne der deutschen Bahn. Vielleicht funktionieren sie verlässlicher. Sie regeln den Wechsel der Fächer besser als die Bahn das Umsteigen von einem Zug in den anderen. Aber den Anschluss verpasst man hier wie dort leicht, hier den zum nächsten Zug, dort den an das eigene Lernen. Eine Problematik, die im Bewusstsein der Verantwortlichen in aller Regel nicht lebt: «Stundenpläne sind höchst selten Gegenstand pädagogischer Diskussionen, obwohl ihre Gestaltung mit darüber entscheidet, ob an einer Schule pädagogische Arbeit möglich wird oder nicht.»[66] Umso stärker ist die Wirkung verordneter Linearität im 45-Minuten-Takt, die sich bleierner mit jedem Jahr auf die Gemüter der Heranwachsenden legt. Systemzeit und individuelle Lernzeit passen nur im Ausnahmefall zusammen. In der Regel prallen sie aufeinander wie zwei ungleiche Konkurrenten. Von dem Augenblick an, in dem das Kind in der Schule an den Start geht. Und das Rennen gewinnt fast immer die mächtigere Systemzeit. Sie ist es, die meist unbemerkt den individuellen Lernwillen des Kindes schwächt. Was nun macht man in Alting anders? Was weiß man dort zu handhaben, was man anderswo nicht einmal kennt? Wie schafft man an dieser Schule den Ausgleich zwischen den ungleichen Konkurrenten? Aus dem Einsatz handfester Mittel bei gleichzeitiger Sensibilisierung der Lehrerschaft für die Chancen, die sich durch das Aufbrechen linearer Zeitstrukturen für das Lernen erschließen. Und die Chancen sind groß!

Den Anfang bildet die Idee. Der Gedanke, den irrtümlich entstandenen Gegensatz zwischen schulischem und außerschulischem, formalem und informellem Lernen aufzuheben. Zugunsten einer Steigerung, von der heute landauf, landab als der entscheidenden Kompetenz zu lebenslangem Lernen die Rede ist. Ohne diese übergreifende Zielsetzung bliebe die Handhabung der Mittel sinnlos, ohne die Mittel hinwiederum würde die Idee in der Organisation nicht greifen.

Ihren ersten Niederschlag findet sie im integrierten Stoffverteilungsplan: «Der Plan beschreibt den Weg des Kindes durch das Schuljahr organisatorisch und inhaltlich. Er soll die teils parallel, teils zeitversetzt stattfindenden Unterrichte, die verschiedenen Lern- und Arbeitsformen sichtbar und handhabbar machen. Ausgehend von einer Grobversion, die den gesamten Zeitraum sinnvoll gliedert, können die Einzelvorhaben der Fächer genauer ausgearbeitet, nebeneinandergestellt und angeschaut werden. Verbindungen zwischen den Fächern werden sichtbar. Diese verschmelzen, ohne sich in Unkenntlichkeit aufzulösen. Der Plan ist kein starres Gebilde, er versucht wie eine Partitur die verschiedenen Fächer und Lernformen miteinander zu verbinden.» [67]

Moment mal! Hatte Herr Scheufele nicht – in einem Ausbruch spontaner Begeisterung – von Komponieren gesprochen? Und ist hier nicht wieder von einem ausgesucht musikalischen Mittel die Rede? Doch bin ich so bewandert nicht in dieser Kunst, dass ich vorsorglich zum Lexikon greife. Und meine Recherche fördert eine so sachliche wie erstaunliche Definition zutage. Ist doch eine Partitur «die Aufzeichnung sämtlicher an einem Musikstück beteiligter Instrumental- und Gesangsstimmen auf einzelnen Liniensystemen. Takt für Takt untereinander, sodass die gleichzeitig erklingenden Noten übereinander stehen. Die Partitur (seit etwa 1600) dient als Unterlage für den Dirigenten und zum Studium des Musikwerkes. Das Partiturlesen ist die Fähigkeit, aus einer Partitur die richtige Vorstellung des Gesamtbildes zu gewinnen.» [68]

Wenn Fächergrenzen fallen ...

Zweifellos! Das gilt es zu wecken. Die Fähigkeit eigentlich aller Beteiligten, aus den verschiedenen Fächern, die auf einzelnen Liniensystemen auf das Projekt zulaufen, «die richtige Vorstellung des
Gesamtbildes zu gewinnen». Nur wie entsteht sie? In der Praxis – für
die Praxis? Als Erstes dadurch, dass die «Partitur» an der Pinwand im
Klassenzimmer hängt, zunächst nur als Erstentwurf, der nicht mehr
als die Richtung und das Ziel eines Jahresprojektes angibt und die Inhalte anfänglich umreißt. Dessen Ausgestaltung allerdings ermöglicht dem Lehrerteam, auf ‹Seitenwegen› Verbindungen zwischen
den Fächern anzubahnen, diese auf die aktive Phase des Projektes zuzubewegen und sie schließlich zu verschmelzen.

Also lesen wir dort beispielsweise, dass die 6. Klasse im nächsten
Jahr – als Höhepunkt ihres Projektes «Schwäbische Alb» – den Ab-
stieg in die Tiefen zweier kleiner Schachthöhlen in der Nähe von
Hausen an der Lauchert plant.[69] Wir finden auf der x-Achse die Anzahl der Schulwochen verzeichnet, auf der y-Achse die der Wochenstunden. Und wir können auf den einzelnen Linien nachlesen, dass
Erdkunde, Biologie, Physik, Deutsch und Geschichte in Form von
Kursen und Lektionen auf die aktive Phase des Projektes zulaufen,
darüber hinaus, welches Handlungs- und Hintergrundwissen sie liefern und in welchen Lern- und Arbeitsformen sie es vermitteln wollen. Das alles ist seit langem in Planung, wird verzeichnet vom ersten
Auftauchen der Idee bis zur gültigen Realisierung. Und ist doch immer in Bewegung, genau genommen deshalb, weil die Planung so
frühzeitig einsetzt. Weil die Fächer Monate zuvor auf ihre Bezüge zur
Projektidee abgeklopft werden, können sie sich im Projektverlauf
aufeinander zubewegen. Weil die Methoden im Voraus bedacht werden, können sie sich flexibel den tatsächlichen Erfordernissen anpas-
sen. Doch gehören auch die fortlaufenden Fächer, die diesmal nicht
am Projekt beteiligt sind, mit ins Gesamtbild, z. B. damit die Klassenarbeit in Englisch zu einem günstigeren Zeitpunkt als ausgerechnet
am Starttag der aktiven Projektphase geschrieben wird. Fehlt nur

noch die Linie mit dem kulturellen Kalender. Bekanntlich wird man um sich herum insbesondere der Dinge gewahr, die man mit Interesse in sich aufgenommen hat. Und wer so das Buch zum Projekt entdeckt, auf den Dokumentarfilm im Fernsehprogramm gestoßen ist oder bereits in der passenden Ausstellung war, zeigt dies eben an dieser Stelle an und macht es anderen Teilnehmern damit zugänglich.

Wer will, kann sich also vor der Pinwand regelmäßig um den Erwerb dieser vielversprechenden Kompetenz des Partiturlesens bemühen. Auch der Schüler «kann so mitverfolgen, wie sich der Plan ständig verändert und was in absehbarer Zeit auf ihn zukommt». Er kann «nachvollziehen, wie die einzelnen Teile zusammenhängen», und «mit in die Planung einsteigen». Schüler «werden selbst kompetent darin, zu planen und zu organisieren». «Es ist erstaunlich, welche Leistungsbereitschaft (...) auf diese Weise freigesetzt (wird), wie verantwortlich sie mitdenken, vorausplanen und eigene Ideen und Anregungen einbringen.» [70]

Nur Solisten

Zwischen 1919 und 1924 entstand aus vielfältigen Anregungen Rudolf Steiners der Lehrplan der Waldorfschule. Der Konvention seiner Zeit folgend, hat Steiner seine didaktischen Hinweise entlang der klassischen Aufteilung der Unterrichtsstoffe in Fächern gegeben. Auch dort, wo er ganz neue Inhalte kreierte, wurden sie (und werden bis heute) in der überkommenen Form der Fächer erteilt (etwa das neue Bewegungsfach Eurythmie). Dennoch ist, was auf diesem Wege entstand, kein Lehrplan im herkömmlichen Sinne. Nichts von den Inhalten, durch die Kinder in der Schule daran gewöhnt werden, den Sinn ihres Tuns, statt ihn unmittelbar zu erleben, auf ein immer unbestimmteres Später zu verschieben. Überhaupt nicht ausgedacht, vielmehr abgelesen an der Entwicklung des Kindes (und deshalb sinnvoll) soll der Waldorflehrplan sein.

Mit den vielfältigen Anregungen, die zu seiner Entstehung führen, knüpft Steiner in den Jahren der Schulgründung an die bereits zuvor gefasste Epochenidee an. Und versucht sie nun ins Große zu übersetzen. Hieß Epoche ursprünglich, das Thema des einzelnen Kindes zu einem konkreten Zeitpunkt erkennen zu lernen und die Bedingungen dafür herzustellen, dass es Ereignis werden kann, heißt Lehrplan jetzt, den Entwicklungsgesetzmäßigkeiten der Kindheit und Jugend die Fülle der Inhalte abzulesen, die in verschiedenen Lebensaltern von Bedeutung sein können. Ist die Epochenidee notwendig konkret, bleibt der Lehrplan zwangsläufig allgemein. Nie mehr als eine Hälfte, die sich erst durch ‹Abholung› des Kindes, durch Anbindung an seine reale Situation zu einem Ganzen fügen kann. Genau genommen stellt die Epoche den individualisierten Lehrplan dar, der Lehrplan die generalisierte Form der Epoche.

Ein Lehrplan als Fragment – eine gewöhnungsbedürftige Tatsache, nein, eine Provokation! Wo man doch gerne mit Dingen auch mal fertig werden möchte, verlangt dieses Novum seit seiner Entstehung, dass man Unfertigkeit geradezu zum Prinzip erhebt! Am Ende gar sich selbst immer mit entwickelt? Tatsächlich: eine Provokation!

Inzwischen hat es diese Provokation auf stolze 500 Seiten gebracht. Kommt nicht mehr wie in ihren Anfängen als schmales Bändchen daher, sondern als umfangreiches Elaborat.[71] Doch weiß der Herausgeber um die damit verbundene Gefahr, den Hang von uns Lehrern, etwas, was sich einmal bis zu dieser Größe aufgebaut hat, instinktiv als fertig zu betrachten. Und damit zu einem Lehrplan der abgestandenen Art verkommen zu lassen. Er beugt vor, bereits mit dem Titel des Werkes. Nicht *der* Lehrplan wird dem Leser hier geboten (der wäre ja fertig), sondern *vom* Lehrplan wird darin die Rede sein (und damit wird er uns als unabgeschlossen in Aussicht gestellt). Nicht genug, finden sich auch im Innern Appelle in Fülle, um der Gefahr des Vollzuges eines irrigerweise für fertig erachteten Lehrplans am Kinde vorzubeugen. So zum Beispiel: «Hinter den einzelnen Unterrichtsinhalten muss aber stets das Kind gesehen werden, das für den Lehrer den eigentlichen ‹Lehrplan›, das eigentliche ‹Erziehungsprogramm› erstellt. An ihm hat er sich zu orientieren.»[72]

74

Doch dann ist es passiert. Ausgerechnet an einer Stelle, an der eindringlich wie an keiner zweiten der Appell zur Individualisierung des Lehrplans erneuert wird, tritt der Punkt zutage, der diese Zielerreichung verhindert wie kein anderer. Wie alles, wodurch das Modell Waldorfschule in die Jahre gekommen ist, ist er struktureller Natur (und wird, wie alles, was struktureller Natur ist, nicht wahrgenommen). An besagter Stelle verleiht der Herausgeber seiner Hoffnung Ausdruck, dass es «jedem Erziehungskünstler gelingen möge (...), seine Lehrplanplastik, sein Lehrplanbild zu gestalten und zu entwickeln (...)»[73]. Ein Bild entwickeln, eine Plastik gestalten! Was könnte lebendiger anmuten als diese Vergleiche? Und doch tritt hier punktuell etwas zutage, was als Mangel die ganze Lehrplanproblematik durchzieht, denn: *Jeder* Lehrer wird aufgerufen – zur Gestaltung *seiner* Lehrplanplastik, jeder Lehrer in seinem Fach. Das Ganze gerät dabei nie in den Blick. Jedenfalls nicht in der praktischen Form wie in der des Partiturlesens, wie es an der Altinger Hauptschule erprobt wird.

Steiner hat, der schulischen Konvention folgend, den Lehrplan in Anknüpfung an die Einzelfächer entwickelt. Heute würde er es nie wieder so tun wie damals. Aber er hat es so getan. Im Übrigen auch alles dafür, das Verständnis der Fächer wesentlich zu vertiefen, die Grenzen der Einzelfächer von innen gleichsam aufzuheben und nach außen hin ins Lebenspraktische zu verschieben. Was er aber nicht getan hat, ist, die Zusammenarbeit der Lehrer zu veranlagen, ihnen die Mittel in die Hand zu geben, seiner Komposition auf der Ebene zu begegnen, auf der er sie einst veranlagt hat. Es wäre heute das Lehrerteam. Die Lehrer, die sich um eine Klasse scharen und ein Schuljahr gemeinsam gestalten, durchführen, auswerten und bei dieser Gelegenheit inhaltlich zusammenarbeiten.

Eine solche Konsequenz liegt folgerichtig in allem, was Steiner veranlagt hat. Nur müsste man die Folgen daraus eben auch ziehen. Aber mehr noch als mit dem, was Steiner gesagt und getan hat, tun sich Waldorflehrer bis heute schwer mit dem, was er nicht getan und gesagt hat. Auch wenn es längst an der Zeit wäre, die Lücken zu schließen.

Erinnern wir uns an die Geringschätzung, mit der Herr Scheufele auf die Vorbereitung eines nur einzelnen Faches herab-, und die Begeisterung, mit der er an der Idee, dass Fächer sich finden in einem gemeinsamen Projekt, heraufgeschaut hat: Wie Komponieren! In der Waldorfschule stieße die Begeisterung des Leiters der Altinger Reformschule auf wenig Widerhall. Auf genauso wenig vielleicht wie an vielen anderen Schulen des Landes. Im Lehrplan der Waldorfschule aber ist von Steiner alles auf dieses Komponieren hin angelegt worden. Nur leider: Es findet nicht statt. Auf der Ebene der Solisten vielleicht, Solisten aber, die nichts voneinander wissen. Die nie gelernt haben, sich die Partitur ihres Zusammenspiels zu schreiben. Und folglich in keinem gemeinsamen Orchester je sitzen und nie miteinander spielen werden. Konferieren? Ja, stundenlang! Zusammenarbeiten? Nur in den seltensten Fällen. Nur in denen, die die bekannten Ausnahmen bilden. Die Regel, die den Alltag konstituiert, leitet sich aus der Mentalität des Einzelkämpfers ab. Sie beschwert die Arbeit der Lehrer und das Lernen der Schüler, lässt keine Unterrichtsökonomie zu und bläht den Stundenplan auf zum Ungetüm. Das ist heute in nicht geringerem Umfang so als einst in den Anfangsjahren der Schule.

Die Ausarbeitung des Lehrplans, wie sie in den letzten 20 Jahren aus dem Ansatz der Einzelfächer heraus erfolgt ist, hat ungewollt zur Zementierung dieser unzeitgemäßen Denkweise beigetragen.

Planen? Nein danke!

«Was? Fünf Wochen?» Der Kollege der benachbarten Waldorfschule reagiert spürbar irritiert. Eben habe ich ihm auseinandergesetzt, dass ich für das Anliegen, das ich mit der 9. Klasse und in meiner Epoche verfolgt habe, den Zeitraum von fünf Epochenwochen für angemessen hielt. Und ihn mir deshalb auch – in Absprache mit dem Kollegium – genommen habe! Als ob ich mich damit an der Aufhebung eines Naturgesetzes versucht hätte, fühlt sich der Kollege zur Wiederherstellung der Weltordnung berufen: «Epochen dauern doch drei Wochen!»

Das heißt so viel wie: Eine Jahresplanung entfällt bzw. reduziert sie sich auf die Festlegung des immer gleichen Zeitmaßes (auch mal vier Wochen oder zweieinhalb, wenn die Ferienordnung es verlangt). Und die Verteilung der Lehrplaninhalte auf diese Folge: Mathematik 3 Wochen, Physik 3 Wochen usw. Was darüber hinaus überhaupt wert wäre, Planung genannt zu werden, bleibt ausgeblendet, keine Wertschöpfung, die sich aus Einzelfächern heraus auf ein Ganzes zubewegte, keine übergreifende Projektidee, kein Hauch von Zusammenarbeit! Der Blick bleibt beschränkt auf die eigenen vier Wände. Es gibt nichts, was anregte, ihn darüber hinaus auf den ‹Nachbarn› zu richten, auf ein wie auch immer geartetes gemeinsames Unterrichtsvorhaben – oder gar die Schuljahresgestaltung im Lehrerteam! Nein, das Partiturlesen erlernt man bei uns nicht. In einer Schule, die landläufig als musisch und künstlerisch gilt, die sich viel auf ihre Pädagogik als Kunst der Erziehung zugute hält, stellt die Fähigkeit, aus der «Aufzeichnung sämtlicher an einem Musikstück beteiligter Instrumental- und Gesangstimmen auf einzelnen Liniensystemen (...) die richtige Vorstellung des Gesamtbildes zu gewinnen», bis heute eine große Unbekannte dar. Wo Planungsbemühungen sich steigern könnten zur Gestaltung gemeinsamer Spielräume, machen sich Abwehrreflexe breit. Weil jeder sich doch noch an die Konditionierung, die er einst im Referendariat durchlitten hat, erinnert: Das Festzurren der Lernziele im Minutentakt, die perfekt geplante Stunde, die anschließend perfekt in den Sand gesetzt wurde! Und später? Als man ihn aufgeben durfte, diesen Wahn totaler Kontrolle, wurde einem da nicht manche Sternstunde unverhofft zuteil? Also lassen wir das! Warum sich kleine Freiheiten gleich im großen Maßstab nehmen? Ein Jahr im Voraus planen, wo doch die Wirklichkeit mit jedem nächsten Augenblick ihrer Festlegung hohnlacht?

Planung versus Wirklichkeit! Freiheit versus Formalismus! Einmal mehr sitzt man bei Waldorfs – nicht anders als anderswo in Deutschland – falschen Gegensatzpaaren auf. Bleiben im Kopf Größen unvereinbar, die in Wirklichkeit nach wechselseitiger Steigerung verlangen. Ursache dafür ist der Kunstbegriff. Er hat sich, wie die Unterrichtsinhalte auch, aus den Fesseln des Faches nicht befreit. Nicht über dessen Grenzen hinaus erweitert. Wo die Aufgabe sich stellte, ein Jahr im Lehrerteam in den Blick zu nehmen, um «die richtige Vorstellung des Gesamtbildes zu gewinnen», findet sich deshalb nur ein blinder Fleck. Man begnügt sich mit der Vermutung, dass das ‹Ganze› sich irgendwo im Hintergrund wohl ereignen werde. In einer Transzendenz jedenfalls, die jenseits der eigenen Wahrnehmung liegt. Durch Steiners Komposition des Lehrplans im Übrigen aber als gesichert gelten darf. Auch wenn man diese selbst nie zu Gesicht bekommen wird.

Paradigmenwechsel

Tatsächlich geht es in der Altinger Hauptschule um zwei völlig verschiedene Ansätze. Zwischen dem Stoffverteilungsplan alter Prägung (dem Aufmarschplan, der die Inhalte jährlich in Frontstellung gegen Schüler brachte) und dem integrierten der neuen Art (kein starres Gebilde, sondern der Versuch, in einer ‹Partitur› die verschiedenen Fächer und Lernformen miteinander zu verbinden) liegen Welten. Nicht von ungefähr sprechen die Lehrer in Alting auch von einem «Spielbrett, auf dem das vielfältige Zusammenspiel unterschiedlichster Lernformen möglich wird». Ein Paradigmenwechsel, wenn man so will, und tatsächlich zieht ein neuer Geist ein in einen Bereich, den man für gewöhnlich gern dem Pragmatismus des äußeren Lebens überlässt, ein Moment des Gestalterischen, des Künstlerischen. Komponieren eben!

Der integrierte Stoffverteilungsplan «sucht seine Entsprechung auf der Ebene des Stundenplans, indem er den Stundenplan als Lernplan umformuliert». Jetzt kommt es ganz einfach darauf an, dass die am Projekt beteiligten Fächer an den Tagen, an denen sie unterrichtet werden, hintereinanderzuliegen kommen. Wenn am Projekt «Schwäbische Alb» Erdkunde, Physik und Biologie beteiligt sind, dann werden sie eben am Mittwoch in die zweite, dritte und vierte Fachstunde gelegt. Und wird damit nicht zuletzt dem alten Geist des Stundenplans genüge getan. Also ganz einfach – oder doch nicht? Wenn der «Kollege aus der Nachbarschule nur dienstags und freitags verfügbar (ist), der Religionsunterricht nur am Mittwoch und Donnerstag stattfinden kann, der Kindergarten und die Volkshochschule auch in die Turnhalle (wollen)», dann ist es eben nicht so simpel, die erwähnten Fachstunden in eine einfache Folge zu bringen. Festlegungen wie die hier nur beispielhaft angeführten sind es, die «die Gestaltungsspielräume mitunter sehr stark einschränken»[74].

Aber wenn die Idee hält, wenn der integrierte Stoffverteilungsplan Verbindungen zwischen den Fächern tatsächlich sichtbar gemacht hat, wenn der Wille unter den Beteiligten lebt, ihre Inhalte zu «verschmelzen», ohne sie dabei in Unkenntlichkeit aufzulösen, dann wird es auch gelingen, im Zweifelsfall die Prioritäten richtig zu setzen. Dann wird Ernst gemacht mit dem Anliegen, die Bastion Stundenplan Stück für Stück zu schleifen. Dann wird doch am Mittwoch in der zweiten Stunde Erdkunde, der dritten Biologie und der vierten Physik gegeben: Vorfahrt für die Fächer, die das Kernanliegen des Projektes präsentieren, auch wenn mit ihrer Anordnung hübsch nacheinander zunächst nur dem alten Geist des Stundenplans Genüge getan wird, gleichzeitig damit aber die Voraussetzung dafür geschaffen wurde, ihn zu überwinden. Die Fächer im Jahresverlauf bewegen sich inhaltlich und methodisch aufeinander zu, die Trennwände zwischen ihnen schwinden und entfallen zuletzt. In der aktiven Phase des Projektes bilden sie einen Stundenpool, der für die Arbeit zur Verfügung steht. Wenn die Schüler in dieser Phase mit der Vorbereitung ihrer Expedition beschäftigt sind, dann sind sie es beispielsweise am Mittwoch von 9.00 bis 12.30 Uhr. Dann geben sich die beteiligten Lehrer an diesen Tagen nur mehr die Klinke in die Hand. Ihr Wechsel muss die Schüler jetzt nicht mehr aus ihrer Konzentration reißen. Und darauf kommt es an, das Projekt hat seine inhaltliche Qualifizierung zuvor durch die Vorbereitung in den Fächern erfahren. Die Fächer finden jetzt ihre Steigerung im Projekt. Als Wertschöpfung entlang der Fächer im Brückenschlag zum Leben kann die Projektmethode dem Lernen seinen Sinn geben, den es in getrennten Fächern allein im 45-Minuten-Takt fast zwangsläufig verlieren muss, und kann so die Koordinaten des Lernens und der Schule neu bestimmen helfen, weil die Projektidee sich hat entfalten können. Und weil sie ihre Entsprechung in den eingesetzten Mitteln finden konnte.

Dass dies im Alltag seine Tücken hat, hat mein Gesprächspartner am Telefon nicht verschwiegen. Aber er lässt auch keinen Zweifel daran, dass man in Alting im Begriff ist, die Pädagogik aus der Mördergrube des Stundenplans zu befreien.

Chronos contra Kairos

Im Griechischen gibt es zwei Gottheiten, die das Wesen der Zeit repräsentieren: Chronos und Kairos. Ein Gegensatzpaar auf den ersten Blick, das erst bei genauerem Hinsehen seine innere Verwandtschaft preisgibt. Während Chronos die das menschliche Tun objektiv begrenzende Zeit, ihren gleichmäßigen Verlauf verkörpert, stellt Kairos die subjektive Seite dar: den einmaligen Augenblick, der nicht nur zugeteilt werden kann, weil er auch ergriffen werden muss. Eigentlich sich ergänzende Prinzipien, hat doch nur eines der beiden bis heute für Furore gesorgt: Chronos! Schon das Lexikon ist voll von ihm und allen seinen wissenschaftlichen Abarten (vom Guinness-Buch der Rekorde einmal ganz abgesehen). Ob als Chronik, Chronopsychologie oder chronische Krankheit: eine Zeit wie die unsere, in der nur zählt, was messbar ist, und längst alles messbar gemacht wurde, was es zuvor noch nicht war, ist – gleichsam als Geschöpf des Chronos – zwangsläufig ganz von ihm durchdrungen. Kairos hat da natürlich schlechte Karten. Bei so viel Objektivität wird das Einmalige seiner Erscheinung leicht zur störenden Beimischung. So hält denn auch mein Lexikon nur ein einziges Kompositum für ihn bereit, scheint es vielmehr über ihn verhängt zu haben wie ein böses Geschick: Kairophobie! Ausgerechnet als Angst soll er sich unserem Gedächtnis einprägen. Angst vor dem Augenblick, der sich doch als der glückliche erweisen würde, wenn wir ihn nur bemerken wollten.

Sagen wir mal so: Steiner fand, dass Chronos kein allein seligmachendes Prinzip darstellt, einseitig auf die Organisation der schulischen Lernzeit angewandt, gar nur Unheil über die Entwicklung der Kinder bringen könnte. Mit dem Prinzip Epoche nun versuchte er, dem Chronos seinen in Verruf geratenen Verwandten, den Kairos, als Anregung zur Seite zu stellen, eben die Suche nach dem individuellen Lebensthema, das, um Ereignis werden zu können, der individuell gestalteten Umgebungsumstände bedürfte. So wie man seit dem Versuch seiner Rehabilitierung mit Kairos in der Waldorfschule verfahren ist, ist er dort heute vom Chronos nicht mehr zu unterscheiden. Epochen im 110-Minuten-Takt und Dreiwochenturnus jedenfalls sind nicht sein Ding. Den Rahmen für sein Wirken herzustellen (was hieße, die innere Verwandtschaft des Gegensatzpaares zu entdecken), das wäre weit mehr als das, was man dort heute unter Unterrichtsplanung zu verstehen bereit ist. Will man wissen, wie *viel* mehr, tut man gut daran, sich an anderen Schulen als der Waldorfschule zu orientieren.

Die Frage nach der Organisation der schulischen Lernzeit fördert ein Faktum unleugbar zutage: Die Waldorfschule ist gerade *an* der Frage der Zeit *mit* der Zeit allmählich *aus* der Zeit gefallen. Jedenfalls von der Höhe, auf die sie ihr Gründer einst zu stellen bestrebt war.

Die Gründung der Waldorfschule
Das verlorene Versprechen

Rücksturz in die Normalität

Wieder daheim und seit Montag zurück in der Schule. Nach 14 Tagen voller existenzieller Herausforderungen im kriegszerstörten Sarajevo gehen die rund vierzig Schülerinnen und Schüler unserer Oberstufe wieder ihren alltäglichen Verpflichtungen nach. In den zwei Wochen zuvor hatten sie als Teilnehmer eines einmaligen Projektes (* das tatsächlich einmalige Projekt fand mehrfach statt) Kinder von der Straße geholt, hatten Mädchen und Jungen, die über tausend Tage lang von den Bomben serbischer Belagerer bis ins Mark erschüttert waren, zurück ins Leben verholfen. Durch Zirkusarbeit, durch das Balancieren auf Seil oder Einrad, das Jonglieren mit Ball oder Keule hatten Jugendliche einer Wohlstandsgesellschaft Kinder einer traumatisierten Generation auf die Suche nach ihrem eigenen, inneren Gleichgewicht geschickt, hatten die Unsrigen mit ihnen zusammen eine Brücke gebaut, die von der erlittenen Gewalt über das Spiel in eine lebenswertere Zukunft führen sollte. Das alles hatten sie geleistet.

Jetzt aber war Montag, also Englisch in der ersten, Mathe in der zweiten Fachstunde, nach dem obligatorischen Frontalunterricht von acht bis drei viertel zehn, versteht sich! Mit der Konsequenz, die mir eine Woche nach Rückkehr der Schüler einer der projektverantwortlichen Lehrer im Vorübergehen zuraunt: «Aller Glanz verschwunden. Sie sind wieder da! Und», fährt er etwas verbittert fort: «sie sind wieder zu!» Tatsächlich, der Alltag hatte sie wieder. Vom Strahlen in den Augen der Heimkehrer war nach wenigen Tagen Schule nicht mehr viel übrig.

Etwas hatte gefehlt! Etwas, das den Schülern nach ihrer Rückkehr die Möglichkeit gegeben hätte, den Reichtum ihrer Erfahrungen angemessen zu verarbeiten. Nicht dass man sie nicht gefragt hätte: Na, wie war's? Oder: Gut überstanden? Oder sonst etwas, das gelegentlich auch tiefer reichte. Doch wurden die Fragen allesamt zwischen Tür und Angel gestellt. Denn jetzt hatte man dafür eigentlich keine Zeit mehr. Schließlich hatte man alle Projektler anstandslos ziehenlassen, von 14 Tagen regulärem Unterricht ohne Zögern befreit. Irgendwann musste der Ernst des Lebens ja wieder beginnen, der Unterricht wieder seinen gewohnten Gang finden, die Vorbereitung auf die Abschlussprüfungen ihren vorbestimmten Lauf nehmen.

Dennoch, etwas hatte gefehlt, etwas, das die Erfahrungen nicht so hätte abrutschen lassen, etwas, das die für andere geleistete Arbeit für die Entwicklung der eigenen Fähigkeiten hätte aufschließen können. Aber man versteht es einfach nicht, sich die Zeit dafür zu nehmen und den Innenraum dafür zu bilden. Das Moment des Lernens fehlt.

Hobbyismus

Zu Besuch in der Nachbarschule. Einmal wieder habe ich Gelegenheit, ausgestellte Jahresarbeiten einer zwölften Klasse in Augenschein zu nehmen. Die Jahresarbeit in der Waldorfschule bietet Schülern die Möglichkeit, einmal in der achten, ein weiteres Mal im Verlaufe der zwölften Klasse in der praktischen wie theoretischen Auseinandersetzung mit einem selbstgewählten Thema Fähigkeiten eigenständigen Lernens zu erwerben. Sie wurde 1965 an der Bochumer Waldorfschule erstmals erprobt und hat sich seitdem in fast allen Schulen etabliert.

In der Einleitung zu einer Arbeit finde ich eine Passage, in der der Schüler auf seine Erfahrungen zurückschaut, auf den entscheidenden Punkt, der ihm bei seinem großen Geschäft die große Erleichterung brachte: «Lange wusste ich nicht, was tun. Welches Thema sollte ich wählen? Auch war zu befürchten, dass ein Berg Arbeit meiner harrte. Irgendwann kam die Erlösung. (Ich weiß nicht mehr genau, wann). Jedenfalls wurde mir klar, dass ich mein Hobby zur Jahresarbeit machen könnte. Ich hatte, ohne es zu wissen, schon immer etwas für meine Jahresarbeit getan. Von da ab wurde alles ganz einfach.»

Auffällig ist der Reichtum an Themen: von der «Kinderarmut in Deutschland», über «die Psychologie des Rassismus» bis zum «Bau eines in Öl schwimmenden PCs». Auffällig aber auch die Anzahl der Schüler, die sich nur um ihr eigenes Hobby wie um ihr privates Wohlergehen drehen. Da wird das Motorboot für die Ferien, das Mokick für den Alltag restauriert. Da braucht jemand optimale Lautsprecherboxen, weil er gern Musik hört, ein anderer das komplette Tonstudio, weil er am liebsten Musik macht. Manchem gelingt auf diesem Wege die Anbindung an die Arbeitswelt, an die Motorradwerkstatt von nebenan, das Tonstudio in der Stadt. Möglich sogar, dass die «Informationsbroschüre zu historischen Gemüsepflanzen» im Auftrag einer Gärtnerei erarbeitet wird. Doch wirkt das eher zufällig. Was entsteht, ist nicht selten nur für den eigenen Gebrauch bestimmt. Auch wo nicht schwarz auf weiß zu besitzen, so doch etwas, das man getrost nach Hause trägt: mein Lautsprecher – mein Hobby!

Die Jahresarbeit bietet die Chance zu individueller Identifikation in der Auseinandersetzung mit einem selbstgewählten Thema. Doch etwas fehlt, etwas, das im Konzept verankert und damit der Beliebigkeit enthoben sein müsste: die Möglichkeit sozialer Identifikation. Etwas, das den Wunsch zur Entwicklung der eigenen Fähigkeiten in der Begegnung mit dem fremden Bedarf entzünden würde. Das Moment der Arbeit fehlt.

Mehr Brüche als Brücken

‹Angstfrei lernen, selbstbewusst handeln.› Eine Pädagogik, die in zwei Richtungen zur Freiheit erziehen will, zum selbständig errungenen Urteil *über* die Welt im selben Maße wie aus eigenständig gefassten Motiven zum Handeln *in* der Welt, muss in ihrer Praxis ein größtmögliches Spektrum unterschiedlichster Lernangebote aufweisen.

Die angeführten Beispiele bieten da nur einen kleinen Ausschnitt. Doch zeigt bereits das wenige, wie viel ideell damit veranlagt ist. Im Erschließen eines selbstgewählten Themas kann der Einzelne seine individuellen Begabungen erkunden. Durch ein Lernen in Realsituationen an den existenziellen Herausforderungen des Lebens selbst wachsen. Auf den ersten Blick scheint es, als ob man Steiners Warnung aus den Tagen der Schulgründung bis heute besonders ernst genommen habe: «Das Leben wird uns förmlich verschlossen, wenn die Schule uns nicht die Kraft gibt, es uns zu erschließen.» Bzw. die damit verbundene Aufforderung in besonderer Weise bis heute beherzige: «Aber das muss man erst lernen, vom Leben zu lernen. Und in der

Schule muss das Kind lernen, vom Leben zu lernen.»[75] Doch zeigen die Beispiele auch, wo die Bruchstellen liegen, nämlich genau dort, wo Steiner ein beziehungsreiches Wechselspiel intendierte. Wenn *in* der Schule zwar veranlasst wird, *vom* Leben zu lernen, die Anbindung ans Leben aber fahrlässig behandelt wird. Und umgekehrt dann, wenn ein Lernen in der ‹großen Schule› des Lebens zwar ermöglicht, die Anbindung an die ‹kleine Schule› des Lernens aber kein Thema ist. Dort, wo Steiner durch vielfältige Impulse einst zur Überbrückung der tragischerweise getrennten Bereiche von Schule und Leben aufgerufen hat (und damit das größte Potenzial für die zukünftig weitere Entwicklung der Waldorfschule veranlagte), zeigen heute zahlreiche Bruchstellen an, dass der Urimpuls nicht mehr treibt. «Lernen vom Leben, ein Leben lang», das Motto, unter dem Waldorfschulen erst ‹neulich› zu einer bundesweiten Kampagne in die Öffentlichkeit starteten (im Herbst 2004), stammt zwar von Steiner.[76] Es stimmt auch noch heute (eigentlich mehr denn je). Nur ist es längst nicht mehr stimmig, wenn Waldorfschulen sich ostentativ darauf berufen.

Traditionell stark in der Unterstufe

Tatsächlich ist der Anspruch einer lebenskundlichen Ausrichtung eigentlich allen Unterrichts fester Bestandteil der Waldorfpädagogik. Tatsächlich auch lebt vieles davon bis heute fort. Bereits *in* den ersten Waldorfschuljahren können Kinder lernen, *vom* Leben zu lernen. Traditionell stark vertreten ist dieser Ansatz in der Unterstufe. In der 3. Klasse beispielsweise, wenn die Kinder beim Drechsler oder Schmied mitschaffen dürfen, sich selbst im Schulgarten vor den Pflug spannen und den Acker bestellen. Und schließlich mit dem Zimmermann aus der Elternschaft ihr Haus bauen. Nur Nostalgie? Wenn Schüler an aussterbenden Berufen auf ihre Zukunft vorbereitet werden? Wohl kaum! Das ‹Vom-Leben-Lernen› funktioniert nicht nach dem ‹Je-eher-desto-besser-Prinzip›. Der Schüler, der mit 9 Jahren den Beruf des Schmieds erkunden durfte, kann mit 17 der durchaus erfolgreichere Mechatroniker bei ‹Daimler› sein als der, der diesen topaktuellen Beruf bereits seit dem 9. Lebensjahr kennt (dafür aber nie eine Schmiede von innen gesehen hat). Das wird jedem umso mehr einleuchten, je ernsthafter er sich mit einer Pädagogik vertraut macht, die zwischen der allgemeinen Menschheitsgeschichte und dem Werdegang des Einzelnen innere Zusammenhänge zu berücksichtigen versucht.

Bruch in der Mittelstufe

In der Mittelstufe (in den Klassen 5–8) wird es dünn. So dünn, dass es zu einem ersten Bruch kommt und zwar an einer symptomatischen Stelle. Der Ansatz, gerade um das 12. Lebensjahr herum die Ausrichtung des Unterrichts auf alle Erscheinungen der modernen Zivilisation hin zu erweitern, existiert bereits seit langem, und er ist fundiert.[77] Begründet aus allem, was Steiner je dazu anzuregen hatte. Der vorliegende Entwurf müsste nur aufgegriffen werden, wird er aber nicht. Bezeichnenderweise mangelt es jetzt, wo es um Bezüge zwischen der Schule zur modernen (!) Welt geht, am Willen der Beteiligten, bleibt den Schülern der Brückenschlag in die Gegenwart versagt. (Im Einzelfall und aus der Initiative Einzelner mag er erfolgen, doch reden wir hier vom Schulkonzept.) Im Gegenzug handelt sich die Schule eine Fülle von Disziplinproblemen ein. Von der Fünften bis zur Achten häufen sich die Klagen der Kollegen, beginnen die Probleme in den Klassenzimmern überhandzunehmen. So kann ein Lehrer schon mal glatt verweigern, überhaupt noch vor die Klasse zu treten. Doch die Revolte, auch wenn sie sich gegen ihn richtet, zielt eigentlich doch auf etwas anderes, auf die Mauern, die die Institution Schule traditionell gegen das Leben errichtet, die jetzt undurchlässig zu werden beginnen. In dem Augenblick, in dem die Heranwachsenden aus ihrer inneren Entwicklung heraus nach Schlüsseln zum Verständnis der überwältigenden Fülle moderner Zivilisationserscheinungen verlangen, versagen die Erwachsenen, versagen sie die Wege, die zu Antworten führen könnten, verschreiben sie sich einseitig einer Erziehung zum ‹besseren› Menschen gegenüber der ‹bösen› Welt. Vom Leben lernen, ein Leben lang – das vielbenutzte Motto beginnt einen schalen Beigeschmack zu bekommen. Welchen Begriff von Leben haben die, die es für die Waldorfschulen beanspruchen? Was gehört für sie zum «Leben» dazu? Und vor allem, was schließen sie aus? Oder wird mit dem Motto nur – wie überall in der ‹bösen› Welt auch – durch geschickte Imagewerbung ein Produkt aufpoliert, das längst nicht hält, was es verspricht?

Nicht Fisch, nicht Fleisch

In der Oberstufe (9 – 12) finden wir die beiden Größen Leben und Lernen in zwei getrennten Sektoren wieder. Was jetzt noch als Profil verkauft wird, ist in Wirklichkeit nicht Fisch und auch nicht Fleisch, nur mehr Ausdruck einer steckengebliebenen Entwicklung.

Nehmen wir zum einen die Praktika. Zweifellos keine Erfindung der Waldorfschulen, haben Schüler von hier aus doch entschieden länger als an staatlichen Schulen üblich die Gelegenheit zu Lernerfahrungen außer Haus. In der neunten in Forst und Wald, in der zehnten auf einem Bauernhof, in der elften im Behindertenheim, in der zwölften Klasse in einem Betrieb (die Zahl und Folge variiert). In der Regel für jeweils drei Wochen können sie sich in einer anderen als ihrer schulischen Rolle erproben. Und viele lieben diese Zeit. Da mag, was Schule sonst zu bieten hat, bisweilen gar interessant erscheinen. Im Vergleich zu den Situationen aber, die man im Praktikum zu bestehen hat, ist Schulisches chancenlos. Und das Praktikum? – Das war geil! Gerade der Umstand aber, wie diese Zeit im Bewusstsein der Betroffenen lebt, insbesondere, wie sie sich darin absetzt von allem schulischen Lernen und in Opposition zu ihm geht, macht deutlich, worin das Versäumnis der Schule besteht, wo die Bruchstelle liegt, wo die Brücken fehlen.

Schauen wir zunächst noch einmal genauer auf einige wenige der bereits zitierten Worte Rudolf Steiners zurück. Sie haben es in sich: «Und in der Schule muss das Kind lernen, vom Leben zu lernen.»[78] Zweierlei ist auffällig. Zunächst, dass die Forderung sich nicht darin erschöpft, vom Leben zu lernen. Sondern dass sie vielmehr darin besteht, dass gelernt werden soll, vom Leben zu lernen. Eine durchaus irritierende Doppelung der Begriffe. Reicht einmal lernen denn nicht aus? Muss man auch noch *lernen* zu lernen? Und ein Zweites: Steiner nimmt die Schule in die Pflicht. Die so wesentliche Fähigkeit im Kinde soll dort geweckt werden. An einem Ort, der sich traditionell dieser Verantwortung gegenüber verschlossen hatte. (Genaugenommen der Ort, von dem der Bruch zwischen Leben und Lernen im Namen des Staates ausgegangen war.) Zweifellos – Steiner hatte seiner Neugründung einiges abverlangt. Halten wir nun seine Forderung aus den Tagen vor Eröffnung der ersten Waldorfschule an die Praxis der nahezu zweihundert heute in Deutschland existierenden. (Ich denke, das ist legitim. Mag das Zitat einst auch darauf gezielt haben, Lebensbezüge aus jedem Fach zu entwickeln und Bezugsfähigkeit zum Leben aus den künstlerischen Unterrichten heraus zu wecken, so dürfen wir es mit demselben Recht an die bereits ins Auge gefasste Nahtstelle zwischen Schule und Praktikum halten.) Die Thesen: Es genügt Steiners Forderung nicht, Schüler zeitweise aus der Schule zu entlassen, einige inhaltliche Vorbereitungen zu treffen, sie während des Praktikums einmal vielleicht zu besuchen, nach ihrer Rückkunft die Berichtshefte einzufordern und die Schüler im Übrigen zurück in ihre Fächer zu schicken.

Das ursprünglich intendierte *Lernen*, vom Leben zu lernen, wird durch das tatsächlich praktizierte ‹Learning by doing› nicht erschlossen. Zwar öffnet Waldorfschule bis heute mehr Erfahrungsräume als die Institution Schule es traditionell zu tun pflegt, sie entzieht sich gleichzeitig aber der daraus resultierenden Verpflichtung. Versagt sich der nötigen Bewusstseinsarbeit exakt an der Stelle, die den Übergang vom bloßen ‹Lernen im Leben› zum ‹Lernen lernen› vom Leben bezeichnet. Selbstverständlich darf es nicht darum gehen, dass Schule Lebenserfahrungen okkupiert, sie in unstatthafter Weise für ihre einseitigen Belange in Beschlag nimmt, und Schülern die Möglichkeiten freier Erfahrung einschränkt. Das hieße ja nur, das tatsächliche Laisser-faire in eine nicht minder abzulehnende Form der Kontrolle zu verkehren. Und damit denselben Fehler, nur unter umgekehrtem Vorzeichen, zu wiederholen.

Worum es gehen müsste: die Wege von der Arbeit ins Lernen, vom Lernen in die Arbeit zu erkunden. Als Lehrer ein Gespür für den Fähigkeitenerwerb unter den Unsicherheitsbedingungen des Lebens zu gewinnen. Schülern Mittel in die Hand zu geben, die ihnen helfen, im dunklen Drang nach Erfahrung ihr Lernen aufzuspüren. Um sie dort, wo sie *für* andere arbeiten, in ihrer *eigenen* Persönlichkeitsentwicklung zu stärken.

Der Feind im Innern

Werfen wir noch einen Blick in einen weiteren Bereich der Oberstufe, nicht in den waldorfpädagogischen, sondern in den gymnasialen. Nicht dorthin, wo man traditionell um ein entwicklungsorientiertes Lernen bemüht ist, sondern in den Sektor, in dem ‹neuerdings› ein reduzierter Lernbegriff Triumphe feiert. Die Rede ist von den Abschlussprüfungen (in der Regel werden sämtliche staatlichen Prüfungen angeboten) bzw. dem Vorfeld, das ihren Vorbereitungen dient. Es hebt sich markant erst in der Oberstufe ab, obwohl unbewusst, doch stetig die Bemühungen zunehmen, es auch auf die unteren Klassen hin zu erweitern. Dabei handelt es sich um einen der Waldorfpädagogik vollkommen fremden Geist, der dort weht, einen aber, der sich als ‹Lokalwind›[79] in geradezu irritierender Weise in ihr beheimatet fühlt. Endlich muss in der Oberstufe – wie überall vor Prüfungen auch – nur noch gepaukt werden. Etwas gepresster zwar als woanders, aber schließlich hat man auch – mehr als anderswo – nachzuholen. «Gibt es ein Leben nach dem Abitur?», gab eine Schülerin nach überstandener Reifeprüfung als *die* Frage an, die sie in der Vorbereitungszeit auf das Examen am meisten bewegt hatte (und mit der sie deren Wirkung treffsicher erfasste). Ein Lernbegriff greift um sich, von dem aus es kein Entrinnen mehr ins Leben gibt. Das heißt, natürlich hat man Schüler rechtzeitig vor den Prüfungen noch einmal aus der Schule entlassen, die Französischlehrerin ihre Zöglinge nach Frankreich, der Russischlehrer die seinen nach Russland. Doch nur, damit sie endlich, was ihnen nicht einzupauken war, im Schnellkursus erlernen, den das Leben bietet. Die Steigerung aber, der Leben und Lernen im Wechselspiel zueinander fähig wären, kommt, wo das Leben nur zur Kompensation schulischer Defizite herhalten muss, nicht in Sicht. Das Moment des Lernen-Lernens fehlt.

Vollständige Kapitulation

Der folgende Dialog, teils fiktiv, immer aber realistisch und auf persönlich-leidvollen Erfahrungen basierend, soll näher in die Problematik des zur Rede gestellten Sektors einführen. Dabei handelt es sich um eine spezielle Textsorte. Um einen sogenannten einseitigen Dialog. Er enthält explizit nur die Worte meines Gegenübers. Also nur die *eine* Hälfte des Gesprächs. Mein Beitrag macht sich nur als Auslassung bemerkbar. Der Partner, mit dem ich auf diese Weise die Vergeblichkeit der Bemühung anzeige, in einen Austausch zu kommen, ist einer meiner Kollegen, ein langjähriger. Eigentlich der, der mir schon immer begegnet ist. Bis heute, im Lehrerzimmer, in der Konferenz. In vielen meiner Kolleginnen und Kollegen! Im Übrigen ist er oder sie sehr ehrlich, spricht auch schon mal unbequeme Wahrheiten aus. Und mitunter sogar über seine Gefühle. Jedenfalls möchte ich, dass seine Einstellung rein zum Ausdruck kommt. Und erhoffe mir im Übrigen von den Auslassungen eine anregende Wirkung auf die Phantasie des Lesers. Denn nichts haben wir in der Sache, um die es geht, dringender nötig als Phantasie.

　　«– *Also gut, ich höre!*
　　– *Bitte! Dann schaff sie doch ab! Von mir aus! Lieber heut als morgen.*

– *Das war ja so klar! Also! Dann werde ich den Prüfungen eben wei-*
ter dienen. Wenn nötig, bis zum Sankt Nimmerleinstag. Und verbitte
mir bis dahin jede Kritik.
– *Die Eltern wollen es. Die Schüler wollen es. Die Gesellschaft will es.*
– *Ich? – Wer fragt mich denn? Viel wichtiger ist es, wenn wir etwas*
rechtzeitiger mit den Vorbereitungen beginnen könnten.
– *In der Unterstufe? – Ja, warum eigentlich nicht.*
– *Du weißt doch, wie es ist. Etwa in der Mittelstufe? Vergiss es. Dann*
in der neunten, der zehnten Klasse? Sind sie zum Lernen auch oft nicht
zu gebrauchen.
– *Jawohl! Ganz richtig! Die 12. und die 13., es ist die schönste Zeit!*
(Abgesehen von den Korrekturen!) Endlich haben sie ein Ziel vor Augen.
Endlich sind sie umgänglich geworden. Richtig nett irgendwie.
– *Ich hab dir schon immer gesagt: Meine Schüler wissen, was sie ler-*
nen. Sie wissen, wie sie lernen müssen. Und sie wissen auch, warum.
– *Über das eigene Lernen ins Gespräch kommen? In meiner Fach-*
stunde? Hast du eine Ahnung, wie viel ich bis zur Prüfung noch durch-
zunehmen habe?
– *Vom* Leben? *Also manchmal glaube ich, du spinnst! Fürs* Leben!
Die Abschlüsse brauchen sie für ihr *Leben.*
– *Aufschlüsse – Abschlüsse? Verschon mich jetzt bitte mit deinen*
Spitzfindigkeiten. Mir reicht, was du in der Konferenz dazu ablässt.
– *Also mal ehrlich! Die meisten Jahre über geht es bei Waldorfs doch*
reichlich weichlich zu. Hausaufgaben: Nicht wirklich Pflicht. Klassenar-
beiten: Kann man auch abschreiben. Vor den Prüfungen – endlich! –
weht ein realistischerer Wind.
– *Das kannst du doch nicht wissen! Bestimmt kommt unter dem*
Strich was Rechtes dabei heraus.
– *Warum red ich überhaupt mit dir? Weißt du eigentlich, wie groß*
der Stapel Korrekturen ist, der zu Hause auf meinem Schreibtisch auf
mich wartet? Weißt du, wie viel Stunden ich dafür brauche? Weißt du
eigentlich, wie fertig mich das macht? Kannst du dir vorstellen, dass
auch ich mal ein bisschen leben möchte?
– *Du, ich warn dich! Wenn du das veröffentlichst!!!»*

Lernen ist, wenn man nachmacht, was der Lehrer vormacht, anschließend übt und vom Lehrer seine Fehler korrigiert bekommt. Sich trotzdem anstrengt, und fleißig weiterübt. (Dabei nie wirklich fragt, was man eigentlich lernt und warum?) Bis man die Prüfungen besteht. Hat man sie endlich bestanden, hat man auch gezeigt, dass man lernen kann. – Es ist irritierend, mit welcher Selbstverständlichkeit auf dem Feld einer Pädagogik, auf dem man Lernen als einen mit der biographischen Entwicklung des Einzelnen intim verbundenen Prozess zu kultivieren bestrebt ist, mittendrin das banalste Gewächs, Lernen als reproduktive Kurzzeitgedächtnisleistung, ins Kraut schießt. Und das mit vorauseilendem Gehorsam wie ein *Naturgesetz* hingenommen wird, von dem uns die Wissenschaft ja auch seit einigen hundert Jahren weiszumachen versucht, dass es unverrückbar und objektiv sei.

Als Entschuldigung für diese vollständige Unterwerfung sind einige Ausreden seit langem im Gebrauch. Die gängigste unter ihnen ist die, dass der Staat uns von außen durch das Berechtigungswesen (leider Gottes!) fremdbestimmt und dass wir, wenn wir in dieser Gesellschaft Schule machen wollen, diesen Kompromiss notwendigerweise (gleichsam zähneknirschend) eingehen müssen. Eng verknüpft damit ist etwa folgende Strategie: jahrelanges zäh geführtes Rückzugsgefecht gegen die stetig wachsende Gefahr feindlicher Übernahme, bei gleichzeitig bedingungsloser Kapitulation und fragloser Akzeptanz aller Überfremdungstendenzen.

Nun reagiert jedes intakte Immunsystem ja bekanntlich anders. Es lässt den Fremdkörper zunächst vollständig herein, um ihn im Gegenzug zu isolieren, seinen Einfluss energisch dann zu überwinden und so die eigene Gesundheit durch die Auseinandersetzung zu stärken. Im Widerspruch zum biologischen Organismus handelt der der Waldorfschulen, er hält Fremdes hartnäckig außen vor, kapituliert im Innern gleichzeitig vollständig und ist in der Folge einem schleichenden Krankheitsprozess ausgeliefert.

Wir empfehlen folgende Therapie, um die eigenen Denkgewohnheiten gegen den Strich zu bürsten und zur gleichzeitigen Steigerung der Aufmerksamkeit: Wir kapitulieren nicht vor dem *Staat,* sondern vor der eigenen *Phantasielosigkeit.* Kein Zwang von außen, vielmehr ein Versäumnis im Innern bildet die Ursache des schleichenden Profilverlustes. Nicht staatliche Abschlüsse haben die Oberstufe okkupiert, sondern wir selbst durch die Konservierung eines antiquierten Rollenverständnisses. Kein Lern- und Leistungsbegriff von außen überfremdet uns, sondern unser Unvermögen, ihn in seiner Begrenztheit zu durchschauen, diese von innen aufzuheben und damit den Begriff und seine Wirklichkeit zu erweitern.

Willkommen Widerstand! Willkommen Zentralabitur! Nicht deshalb, um den Opportunismus in den eigenen Reihen weiter zu kultivieren, vielmehr um daran das eigene Profil zu schärfen. Wir empfehlen also Praxisforschungsprojekte beispielsweise folgenden Zuschnitts: «Die Klausur in mir». Untertitel: ‹Was man mir einst damit angetan hat und ich fortgesetzt meinen Schülern damit antue! Wie ich mir ihre Wirkungen bewusstmache und daraus zukünftig neue, einer Erziehung zur Freiheit gemäßere Formen der Leistungsbeurteilung entwickeln kann!›

– Du tickst nicht mehr richtig! Und ich hab's schon immer gewusst! Das alles, Rüdiger, bringt doch rein gar nichts! Abitur bleibt Abitur. Das war so, ist so und wird so sein. Da kann man nichts machen! Und du schon gar nicht! Oder doch: am besten, wir schaffen es ab. Das Abitur in unserer Schule. Von mir aus! Lieber heut als morgen. (Die Frage: Abitur ja oder nein?, bezeichnet eine von vielen an Waldorfschulen gern geführten fruchtlosen Debatten. Fruchtlos allein schon deshalb, weil die Frage falsch gestellt ist.)

Nicht Fisch, nicht Fleisch das Ganze, wie schon gesagt. Und dazwischen: Bruchstellen jede Menge. Nicht Fehler, Fehler wären schön und Zeichen einer konzeptionellen Entwicklung. Sie wären als Folge der Bemühung um Umsetzung nur zu begrüßen. Sie ließen sich als Hinweise verstehen, die Praxis der Idee entsprechender einzurichten. Die tatsächlichen Brüche aber (insbesondere die Regelmäßigkeit, mit der sie auftreten) legen den Verdacht nahe, dass gar keine Idee mehr existiert, an der gearbeitet würde. Dass Konzepte nur noch als Varianten ein und desselben Kochlöffels vorliegen. Und mit Kochlöffeln wird – wie wir ja bereits wissen – in der immer nur selben Suppe gerührt.

Die Geburtsstunde der Waldorfschule

23. April 1919. Rudolf Steiner hält Vortrag vor der Belegschaft der Waldorf-Astoria-Zigarettenfabrik in Stuttgart. An dem Tag, der später als der «eigentliche Geburtstag»[80], als «Geburtsstunde»[81] der Waldorfschule bezeichnet wird. Im Tabaksaal des Unternehmens mit dem «klangvollen Namen für den gehobenen Rauchbedarf»[82] erreicht Steiner die Herzen seiner Zuhörer, vom «16-jährigen Lehrmädchen bis zu den 60-jährigen Arbeitern»[83]. «Im Anschluss an diese Versammlung findet eine Betriebsratssitzung statt, in der Rudolf Steiner aufgefordert wird, die Einrichtung und Leitung einer von der Waldorf-Astoria zu gründenden Schule zu übernehmen.»[84] (vgl. Lindenberg, Chronik, S. 406) Einer «ganz neue(n) Schulart», die «ohne den entschiedenen Willen der Arbeiterschaft nie zustande»[85] gekommen wäre. Einige Tage zuvor war Steiner in der württembergischen Hauptstadt angekommen. Er hatte die Hände ergriffen, die ihm aus einem kleinen Kreis initiativer Zeitgenossen gereicht wurden. In den Schicksalstagen der deutschen Revolution unternimmt er von hier aus den Versuch, selbst Schicksal zu schreiben. In Zeiten des drohenden Zusammenbruchs meldet er sich mit eigenen Ideen zum Umbau der gesellschaftlichen Verhältnisse zu Wort.

Im Vorjahr bereits, in den letzten Septembertagen 1918, hatten sich an der für unverrückbar gehaltenen Fassade des deutschen Kaiserreichs unübersehbar Risse gezeigt. Die militärische Niederlage im Westen, zu diesem Zeitpunkt unabänderlich geworden, hatte die Oberste Heeresleitung überstürzt dazu veranlasst, das Handtuch zu werfen. Den bis zum letzten, krampfhaften Augenblick für siegreich erklärten Weltkrieg im nächsten bereits verlorenzugeben, heimlich allerdings und hinter den Kulissen. Und voll Hinterlist und Tücke!

Der in den ersten Oktobertagen eingeleitete Systemwechsel war kein Geschenk, das die militärische Führung aus einer plötzlichen sentimentalen Anwandlung heraus an die Politik zu vergeben hatte, vielmehr eine Falle, die sie ihr stellte. Der Köder hieß Parlamentarisierung. Die ganze Macht, die bislang dem Kaiser vorbehalten war, sollte endlich auf die Parteien übergehen! Der Köder war unwiderstehlich, nur leider vergiftet. «An ihm hing die Verantwortung für die Niederlage, die totale Niederlage, die nach dem Waffenstillstandsgesuch nicht mehr aufzuhalten war.» Die Politiker bissen zu, «wenn auch nicht ganz, ohne misstrauisch an der Falle herumzuschnuppern und zurückzuscheuen»[86]. Schließlich stiegen sie ein in das bankrotte Unternehmen, verhandelten im Oktober mit dem amerikanischen Präsidenten um Waffenstillstand. Bewahrten strengstes Stillschweigen über die eigentlichen Urheber des Gesuchs, die Militärs, und verhalfen damit einer der zählebigsten ‹Legenden› der deutschen Politik, in dessen Dunstkreis Adolf Hitler wenige Jahre später die Witterung zur Macht aufnehmen sollte, zur Entfaltung ihrer tödlichen Wirkung. Doch im November 1918 geschieht zunächst etwas, das im Regiebuch der Mächtigen nicht vorgesehen ist. Dem Kalkül von militärischer Seite antwortet der spontane Aufstand vonseiten der Massen. Noch haben die Vertreter der neuen parlamentarischen Regierung die Unterwerfungsakte der Alliierten nicht unterzeichnet, da haben die Akteure des zu Ende gehenden Kaiserreichs bereits vollständig kapituliert. Überall ziehen die ‹Von-oben› es vor, sich vor denen von unten zurückzuziehen. Am neunten erreicht die von Kiel ausgehende Welle Berlin. Revolution ante portas! Zur Mittagszeit vor dem Reichstag stauen sich die Massen der Matrosen und Proletarier. Und kein Soldat weit und breit, der bereit wäre, die ‹Brüder› niederzuschießen. Die letzte Stunde des Wilhelminischen Zeitalters hat geschlagen. Und der, der ihm den Namen gab, der letzte deutsche Kaiser, wählt im fernen belgischen Hauptquartier die unrühmlichste aller Varianten seines möglichen Abgangs aus der Geschichte. Er zieht sich zum Teetrinken zurück ins Exil.[87] Eine der erregendsten, vielleicht die tragischste Stunde in der deutschen Geschichte des 20. Jahrhunderts hat begonnen. Es ist die Stunde des deutschen Proletariats. Der Versuch der Massen, der von oben diktierten Demokratie von der Straße aus zum Durchbruch zu verhelfen.

Arbeit neu denken

Als Steiner im April 1919 nach Stuttgart kommt, sind die Ereignisse bereits weit vorgerückt. Seit den Januaraufständen in Berlin wird der Revolution überall im Reich der Garaus gemacht. Noch ist Weimar nicht gegründet, da haben die zukünftigen Republikaner bereits ihre Todfeinde auf die eigene Anhängerschaft angesetzt. Und die als Freikorpsverbände neu formierten ehemaligen Frontsoldaten leisten überall ganze Arbeit. Erst bringen sie die geistigen Führer der Revolution, Rosa Luxemburg und Karl Liebknecht, um. Im März werden im großen Stil die Arbeiterviertel in Berlin gesäubert, im Mai schließlich als letzte Bastion revolutionärer Unruhen die Münchner Räterepublik blutig niedergeschlagen. In dieser aufgeheizten Atmospäre, in der auch in Stuttgart die Revolution angetreten ist zum letzten Gefecht, beginnt Steiner mit den denkbar friedlichsten Mitteln Einfluss auf die Entwicklung zu nehmen: mit nichts als Ideen und einer entwaffnenden Überzeugungskraft. Als führender Kopf einer Initiative, die als Dreigliederungsbewegung in die Geschichte eingehen wird, unternimmt er den Versuch zu einer durchgreifenden Neuordnung der gesellschaftlichen Verhältnisse des deutschen Reiches. Er begibt sich damit zwischen die traditionell von Sozialisten und Kapitalisten gebildeten Fronten, insbesondere mit seinen Gedanken zur Neubegründung des Eigentumsbegriffes auf wirtschaftlichem Felde (und damit auch zur Neubewertung menschlicher Arbeit). Die revolutionäre Parole der Arbeiterschaft nach Sozialisierung der Produktionsmittel erscheint ihm genauso einseitig wie das restaurative Bestreben der Kapitalisten nach absoluter Verfügbarkeit über die eigene Fabrik (inklusive aller darin tätigen Menschen). Nach zwei Richtungen hin sieht Steiner den Zugang zum Wert menschlicher Arbeit verbaut. Für den

96

Arbeiter durch den Zwang zur Entlohnung, der ihm vorgaukelt, dass er das, was er in der arbeitsteilig organisierten Fabrik für andere leistet, ausschließlich zur Sicherung des eigenen Überlebens verrichtet. Für den Kapitaleigner durch den Zwang zur Profitmaximierung, der ihn die Konsequenzen seines Handelns (spätestens an der Börse) aus dem Blick verlieren lässt. Nach zwei Richtungen hin versucht Steiner folgerichtig den Zugang zum Wert menschlicher Arbeit zu erschließen. Die Neuordnung (eigentlich die Neutralisierung des Kapitals) soll so organisiert werden, dass sie die unternehmerische Initiativkraft nicht (wie im Sozialismus) lähmt, sondern im Gegenteil stärkt. Gleichzeitig sollen die Rechte des Arbeiters, die er sich im Produktionsprozess durch seine faktische Beteiligung an der Schaffung des Mehrwertes der Ware erwirbt, nicht (wie im Kapitalismus) ausgeblendet, sondern ins Bewusstsein gehoben und in Arbeitsverträgen verankert werden. Neben egoistischen Motiven (der ausschließlichen Gewinnsucht wie dem bloßen Überlebenstrieb) sollen gleichberechtigt altruistische Antriebe zur Geltung kommen, die dem Menschen erlauben, mehr zu sein als es die Ideologie vom ausschließlichen Überlebenskampf des zufällig intelligenzbegabten Tieres bisher gestattet hatte.[88]

Ein brenzliges Unterfangen, sich mit einer praktischen Weltanschauung so zwischen alle Stühle zu setzen, um von dort aus Bewegung in alle Richtungen zu provozieren! Nach anfänglichen Erfolgen – einer überwältigend positiven Resonanz für die neuen Ideen in den Kreisen der Arbeiterschaft – ist der Versuch gesellschaftlicher Wirksamkeit rasch zum Scheitern verurteilt. Im Juni wird der Versailler Vertrag unterzeichnet, im August tritt die Weimarer Verfassung in Kraft. Eine «Welle von rechts»[89], aufgepeitscht durch die harten Friedensbedingungen, überrollt die Republik. Eben erst in die Arena des Machtkampfes gestiegen, werden die Dreigliederer bereits in der ersten Runde ausgeknockt. Sie passen in keine Parteischablone, lassen sich weder in die sozialistische noch kapitalistische Ecke stellen. Also werden sie durch gezielte Schläge unter die Gürtellinie besiegt und beseitigt, rascher noch als es den meisten Anhängern gelingt, die neuen Ideen, die sie so gern vertreten hätten, selbst zu begreifen.[90]

Schulgründung

Mit dem Scheitern geht eine «Schwerpunktverlagerung»[91] einher. Was auf wirtschaftlichem und politischem Felde steckengeblieben ist, soll von nun an auf dem weniger steinigen der Kultur aufgehen. Am Ende der «Stuttgarter Wochen» steht die Begründung der Waldorfschule. Hier soll im kleinen Maßstab vorgelebt werden, wozu man im Großen der Gesellschaft offensichtlich noch nicht bereit ist.

Bereits in den Tagen der Novemberrevolution war die Idee einer Schulgründung entstanden. Erstmals anlässlich eines Gespräches, das Emil Molt, Besitzer der Waldorf-Astoria-Zigarettenfabrik, bei einem seiner täglichen Rundgänge durch den Betrieb mit einem seiner Arbeiter führte. Einen weiteren Anstoß geben die sogenannten Januargespräche, die 1919 mit Steiner in der Schweiz geführt werden. Ein Satz von ihm wird im Protokoll deshalb hervorgehoben, weil Steiner ihn mit besonderem Nachdruck ausgesprochen hat: «Wir müssen zuerst aus dem Geld, das wir noch haben, freie Schulen gründen (...).»[92] Das Vorhaben entwickelt sich parallel zur Volksbewegung. Molt führt erste Gespräche mit dem württembergischen Kultusminister Heymann über die geplante Schulgründung. «Der Minister zeigte sich ehrlich erfreut, dass ausgerechnet ein Kapitalist als erster die von vielen Seiten geforderte Einheitsschule realisieren wollte.»[93] Mit dem Widerhall, den Steiners Worte am 23. April in den Produktionsräumen der Waldorf-Astoria erfahren, vollzieht sich die Gründung der «ganz neuen Schulart» durch «den entschiedenen Willen der Arbeiterschaft». Am 13. Mai wird in Verhandlungen mit dem Kultusminister eine Übereinstimmung «in Bezug auf eine eigenständige Lehrplankonzeption und freie Lehrerberufung» erzielt.[94] Bald darauf erfolgt die Genehmigung «aufgrund eines noch geltenden Privatschulgesetzes aus dem Jahre 1836 (...)»[95]. Zwar gerät man bei den nächsten notwendigen Schritten in dasselbe Sperrfeuer wie zeitgleich die Dreigliederungsbewegung (von sozialistischer Seite wird der «Aufbau eines einzelnen antizipatorischen Modells innerhalb des alten Systems als Quacksalberei» diffamiert), doch im Ge-

gensatz zur großen Bewegung, die darin untergeht, kommt die kleine
glücklich ans Ziel.

Am 7. September öffnet die «erste wirkliche Einheitsschule für
Mädchen und Knaben», in der «die Kinder des Arbeiters neben denen des Direktors sitzen» ihre Tore. «Von den 256 Schülern, die in die
ersten acht Klassen aufgenommen wurden, stammen 191 aus den Familien der Arbeiter und Angestellten, die übrigen 65 größtenteils aus
anthroposophisch orientierten Familien Stuttgarts.» [96]

Zwei Jahre später müssen die «Kinder des Direktors» bereits genau hinsehen, wollen sie um sich herum noch «Kinder des Arbeiters»
entdecken. Die erste wirkliche Einheitsschule ist im Begriff zu einer
«Schule der Bourgeoisie» zu verkommen, «in die die Proletarier
nicht hineinpassen» [97]. Die Neubestimmung der menschlichen Arbeit, wie Steiner sie in diesen Monaten vorgenommen hatte, ist
gesamtgesellschaftlich vorerst zum Scheitern verurteilt. Im einzelnen ‹antizipatorischen Modell› allerdings wird sie genauso wenig
verstanden. Die Waldorfschule, die am Tage ihrer Eröffnung als
«stärkster und überzeugendster Ausdruck der Dreigliederungs-Akti-
vitäten» [98] empfunden wird, schließt sich binnen kürzester Zeit vollständig ab von den Impulsen, die sie ins Leben gerufen haben.

Bourgeoisie-Schule

1921 verlassen die Proletarierkinder nach nicht einmal zwei Jahren
die Waldorfschule bereits in Scharen. Auf die besorgte Nachfrage
Emil Molts hin (in einer der gemeinsamen Konferenzen mit Rudolf
Steiner) spricht dieser den wunden Punkt unumwunden an. Offensichtlich sind die Kinder der Proletarier nicht «hinaufzubringen» in
das, was sich in der Zwischenzeit als Oberstufe der Waldorfschule zu
konstituieren beginnt. «Man müsste die Schule einrichten, wie ich es
in den Volkspädagogischen Vorträgen beschrieben habe. Dann
würde es sich herausstellen, wie man diese Schüler durchbringt zu
einer richtigen Bildung.» [99] Man müsste. Man hat aber nicht, hatte es

halbherzig zwar versucht. Der aus Wien nach Stuttgart übergesiedelte Bahningenieur Alexander Strakosch sollte ab Herbst 1920 das Werk in Angriff nehmen [100], war aber vollständig damit gescheitert. Was zuvor gelungen war, dem Kultusminister die ersten acht Grundschuljahre als sozialistische Einheitsschule zu ‹verkaufen›, misslingt vollständig für ihre als Allgemeine Fortbildungsschule gedachte Fortsetzung in der Oberstufe. Rudolf Steiner ist anderweitig zu sehr gefordert, um diese Intention aktiv mit zu verfolgen.

Was er ursprünglich wollte, lässt sich aus zahlreichen Äußerungen erschließen. Aus der Zusammenschau ergibt sich eines mit Sicherheit: in der 9. und 10. Klasse fest verankert sein sollte ein realer Bezug zur Arbeitswelt [101] unter selbstverständlich pädagogischen Bedingungen, aber keine Spielwiese, kein ‹Als-ob›. Vor allem nicht die bloße Extrapolation des handwerklichen Unterrichts bis hinein in die Oberstufenjahre. Was in der Mittelstufe zum festen Bestandteil der Allgemeinbildung geworden ist, die Arbeit am Werkstück aus Holz oder Eisen (und anderen Materialien), sollte so, wie es sich bis heute etabliert hat, nicht fortgeschrieben werden. Was für die Selbstfindung des jungen Menschen eine Erfahrung von existenziellem Wert bedeuten kann, sich selbst durch sein Werk belehren zu lassen und in der Vervollkommnung des Werkes sich selbst zu finden, erhält in der Oberstufe einen zwangsläufig nostalgischen Beigeschmack.

Der Arbeitsbegriff, so wie er die Oberstufenjahre konstituieren sollte, war nicht dem mittelalterlichen Ideal des Handwerksmeisters verpflichtet, sondern der unmittelbaren Gegenwart entnommen. Er war prekär, zwiespältig, nicht heil, nicht harmonisch. Die Arbeitsorganisation des amerikanischen Ingenieurs Frederik Winslow Taylor hatte seit dem Ende des 19. Jahrhunderts den Arbeiter gründlich entfremdet von jeglicher Beziehung zum Teil des Teils, das er, dem Arbeitstakt der Maschine unterworfen, herzustellen gezwungen wurde. Steiner war nicht der weltfremde Philosoph, dem das entgangen wäre. Im Gegenteil stand ihm die Gefahr des geistigen Todes vor Augen, der sich der Arbeiter tagtäglich auszuliefern gezwungen war. Er sah die Notwendigkeit dieser Entwicklung. Vor allem aber sah er tiefer. Die darin verborgene Chance, den Altruismus als Antrieb menschlichen Handelns, wie er in der Arbeitsteilung objektiv begründet lag, zu wecken. Denn jeder lebt von dem, was andere hervorgebracht haben, und alles, was durch ihn selber geleistet wird, geht in diesen Gesamtarbeitsprozess über. Dieses Rettende, das mit der Gefahr zugleich aufgekommen und gewachsen war, darin auch zu bemerken und aus ihr zu befreien, galt Steiners gesellschaftliches Engagement in der Dreigliederungszeit. Nach dessen Scheitern sollte der neue Arbeitsbegriff grundlegend werden für die Jahre, die der einheitlichen Volksschule (von der ersten bis zur achten Klasse) folgten. Dass die Gründung dieser ganz neuen Schulart, deren Zentrum eine allgemeine Arbeitslehre bilden sollte, zunächst scheiterte, ist nicht weiter tragisch. (Was gelingt schon beim ersten Anlauf!) Dass er kein zweites, kein drittes Mal erfolgte, ist der eigentliche Skandal. Die Idee entschlief, noch bevor sie durch wiederholtes Tun den Willen der Akteure hätte ergreifen können. (In der Hibernia Schule wurde die ursprüngliche Konzeption nach dem Zweiten Weltkrieg verwirklicht; einige wenige Waldorfschulen folgten diesem Impuls.) [102]

«Viel wichtiger als Latein ist Mechanik» [103], hatte Steiner zum Zeitpunkt der endgültig anvisierten Schulgründung postuliert. Drei Jahre später hatten die zukünftigen Abiturienten acht Stunden Latein pro Woche. Man war längst unterwegs in Richtung auf den großen Kompromiss, dem unterzuordnen man fest entschlossen war: das erste Abitur. Oder *die* Ausrede, die bis heute für alle fehlende Erneuerung des pädagogischen Modells als bequemste herzuhalten hat.

Freizeit statt Freiheit

Manchmal wird einfach deutlich, was dahintersteckt, worin die schleichende Krankheit – aller offiziellen Gesundbeterei zum Trotz – besteht. Ausgerechnet in einer Ausgabe der ‹Erziehungskunst›, die der Aufpolierung des handwerklichen Modells zu dienen hat, wird die Patina sichtbar, die man selbst seit je darüberzulegen sich bemüht.

Ganz offensichtlich geht es ihnen nicht gut, den handwerklich-künstlerischen Unterrichten im Reformgymnasium Waldorfschule. Eigentlich zentrales pädagogisches Anliegen, sind sie längst in Gefahr, eine bloße «Schattenexistenz» zu fristen. Als «nette Ergänzung des Curriculums» vielleicht geduldet oder aus «Opportunismus» gar gestrichen zu werden. Statt als eigentlicher Treiber der Pädagogik zu fungieren. So holt die Redaktion sich Hilfe von außen. In Übereinstimmung mit Bildungspraktikern und -theoretikern, Hirnforschern und Wirtschaftsmanagern werden «die Gestaltungskräfte des Ästhetischen» beschworen, die als «emotionale Schubkräfte» einzig geeignet scheinen, Schüler im Verlaufe ihrer Schulzeit auf die Höhe ihrer gesellschaftlichen Verwertbarkeit zu befördern.

Doch nur wenige Seiten später in derselben Ausgabe enthüllt sich das eigentliche Leitbild, das hinter dem existierenden Modell steht und darin seit der Überlagerung der ursprünglichen Intentionen wirklich treibt. Mit entwaffnender Naivität wird eine Einstellung zur Arbeit formuliert, dessen begrenzter Gültigkeit für die Mittelstufenjahre man offensichtlich uneingeschränkt Verbreitung wünscht: «Im Hinblick auf die bevorstehende Verkürzung der Arbeitszeit stellt sich die Frage nach einer sinnvollen Freizeitgestaltung noch dringender als bisher. Diese könnte in der Fortsetzung der in der Schule angeregten handwerklich-künstlerischen Betätigung liegen.» «So könnten die durch unsere Zivilisation weitgehend unterdrückten individuellen Kräfte sich in einer Weise entfalten, die mehr zur Begegnung mit sich selber führen würde (...).»[104] Die Zitate sind Auszüge aus der Autobiographie eines Lehrers, dessen Erfahrungshintergrund Kriegszeit und Nachkriegsjahre waren. Inzwischen hat man die ‹unterdrückten individuellen Kräfte› längst als die eigentlichen Treiber aller Entwicklung entdeckt und versucht sich auch anderswo als in unseren Kreisen an ihrer Aktivierung. Da haben auch ‹wir› uns umgestellt und üben uns in der Sprache von Schlüsselqualifikation und Kompetenzerwerb. Doch das Modell haben wir nicht umgestellt. Das darin wirksame Ideal des mittelalterlichen Handwerksmeisters in seinem Wert vielleicht, aber in seiner Begrenztheit nicht erfasst. Solange wir dazu nicht bereit sind, wird in der postulierten Erziehung zur Freiheit der Geist einer Erziehung zur Freizeit fortwirken.

Konsequenzen

Die Impulsierung der Waldorfpädagogik erfolgte aus tiefen Einsichten Rudolf Steiners in die Natur des werdenden Menschen. Die Begründung der Waldorfschule wurde aus krisenhaften Zeitumständen heraus geleistet, eine Doppelgeste, durch die der zukünftigen Schulentwicklung wechselseitig von außen nach innen und von innen nach außen Energie zugeführt werden sollte. Zur gesellschaftlichen Seite hin wurden die Bemühungen abrupt eingestellt. Der Begriff der Arbeit, auf den bürgerlichen Horizont der Beteiligten zurechtgeschrumpft, konnte seine Brückenfunktion nicht entwickeln. Geblieben ist von der Doppelgeste bis heute das Bemühen um ein Verständnis der Allgemeinen Menschenkunde [105], wie Steiner sie als Grundlage der Waldorfpädagogik inaugurierte. Zur Marginalie verkommen ist der Versuch, sie im selben Atemzug auch als Zivilisationskunde begreifen zu lernen.

Die Entkopplung der pädagogischen Konzeption von ihren prekären gesellschaftlichen Zeitumständen, wie sie exemplarisch am Begriff der Arbeit aufgezeigt wurde, hat weitreichende Konsequenzen. Sie erschöpfen sich nicht in den bereits aufgezeigten Brüchen. Nicht darin, dass Schülern in den Mittelstufenjahren Wege aus der Schule heraus zur unmittelbaren Begegnung mit den Erscheinungen der modernen Zivilisation verwehrt bleiben; nicht darin, dass das Moment echter Arbeit, wenn es sich denn ergibt, in seinem inneren Wert für das Lernen nicht erkannt wird; auch darin nicht, dass das ‹Lernen-lernen›, wo es dringend erforderlich wäre, durch eine beschränkte Begrifflichkeit fraglos überfremdet wird. Es steckt mehr dahinter. Die Folgen der Vereinseitigung zeigen sich auch dort, wo man sie auf den ersten Blick nicht vermuten würde. Sie heben an mit einer Stimmung, verdichten sich zur Mentalität des ‹Wir-Guten› gegen den Rest der (bösen) Welt. Und enden in einer der zahlreich benutzten Sackgassen, in denen bevorzugt Rückzugsgefechte bis zum totalen Stillstand geführt werden.

Vor Jahrzehnten, es steht mir noch vor Augen, als sei es gestern gewesen, wurde an der Waldorfschule, in der ich als Greenhorn einst begann, über Jahre hinweg ein heroischer Abwehrkampf geführt gegen jedwede Form unlauterer Verstärkung, die Musik durch die Zuhilfenahme technischer Errungenschaften zwangsläufig erfährt. Zugegeben, man hatte Strom in der Schule. Und wurde es dunkel draußen, wurde drinnen mit Hilfe *auch* von Elektrizität für Helligkeit gesorgt. Aber Schallplatten! Verstärker? Nein! Hier galt es Paroli zu bieten, Schüler zu verprellen, dem Rest der Welt die Stirn zu zeigen (statt ein Projekt der Stille als kreative Antwort auf die zunehmende Lärmbelästigung in unserer modernen Zivilisation *gemeinsam* mit Schülern zu entwickeln).

Eine beängstigende Vorliebe für falsche Fragestellungen treibt die Akteure immer wieder in den Ring: Fußballspielen: Ja oder Nein? Der PC in der Schule oder nicht? Dürfen wir eigentlich den schulfreien Samstag wollen? Und nicht zuletzt: die Schulbuchfrage als unendliche Geschichte! Das sind die Themen, die eine Welt bewegen, die einst aus der großen weiten entstanden ist und sich heute darin gefällt, sich in kleinen Kreisen endlos intern zu drehen. Was einzig über Jahrzehnte damit vorangetrieben wird, ist der Verlust an der ursprünglichen Schubkraft des Modells. Und ist vor allem ein Indiz für den Mangel an konkreter Phantasie.

Man versteht es nicht als Schule, sich aus den prekären Zeitumständen immer wieder neu zu kreieren. Es hieße, sich fortgesetzt als Teil der gesellschaftlichen Entwicklung zu verstehen. Und aus den getrennten Bereichen, dem Lernen und Leben, einen neuen dritten zu bilden. Aus Eins und Eins mach Drei, lautete die Erfolgsformel. Eine

Waldorfschule, die in dieser Art quer gegen mathematische Gepflogenheiten zu handeln verstünde, wüsste sich aus ihren Ursprungsimpulsen heraus auf die Höhe ihrer Zeit zu versetzen.

Selbstverwaltung
Der verordnete Dilettantismus

Nur selten noch zu Gast

Lange ist es her, dass ich hier war. Ich finde mich dort ein, wo Waldorflehrerinnen und -lehrer ihre Donnerstagnachmittage zu verbringen pflegen: in der allwöchentlichen Konferenz. Zwei Jahrzehnte hindurch habe ich mich meist pünktlich und ausdauernd von 16.00 bis 22.00 Uhr (und später!) der Folge von Pädagogischer, Geschäftsführungs- und Schulführungskonferenz hingegeben. Als Teilnehmer in den ersten, als Konferenzleiter in vielen Folgejahren. Inzwischen genieße ich den nur noch gelegentlichen Gaststatus und übe mich, soweit mein Temperament es mir gestattet, in Zurückhaltung. Jedenfalls hat mein Erscheinen in diesem Kreise – seit der fortgeschrittenen Reduktion meines Deputates und dem Zuwachs an Aufgaben auf anderen Feldern als denen der eigenen Schule – Seltenheitswert.

Die Stühle stehen im Kreis. Etwa 35 Kolleginnen und Kollegen nehmen mit mir Platz. Mit dem Konferenzspruch wird die Runde eröffnet. Eine Art Motto, das, unserem Gespräch vorangestellt, die Teilnehmer auf den gemeinsamen Austausch über pädagogische Fragen einstimmen soll. An diesem Donnerstag geht es um die Vorstellung eines neuen Unterrichtsfaches: Ethik. Zumindest neu an unserer Schule! Andernorts, insbesondere an staatlichen Gymnasien, erfreut es sich seit geraumer Zeit schon wachsender Beliebtheit. Aber auch bei uns ist es im Kommen. Die neue Kollegin hat dieses Fach im Angebot, und so soll es auch bei uns nun expandieren. Ich lausche den einleitenden Worten. Erfahre manches über den Lehrplan, der die Durchnahme bedeutender Philosophen in der Elften und den Bezug zu brisanten gesellschaftlichen Themen vor dem Abitur vorsieht. Doch spielt sich genaugenommen vor meinen Augen und Ohren einmal mehr die Begründung dafür ab, warum ich in der Zwischenzeit nur noch sporadisch hier vorbeischaue.

Mit dem Charme eines Automaten

Eine Zeitlang bemühe ich mich intensiv, den Gedankengängen zu folgen. Erst den Ausführungen der Kollegin, dann der sich anschließenden Diskussion. Versuche die einzelnen Aussagen zu verstehen und Zusammenhänge zwischen ihnen zumindest zu erahnen. Doch bleibt die Bedeutung der meist flüchtig vorgetragenen Meinungen zu weit im Dunkeln, sind Übergänge in ihrer assoziativen Sprunghaftigkeit so wenig nachvollziehbar, dass ich mich nach wenigen Minuten bereits zur Kapitulation gezwungen sehe. Der Gesprächsfaden in seinem inzwischen labyrinthischen Verlauf lässt sich von mir nicht mehr verfolgen, geschweige denn entwirren. Auch dass Themen sich wie zufällig ergeben und bis zum nächsten assoziativen Sprung halten, macht aus dem Verwirrspiel kein Gespräch. Um mich herum scheint das niemanden zu stören, die nicht, die zuhören, und schon gar nicht die, die reden. Wie so oft sind es auch heute wieder dieselben. Früher gehörte ich selbst zu ihnen, zu den wenigen, die in der Unterhaltung der schweigenden Mehrheit einen Sinn zu sehen glaubten. Heute sitze ich nur hier und sinniere über die Verschwendung an Ressourcen (die Konferenzzeit, in Euro gerechnet, multipliziert mit der Anzahl der Kollegen). Sie wird hier ganz offensichtlich planmäßig betrieben. Und ich male mir dabei in düstersten Farben aus, wie Unterrichtsgespräche wohl missraten werden, wenn ihnen, was wir hier unter uns absolvieren, als Vorbild dient. Und wenn morgens bei mir von 35 Schülerinnen und Schülern sich sechs nur meldeten und die Mehrheit schwiege? Ich würde zumindest versuchen, die anderen zu aktivieren oder schleunigst einen Methodenwechsel herbeiführen. Nicht so unsere Gesprächsleiterin! Sie hat zu Beginn mitgeteilt, dass wir beginnen, wird am Ende sagen, dass wir am Ende sind. Und beschränkt ihre Aktivität zwischenzeitlich darauf, die einlaufenden Wortmeldungen in Reih und Glied zu ordnen und – ungeachtet ihrer Inhalte – eine nach der anderen aufzurufen. Sie leitet die Pädagogische Konferenz mit dem Charme, den man als ‹Schlange-stehender-Kunde› in Ämtern oder Supermarkttheken kennt. Man zieht einen Zettel aus dem Automaten und wartet, bis das Erscheinen seiner Zahl auf dem Display anzeigt, dass man an der Reihe ist.

Während ich es hier vorziehe, mich innerlich ganz zurückzuziehen, jagt um mich herum – im engen Kreis der Beteiligten – eine Äußerung die nächste. Der Wirrwarr der Gedanken, den unsere Leiterin durch ihre Zurückhaltung nur noch verstärkt, scheint sie nicht zu beunruhigen. Wohl, weil sie die Anforderungen einer Gesprächsführung nicht kennt und niemand aus dem Kreis auf die Idee käme, sie ihr zu vermitteln.

Ganz wie ‹daheim›

Das alles ist nur zu normal und in Arbeitszusammenhängen aller Art durchaus üblich. Wer kennt sie nicht: Konferenzen, Teamsitzungen, Arbeitsgespräche, die unbefriedigend verlaufen. Erwachsene, die es können sollten, können es oft genug nicht, können ihren Gedanken die notwendig innere Ordnung nicht geben und den Umfang ihrer Mitteilung nicht in zumutbaren Grenzen halten. Und keine Gesprächsführung, die das Unvermögen Einzelner abmilderte oder gar ausgleichen würde. Das Instrument bleibt, ob aus bloßer Unkenntnis oder gar aus kultiviertem Unwillen heraus, stumpf.

Vor kurzem war ich als Referent zu Gast in einem Weltkonzern. Dort, wo Produkte mit äußerster Präzision hergestellt werden, lief das Gespräch, als ob es in einem geheimen Kontrast dazu stünde, mit der größtmöglichen Nachlässigkeit ab. Jedenfalls saß ich im Anschluss an mein Referat in der Diskussionsrunde neben der stellvertretenden Personalleiterin, und auch sie begnügte sich mit dem Aufrufen der Äußerungen. Auch sie schien mit ihrer Funktion keinerlei Aufgabe verbinden zu können. Die Verwirrung, die sie damit hervorrief, war durchaus vergleichbar mit der, die mich ‹daheim› in schöner Regelmäßigkeit umfängt.

Später schildere ich einem Unternehmensberater beide Situationen. Und hebe – im Vergleich der Erlebnisse – dasselbe Dilemma hervor. Frage ihn, der beide Seiten kennt, nach seiner Einschätzung, und erfahre uneingeschränkte Zustimmung. Er kenne diese Ineffizienz von Arbeitsgesprächen, von Waldorfschulen wie von großen Unternehmen. Nur einen Unterschied gebe es doch, einen entscheidenden, der, bei aller Übereinstimmung in der Sache, vollkommen unterschiedliche Konsequenzen zeitige: Auf Unternehmensseite werde das Unvermögen hierarchisch abgefedert, in den ‹horizontal› organisierten Waldorfschulen schlägt es durch.

Im Ergebnis null

Wie es schlägt und wohin es trifft, sei an einer Situation exemplarisch vorgeführt. Die Portfolioarbeit (vgl. S. 131) war an der eigenen Schule auf Interesse gestoßen. Und wie alles Neue sich zum Alten in ein Spannungsverhältnis setzt, hatten die Erstversuche in diese Richtung auch für die erste Unruhe gesorgt. Inzwischen wies der Prozess alle Anzeichen einer ernstzunehmenden Reform auf: die Initiative einer kleinen Anzahl von Pionieren, die Neugier einer wohlwollend passiven, größeren Gruppierung und die Vorurteile und Missverständnisse aus dem Heer derjenigen, die auch diese Veränderung auszusitzen entschlossen waren. Mit dieser ‹Normalverteilung› innerhalb des Kollegiums schienen weitere Schwierigkeiten vorprogrammiert. Und schließlich wurde ich in das zuständige Gremium der Schule geladen: die Schulführungskonferenz. Hierhin gehörte der schwelende Konflikt, hier sollte er zur Sprache kommen. Ein löbliches Unterfangen, aber – bei näherem Hinsehen – ein nicht minder heikles, kann doch durch eine erfolgreiche Konfliktbewältigung entscheidende Veränderungsenergie freigesetzt werden. Aber das Misslingen eines Vermittlungsversuches markiert fast zwangsläufig auch das Scheitern der angestrebten Reform. Streng genommen ist es fahrlässig, sich auf größere Veränderungen im institutionellen Rahmen überhaupt einzulassen, ohne das kleine Einmaleins der Konfliktbewältigung nicht wenigstens an den eigenen Fingern abzählen zu können. Jedenfalls liegt auf der Hand, dass im geschilderten Fall (und gegenüber der ‹normalen› Gesprächsführung) ungleich höhere Anforderungen an alle Beteiligten, in Sonderheit an die Verantwortlichen dieses Prozesses gestellt werden.

Also stelle ich im Vorfeld einige Fragen, ehe ich mein Erscheinen zusage. Ich möchte einfach wissen, worauf ich mich einlasse und worauf die (heikle) Unternehmung zielt. Ich erfahre so viel, dass zwei Sitzungen zu je 1 ½ Stunden vorgesehen sind, werde informiert über die voraussichtlichen Teilnehmer (neben den regulären Mitgliedern der Schulführungskonferenz sind alle Kolleginnen und Kollegen der Oberstufe eingeladen). Schließlich bin ich doch zur Investition meiner knappen Zeitressourcen bereit, obwohl ich – der Reihe nach – keine Auskunft erhalte über: das eigentliche Thema der Gespräche, das geplante Vorgehen, das angestrebte Ziel; erst recht nicht über den weiteren Horizont, auf den die vorgenommenen ersten Schritte sich möglicherweise richten könnten. Zum letzten Mal bin ich bereit! Noch ein einziges Mal will ich prüfen, ob auf derlei ‹spontanen Wegen› irgendetwas zu erreichen ist, ob der Geist auch dann weht, wenn ihn keine erkennbare Anstrengung im Vorfeld erregt hat. Ich erfahre lediglich, dass man gemeinsam ‹darüber› sprechen wolle, um dann zu schauen, was sich ‹daraus› ergibt. Und so stellt sich dann auch heraus, dass wir so ziemlich über alles sprechen und dass das, was sich daraus ergibt, nichts ist.

Also sitze ich im Kreise der Kollegen. Und wieder reduziert sich die Gesprächsführung auf das Aufrufen der einzelnen Teilnehmer. Doch diesmal sind wir alle dran. Reihum darf sich jeder äußern. Die ausgegebene Devise lautet: Wie geht es mir in der Schule, wie fühle ich mich? Der Zusammenhang mit dem durch die Veränderungsbemühungen ausgelösten Konflikt ist zwar erahnbar, wird aber nicht von jedem Kollegen hergestellt. Nach 2 ½ Stunden endlich sind wir durch, beim zweiten Meeting also und zu bereits fortgeschrittener Stunde. Endlich hat auch der Letzte in der Runde die für ihn relevanten Wohlfühlfaktoren an unserer Schule ausmachen können und hat uns wissen lassen, ob diese durch die Portfolioarbeit (bzw. durch das, was er dafür hält) eine spürbare Beeinträchtigung erfahren mussten. Es folgt: kein Austausch! Alles, was gesagt werden wollte, wurde wohl gesagt. Jetzt fühlt der Konferenzleiter sich berufen, und gleich schwingt er sich auf zu einer etwa zwanzigminütigen Interpretation alles Gehörten. Kommentiert den einen erinnerten Gedanken, tut dem anderen seine Assoziationen an und untermischt sein Brainstorming gen Ende mit Lösungsvorschlägen für einen Konflikt, der von niemandem bisher so richtig geortet wurde. Der radikalste darunter lautet: Die zerstrittenen Kollegen (bin ich jetzt gemeint?) sollten eine, von schulischer Seite aus gesponserte Alpenwanderung steil bergauf und zur Klärung allen Zwistes unternehmen, in klarster Höhenluft …

Anschließend gibt es kein Halten mehr. Jetzt sind *wir* dran, und im Crescendo der Folgestunde werden Urteile gehäuft über Beobachtungen. Ist nicht mehr auszumachen, wer auf wen sich noch bezieht und wer von vornherein nur für sich selber spricht. So schlägt die nächste Lösungsidee die eben erwähnte Konkurrentin aus dem Felde und scheint die Leidenschaft der Teilnehmer durch den Umstand geradezu angestachelt zu werden, dass keine einzige aller geäußerten Ideen mehr spürbare Umsetzungsenergie aufweisen kann.

Dann ist alles vorbei. Vier Stunden Arbeitszeit mal zwanzig beteiligte Kollegen macht im Ergebnis null. Doch scheint die Erfolglosigkeit des Ringens niemanden zu irritieren. Kein weiteres Vorgehen, das uns an diesem Abend in Aussicht gestellt würde. Keine Information, die mich im Anschluss noch erreicht. Nicht ein einziges Wort, das ich mit einer Kollegin oder ein Kollege mit mir ‹darüber› noch verlöre. Alles ist, als wäre nichts gewesen!

Erst auf meine gezielte Nachfrage hin erhalte ich schließlich von der Konferenzleitung die offizielle Bestätigung, dass alles vorbei ist und sich nichts ergeben hat. Das Nachhaken, warum man dann überhaupt begonnen habe, verkneife ich mir. – So, wie es geworden ist, muss es eben werden, wenn Dilettantismus sich anmaßt, der Geistesgegenwart den Boden zu bereiten.

Eine Ausnahme? Die Regel? Nur an meiner Schule so? Oder das Muster, dem alle anderen unterworfen sind? Argwöhnisch stimmt das ‹Déjà-vu-Artige› der Situation. Der Film, der als Folge zweier Konferenzen vor meinen Augen ablief, wäre vor drei Monaten nicht wesentlich anders verlaufen, als er es vor 25 Jahren ist. Er wird von den Akteuren heute so bewusstlos in Szene gesetzt, dass die Aussicht, auch dieses nächste Jahrhundert unbeschadet von Veränderungen zu überdauern, schon jetzt in greifbare Nähe rückt. Was bei allem und fast immer fehlt, ist ‹Meta›: die Fähigkeit, neben den Inhalten (und über sie hinaus) gleichzeitig die Zusammenhänge zu denken, in denen die einzelnen Beiträge sich bewegen. «Ihr Waldorflehrer wollt nur ganzheitlich geistig, nicht aber in Prozessen, Strukturen, Verantwortlichkeiten denken, und vor allem nicht zielführend», komprimierte ein Professor der Soziologie, den eines der Projekte aus seinem bewegten Berufsleben in ‹unsere Kreise› verschlagen hatte, gegenüber mir seine Kritik. Nehmen wir seine Worte als Hinweis, die begonnene Anamnese um weitere Anteile einer Diagnose zu vertiefen. Insbesondere auf vier wunde Punkte sei – im Rückblick auf die exemplarisch dargestellten Situationen – noch einmal der Finger gelegt.

Kultivierter Dilettantismus

Das beschriebene Unvermögen hat Methode. Jedenfalls wird es fast planmäßig betrieben, wird bemäntelt oder – im schlimmsten, aber durchaus gebräuchlichen Fall – ideologisch überhöht: Nur wer sich offen und ungeteilt allen Anliegen *aus* jeder und *in* alle Richtungen hin überlässt, scheint dem ‹Ideal› zu entsprechen. Ein Genie, wer das leisten könnte! Derjenige hingegen, der wie unsereins nur beschei-

dene Talente besitzt und diese nur mählich und in weiser Beschrän-
kung entwickeln kann, braucht einen Bezugsrahmen, braucht etwas,
das ihn nicht schutzlos über Jahre hinweg jeder Assoziation im Gespräch und jeder Willkür in der Prozessführung ausliefert. Er braucht
zwischen Zukunftsvision und Alltagspragmatik Ziele, um die die
fortgesetzten Bemühungen sich ranken können. Doch wer zielführend arbeiten will, steht im Geruch, das freie ‹Floaten› der Aussprache egoistischen Zwecken unterordnen zu wollen, setzt sich dem Verdacht der Intellektualisierung aus. Er handelt in einer Schule, die sich
viel auf Kunst zugute hält, schlichtweg unkünstlerisch und wird in
seinen Bemühungen um eine Prozesssteuerung mit Sicherheit von
den Vertretern der ‹Spontanfraktion› ausgebremst. Mit der Konsequenz, dass die dringend erforderlichen Fähigkeiten brachliegen und
keine Aussicht besteht, dass diese Konferenzbrache jemals zu frucht-
barem Anbau genützt würde. Eine Schule aber, die sich weitgehend
frei von staatsbürokratischer Einflussnahme erhalten hat, kann sich
Versäumnisse dieser Art auf ewig nicht leisten, kann ihre Lehrer nicht
auf ‹freie› Weise in genau demselben Ausmaß frustrieren, in dem es
die benachbarte Staatsschule (vielleicht) auf verordneten Wegen tut.
Ist es *hier* die endlose Folge der Erlasse von oben, die einzig die Re-
formresistenz unten erhöht, so genügt *dort* eine einzige Unterlassung
unten (nämlich die, aus den Fehlern nicht lernen zu wollen), um dem
Dilettantismus ungeahnte Wachstumschancen zu eröffnen.

Konzeptioneller Stillstand

Ein Kollege aus der Unterstufe bringt es im Gespräch auf den Punkt:
«Natürlich hat man viele Möglichkeiten – innerhalb seiner eigenen
Klasse. Vielleicht ist ja auch das an Waldorfschulen nicht selbstverständlich. Jedenfalls habe ich hier diese Möglichkeiten. Was ich mit
meiner Klasse tue und lasse, da redet mir keiner rein. Wie ich die Zusammenarbeit mit meiner Elternschaft gestalte, bleibt mir überlassen. Ich bin so etwas wie ein König im eigenen Reich. Aber wehe, ich

versuche, über die engen Grenzen des ‹Klassenterritoriums› hinaus, in den Konferenzen auf das Ganze zu wirken, verfalle der Idee, das Profil der Schule zu entwickeln! Natürlich darf ich es versuchen, Engagement ist immer erwünscht. Aber wohin führt es? Irgendwohin! Ins Leere, Ungreifbare! Als ob ich dafür unbegrenzt Energie zur Verfügung hätte! Alles bleibt in der Meinungsbildung stecken. Also mal ehrlich! Ich hatte meine Siebensachen schon gepackt, hab mir andere Schulen bereits angeschaut. Freilich, ob es dort besser wäre ...»

Waldorfschulen zeigen zu wenig Gesicht. Zu leicht sind sie – infolge innerer Stagnation – von außen erkennbar. Nur einigen wenigen ist in den letzten Jahrzehnten das gelungen, was die Bezeichnung Profilbildung verdiente. Alle anderen sind: irgendwie schön, auch ideal. Und doch wieder gleich. Ein bisschen langweilig, sobald man sich dazu befähigt hat, genauer hinzuschauen. Zu Franchising, um das Urteil auf den Vergleich mit einer Form der Vermehrung zuzuspitzen, die Wirtschaftsunternehmen allein vorbehalten sein sollte. Der Ort aber, an dem so einer Verwechslung allwöchentlich wirksam begegnet werden könnte, heißt Konferenz. Hier könnte die Veränderungsenergie des Einzelnen in einem organisierten Klärungsprozess Einfluss nehmen auf die Ausbildung des unverwechselbaren Schulprofils. Hier ließe sich der Beweis führen, dass Schulentwicklung als ein von unten, von der Basis her organisierter Veränderungsprozess möglich ist. Dieser Ort aber ist die Konferenz nicht! Eher ist sie Ressourcenschleuder, Initiativenzermahlmühle, eine Runde, in der als Akteure getarnte Lehrer längst zu passiven Rezipienten verkommen sind. Ziele, die einer freien Schule würdig wären, werden nicht gefunden, geschweige denn formuliert. Können sie auch nicht, nicht dort, wo der kleinste Ansatz einer Gesprächsführung bereits zur großen Unbekannten avanciert, Begrifflichkeiten wie Prozessstruktur und -steuerung nur Unwohlsein (im Bauch) und Ablehnung (im Kopf) erregen, heißt Konferieren letztlich nur: den konzeptionellen Stillstand allwöchentlich aufs Neue zu besiegeln.

Ungelöste Machtfrage

«*Macht* kommt von *Mögen*, meint die Philosophin Hannah Arendt, ja Macht entstünde, wenn sich Menschen zu Leben und Gestaltung ihrer Verhältnisse verabredeten. Genau das geschah»[106] in der Helene-Lange-Schule. Reinhard Kahl weiß darüber zu berichten. In seinem Nachwort zu Enja Riegels «Schule kann gelingen». In den Waldorfschulen gelingt er nicht, dieser überfällige Wandel in der Frage der Führung und Selbstführung von Menschen im institutionellen Zusammenhang. Die Waldorfschulen haben sich gegen die überkommene hierarchisch angeordnete Form der Führung von oben nach unten entschieden. Sie sind horizontal orientiert. In der Konferenz als ‹freier republikanischer Unterredung› ist jeder Einzelne ein ‹Souverän›.[107] Doch ist damit nicht mehr als ein Anspruch formuliert. Und ihn über Jahrzehnte hinweg zu zitieren macht ihn nicht praktikabler. In der Praxis fehlen die Fähigkeiten zu seiner Umsetzung, wird – schlimmer noch – ihr Erwerb nicht zugelassen.

Macht leitet sich von der indogermanischen Wurzel ‹magh› her: Und aus der sollen Dinge wie Magie, Mechanik und Maschine und eben auch Macht entwachsen sein, Tatsachen jedenfalls, die nicht jedem Zeitgenossen spontan nur Glücksgefühle einflößen. Auch Reinhard Kahl weiß: «Traditionelle Herrschaft läuft darauf hinaus, Macht zu verbrauchen, sie denen, die sie geschaffen haben, zu entreißen. Das hat Macht in Verruf gebracht.» Umso überfälliger wäre ihr Wandel. Für die Entwicklung einer freien Schule bildete er die ‹conditio sine qua non›, nichts läuft ohne ihn. Alles verläuft sich (im Sande), wenn die Umwertung der Macht ins Produktive nicht gelingt. «Machtproduktion»[108], nennt sie denn auch Reinhard Kahl. Wo sie sich ereignet, kann in einer Symbiose aus Führung und Zusammenarbeit die in die Jahre gekommene Institution Schule in ein Haus des Lernens gewandelt werden. Die Umwertung der Macht stellt den entscheidenden Indikator dafür dar.

Bei Waldorfs kann davon nicht die Rede sein. Überhaupt: Über Macht redet man nicht! Dafür wird sie ausgeübt. Informell bilden sich Hierarchien, Machtstrukturen, in denen die vielfältigen Einzel-initiativen sich verfangen und der Status quo eingefroren wird. Dass Macht dabei meist unbewusst ausgeübt wird, macht ihren Miss-brauch nicht entschuldbar. Auf eine Frage, fast so alt wie die Mensch-heit (die nach dem Umgang mit der Macht) kann Ignoranz allein keine Antwort finden. Vor die Tür lässt sie sich elegant nur deshalb verweisen, weil sie sich desto wirkungsvoller (still und leise) Zutritt durch den Hintereingang zu verschaffen weiß. In diesem Sinne übte der Kollege, der unseren Krisensitzungen vorstand, Macht aus. Unbe-wusst, versteht sich! Und wurde deshalb von ihr dazu missbraucht, um uns, die wir unsere Ressourcen mit ihm zusammen verschleuder-ten, zu nichts zu führen. Die Macht hatte ihn instrumentalisiert, um die Gemeinschaft vermeintlich freier Geister in der Stagnation zu er-halten. Eigentlich ganz simpel: Wer sich der Machtfrage nicht stellt, dem stellt sie ein Bein. Sie rächt sich. Was anderes könnte sie – ihrer Mentalität entsprechend – tun! Wer sich ihr durch Ignoranz zu ent-ziehen hofft, den hat sie längst am Wickel: «Den Teufel spürt das Völkchen nie, und wenn er sie beim Kragen hätte.» [109] Man sollte wis-sen, worauf man sich einlässt, wenn man die ‹freie› Selbstverwaltung bürokratischer Reglementierung vorzieht. Das eine nicht wollen, heißt noch lange nicht, das andere zu können.

Obsoleter Gemeinschaftsbegriff

Waldorfschulen definieren sich über die Gemeinschaft. Ob Groß-klasse, Schulfeier oder Gesamtkonferenz, die bevorzugte Organisa-tionsform bildet das Kollektiv. Die Konferenz teilen? Nur notge-drungen! So richtig wohl fühlt sich die Herde nur, wenn alle Schafe beisammen sind. Als Ideal scheint die Vorstellung eines ins Univer-selle gehobenen geselligen Beisammenseins zu wirken. Eines imagi-nären Allzuständigkeitsgremiums, in dem sich Lehrer, Eltern und Schüler aller Waldorfschulen rund um die Uhr und den Erdball durch alle anstehenden Fragen bis zum letztgültigen Konsens hindurchquälen. Wo anders als im größten Rund ließe Stagnation sich gewisser zelebrieren!

Dass Waldorflehrer, dieser Vision zum Trotz, als ausgeprägte Individualisten gelten, stellt bei genauerem Hinsehen keinen Gegensatz dar, nur die Kehrseite der Medaille! – Und wie laufen die Konferenzen? Keine Antwort, die ich in den letzten Jahren auf diese Frage erhalten hätte, die nicht von spürbaren Stoßseufzern begleitet war! Der Zeitaufwand für die Konferenzen scheint sich für viele Teilnehmer noch um die Anteile zu erhöhen, derer sie zur anschließenden Erholung bedürfen. Nein – beliebt sind sie beileibe nicht, die Stunden selbstauferlegten Leidens aneinander. Gründe, die mich persönlich zur Reduktion meiner Teilnahme bewogen haben, nagen längst an der Motivation auch anderer Kollegen. Und die Lehrergeneration, die ihr Leben in wöchentlich 10 bis 20 Stunden Gremienarbeit aller Art zu versitzen bereit war, scheint im Aussterben begriffen. So ergeht der Ruf nach Verbesserung der Konferenzmoral zwar regelmäßig in der Runde, doch verhallt er ungehört! Es gibt Schulen, die es bezüglich des Teilnehmerschwundes in ihrer Konferenz mit den Besucherzahlen im Hochamt der katholischen Nachbarkirche aufnehmen könnten. Ist bereits zu Beginn die Anzahl der Bereitwilligen nicht anders als gering zu bezeichnen, so scheint jede Pause einzig das Fluchtverhalten der Verbliebenen zu steigern. Eine Abstimmung mit den Füßen! Nur leider hat sie trotz ihrer eindeutigen Tendenz bisher keine Rückwirkungen auf den real existierenden ‹Konferenz-Sozialismus› gezeitigt. Noch deutlicher auf die erwähnte Kehrseite der Medaille verweisen allerdings *die* Phasen in der Konferenz, die unvermeidbarer Beschlussfassung vorbehalten sind: Wie eigentlich wollen wir es mit dem Schneeballwurfverbot auf dem Pausenhof halten? Und mit Schülern, die in den Pausen unerlaubt das Schulgelände verlassen? Prekäre Fragen allemal, die eines mit Sicherheit auslösen: endlose Debatten. Und verzweifelte Versuche, in der ‹Nachspielzeit› doch noch zu einer ‹Last-minute-Einigung› vorzudringen. Was so, als Beschluss getarnt, irgendwann und -wie von der Runde abgenickt wird, ist am Folgetag bereits nurmehr Schnee von gestern. Vergessen vielleicht oder abgewandelt je nach Geschmack und Situation, hat der gemeinschaftliche Konsens für den Einzelgänger im Schulalltag keine Bedeutung mehr. Mit dem Individualismus der Waldorflehrer wird so etwas gerne verbrämt. Er stellt aber nur die Kehrseite eines verfehlten Gemeinschaftsverständnisses dar. Beides bedingt und potenziert einander. Je größer die Klammer um die nur notdürftig gefasste Gemeinschaft ist, desto heftiger strebt sie auseinander. Je mehr Genesungsversuche ihr in Folge verschrieben werden, desto intimer befördert man ihren Zerfall. Das Heer der Individualisten findet nur scheinbar zusammen. Das kann auch nicht anders sein, ist doch der Gemeinschaftsbegriff, dem die achtzig Kolleginnen und Kollegen im Konferenzrund (einer zweizügigen Schule) zu frönen sich genötigt haben, von vorgestern. Seit langem schon! Seine Wurzeln ließen sich beispielsweise im Genossenschaftswesen einer mittelalterlichen Dorfgemeinschaft freilegen. Wo Verantwortung sich einst unter der Linde aus dem Palaver aller über alle Fragen bildete, empfing der Einzelne die Impulse, die ihn im Sinne des Ganzen stärkten und handeln ließen, aus der Gemeinschaft. Aber selbst dort gab es einen, der aus der Reihe der Gleichberechtigten hervortrat und eine wahrnehmbare Führungsrolle übernahm. Dieser eine (der Dorfschulze) sind heute die vielen! In einer «freien republikanischen Unterredung», in der jeder «Souverän» ist [110], muss jeder auch lernen, seine Verantwortlichkeit wahrzunehmen. Bis heute aber hat man es in Konferenzen der Waldorfschule bestenfalls (!) bis zur freien Meinungsäußerung gebracht. Die wöchentlichen Unterredungen sind ganz auf den Verschleiß individueller Verantwortung hin organisiert. Die Individualisierung der Verantwortung: sie ‹steht noch dahin› [111]. Erst wenn sie geleistet wird, können Stillstand und Stagnation der Institution und ihres Profils überwunden werden.

Kochlöffelset-Selbstverwaltung

Waldorfschule hat sich von den Systemzwängen des staatlichen Schulwesens weitgehend befreit. Schon ihr Begründer «forderte die Selbstverwaltung, damit keine bürokratischen Gesichtspunkte in der Schule beherrschend werden» [112]. Musste sich die Neugründung aus dem Jahre 1919 in der Folgezeit der Weimarer Republik noch im Turnus von drei Jahren der Kontrolle von außen stellen, so hat heute kein Schulrat mehr das Recht, Waldorfschulen daraufhin zu kontrollieren, ob sie ihre Ziele am Ende der dritten, sechsten und neunten Klasse im Vergleich mit staatlichen Lehrplänen erreichen. Lindenberg konnte als wesentlich für die aufstrebende Bewegung in Anspruch nehmen: «Die Waldorfschulen gewinnen ihren Freiheitsraum, indem sie die staatlich verordneten Lehrpläne, die staatlichen Versetzungsordnungen und Leistungsmaßstäbe usw. ebenso wenig übernehmen wie die staatlichen Formen der Schulverwaltung.» [113] Die Forderung Steiners war ein Stück Schulalltag geworden: «Jeder Unterrichtende hat für das Unterrichten nur so viel Zeit aufzuwenden, dass er auch noch ein Verwaltender auf diesem Gebiet sein kann.» [114] Und die Entwicklung scheint den Waldorfschulen recht zu geben. Die Idee jedenfalls ist heute aktueller denn je. Wie so manch anderes, das man der Waldorfpädagogik in der Zwischenzeit abgeguckt hat, feiert der in ‹unseren› Kreisen hinlänglich bekannte Gedanke der Selbstverwaltung im Zeichen der Autonomiedebatte Urstände an staatlichen Schulen. Kaum zu glauben! Der Staat selbst, der Bildung einst vor den nationalen Karren gespannt hat (und Lehrer seitdem in goldenen Käfigen hält), denkt, vom ‹Motor Globalisierung› getrieben, laut über Freiheiten nach. Der intendierte Wandel der Schule wird durch eine Reihe Zugeständnisse gefördert. Die, die Schule unternehmen, sollen nicht länger von außen bevormundet, sondern Souveräne ihrer eigenen Angelegenheiten werden. Das immer schon Naheliegende scheint der Realität um einiges näher rücken zu dürfen. In einer Broschüre der BDA heißt es zu diesem Schritt: «Schulen in Deutschland sind im Unterschied zu vielen anderen Ländern nicht mit Selbständigkeit vertraut, auch wenn in einigen Bundesländern zurzeit Modellversuche laufen.» Was bereits läuft und noch mehr ins Laufen gebracht werden soll, bedeutete dann: «Die Schule betreibt Profilbildung, schließt selbständig Rechtsgeschäfte und Verträge ab, bindet vor allem Eltern und Unternehmen mit ein, steuert die Personalauswahl und -entwicklung, erhält ein Globalbudget und betreibt ein systematisches Qualitätsmanagement.» [115] Zugeständnisse für die eine Seite, die auch aufseiten derer, von denen sie ausgehen, spürbare Veränderungen nach sich ziehen sollen. Der seit den frühen Tagen preußischer Schulaufsicht einseitig von oben nach unten wehende Wind soll sich drehen und den Akteuren in der Schule nicht länger nur kalt ins Gesicht blasen, sondern sie – um einige Grade förderlicher – umfächeln: «Kultusministerium, Schulaufsicht und Schulträger haben sich mehr als Dienstleister und Berater für die Schulen zu verstehen und weniger als vorgesetzte Behörde.»

Man könnte versucht sein, der Waldorfschule, wenn sie schon nicht (was man ja gewohnt ist) als einer der Urheber dieses Wandels berücksichtigt wird, eine Vorreiterrolle nachträglich zuzubilligen. Betreibt sie doch, radikaler als es in staatlichen Modellversuchen erprobt wird (und das bereits seit ihrer Gründung) die Befreiung aus den Herrschaftsmustern der Vergangenheit. Dem Wandel der Behörde zur Organisation für Entwicklungsbegleitung hat sie nie getraut. Statt ihn abzuwarten, hat sie lieber jeder vorgesetzten Behörde eine Absage erteilt. Und ihrem möglichen Vertreter in der Schule gleich mit: «Es gibt keinen Direktor und unter den vollangestellten Lehrern keine anderen Unterschiede als die, die sich aus Initiative und Arbeitseinsatz ergeben.» [116]

Freilich, der Punkt vermeintlich großer Stärke entpuppt sich bei genauerem Hinsehen entschieden als Schwäche. An der Sollbruchstelle – von der alten vertikalen hin zur zukunftsweisenden horizontalen Verfassung – ist der Übergang nie recht gelungen. Der mutige Schritt in die Herrschaftsfreiheit erscheint aus heutiger Sicht als übereilt. Und ist in Wahrheit auch nie anders als halbherzig vollzogen worden. Nicht aufs erhoffte Neuland hat er die Beteiligten geführt, sondern ins Vakuum der Konferenzen. Der durch die Selbstverwaltung entstehende pädagogische Freiraum, er müsste ja maßgeblich dort ausgestaltet werden. In dieser Art Zusammenkünften entscheidet sich, ob das, wovor man sich von außen bewahrt hat, von innen erfüllt wird. Doch solange sie einzig als Ressourcenschleudern in Gebrauch sind, die nur ein Ergebnis sicher produzieren: «Außer reden nichts gewesen» [117], ist das Herzstück der «Freien Schule» von einem Ungeist besetzt. Nach wie vor liefert das Postulat Steiners Stoff für ein echtes Leitbild: «In einer wirklichen Lehrer-Republik werden wir nicht hinter uns haben Ruhekissen, Verordnungen, die vom Rektorat kommen, sondern wir müssen in uns das tragen, was uns die Möglichkeit gibt, die volle Verantwortung für das zu tragen, was wir tun. Jeder muss voll verantwortlich sein.» [118] Doch die Zwischenbilanz – nach jahrzehntelanger Erprobungsphase – fällt ernüchternd aus: Idee gut: Ausführung mangelhaft! Und wo es an Mitteln zur Umsetzung fehlt, verliert auch die schönste Idee mit den Jahren an Glanz. Was als ihre Form kaum wert ist, als solche bezeichnet zu werden, setzt sich in Wirklichkeit aus einem ganzen Set von Kochlöffeln zusammen. Mit ihnen rührt man seit Jahrzehnten die immer selbe Suppe. Die Individualisierung der Verantwortung: sie ‹steht noch dahin›. Erst wenn sie geleistet wird, können ‹wir› das Mitspracherecht in der Diskussion um Schulautonomie ernsthaft einfordern.

Abschied aus der Kochlöffelgalerie
Denn sie wissen nicht, was sie tun

Eben haben die Zwölftklässler ihre Geschichtsprüfung absolviert. Eine eigentlich sehr leichte Übung. Sie besteht einzig darin, dass der Kollege eines benachbarten Gymnasiums im Auftrag der Schulbehörde bei uns zu Gast ist. Und sich angelegentlich seines Besuches davon überzeugt, dass der Unterricht auf dem Niveau stattfindet, das er – im Namen des Staates – als angemessen zu erklären befugt ist. Tut er es, bestätigt er damit auch die Zahlen, die ich an meine Schüler im Vorfeld bereits als den ersehnten abstrakten Ausdruck ihrer tatsächlichen Leistungsfähigkeit vergeben durfte. Laut Absprache mit unserem Besucher war uns die zeitliche Dauer des hospitierten Unterrichts freigestellt. Und so haben wir es auf beinahe zwei Stunden gebracht. Die Prüfung Prüfung sein lassen und unseren Gast zuletzt mit hineingerissen in die erregten Debatten, die wir über das wechselhafte Schicksal deutscher Geschichte führten.

Jetzt stehen wir draußen auf dem Schulhof, der freundliche Vertreter der Schulbehörde und ich. Den formalen Teil des Besuches haben wir rasch abgewickelt. Offensichtlich haben alle ‹Noten›, ihrer verborgenen Musikalität entsprechend, ‹gestimmt›. Werden in Einzelfällen gar in eine höhere Lage transponiert und nehmen sich zuletzt auch im Durchschnitt überdurchschnittlich erfreulich aus.

Einige Minuten bleibt Zeit für anderes. Unvermittelt beginnt mein Gesprächspartner aus dem Nähkästchen zu plaudern. Viel ist er rumgekommen an Waldorfschulen. Seit Jahren unterwegs in Sachen Hospitation des Geschichtsunterrichts in 12. Klassen. Jetzt kommt er auf ein Thema zurück, das er anlässlich schon seines letzten Besuches angeschlagen hatte und das ihn offenbar noch immer umtreibt: «Sie glauben nicht, wie oft ich Unterricht erlebe, den allein der Lehrer bestreitet. Drei bis vier Wortmeldungen pro Stunde. Mehr zufällig als beabsichtigt. Und anschließend liegen die Schüler fast unter den Bänken (und ich mit ihnen).» Anders als vor Jahren, als er nur einzelne Eindrücke schilderte, zieht er diesmal ein Resümee: «Ich habe den Eindruck, dass Waldorflehrern die Fähigkeit fehlt, ihr methodisch-didaktisches Handeln zu reflektieren.» – Das sitzt. Umso mehr, weil mein Gegenüber die Summe unter dem Strich seiner vielfältigen Erfahrungen in aller Ruhe zieht. Nicht der Hauch einer Anklage in seinen Worten. Viel eher die Sorge um eine Schulform, der er gern seine Sympathie in vollem Umfang zuteilwerden ließe, deren Unterrichtsrealität er aber zu oft und hautnah erlebt hat, um es vorbehaltlos tun zu können. Dann nimmt er uns Waldorfs beim Wort: «Erziehungskunst, das zielt doch darauf, die Kunst der Erziehung von den Bedürf-

nissen des Kindes, des Heranwachsenden her zu erlernen.» Er hält das
gedachte Ideal gegen die erlebte Realität und lässt sich aus spürbar innerer Betroffenheit zuletzt doch zu einer Formulierung hinreißen,
die nicht frei von aphoristischer Zuspitzung ist: «Erziehungskunst
reduziert sich auf die Kunst der Selbstbelehrung, wenn Unterrichtende vor der Klasse sich in der Demonstration des von ihnen erworbenen Wissens gefallen.»

Der Hauptunterricht ein Traum

Enja Riegel, die ehemalige Leiterin der Helene-Lange-Schule, einmal
im Interview nach den Berührungspunkten zwischen ihrem Konzept
mit dem der Waldorfschule gefragt, antwortete darauf: «(...) ja, da
gibt es Verwandtschaften. (...) Es gibt auch Dinge, die würde ich
nicht übernehmen, z. B. den strengen Frontalunterricht (...)».[119]
    Anlässlich des Rückblicks auf eine Epoche, in der der Paradig-
menwechsel des Lehrens und Lernens gründlich erlebbar wurde, vergleicht eine Schülerin die Ausnahmeerfahrung der letzten Wochen
mit der in den Oberstufenjahren hinlänglich erlittenen Regel. Sie
schreibt: «Diese Epoche hat mich spüren lassen, wie schwer es ist, mit
alten Gewohnheiten zu brechen: der Gewohnheit, Morgen für Morgen, im Hauptunterricht sitzend, den Blick starr nach vorn gerichtet,
den Traum zu Ende zu träumen, den das schrille Geräusch des We-
ckers frühmorgendlich unterbrochen hatte.»
    Die Vorherrschaft inhaltlicher Fragen über die der Vermittlung
hat Tradition an Waldorfschulen. Das Dozieren, das Steiner schon
nicht müde wurde zu geißeln, es verfolgt uns bis heute. (vgl. S. 18) Zu
sehr verbreitet ist die Lust auf Vortrag, zu tief verankert die Ideologie,
dass einzig spirituelle Erkenntnis zählt: des Menschen und der Welt.
Und dass, hat man sie erst errungen, sich alles Weitere wie von selbst
daraus ergibt: in Unterricht und Schule. Doch ist Methodik kein Ab-
fallprodukt, nichts, was sich ungestraft auf die hinteren, die billigen
Ränge abschieben ließe. Als Kunst der Beziehungsbildung zwischen

Inhalt, Schüler und Lehrer erschließt sie sich nicht dem Argwohn, der vorschnell hinter ihr nur die Bedrohung der eigenen Authentizität zu entdecken glaubt.

Wo aber die vielen Wege, auf denen Schüler Zugänge zu sich und zur Welt finden könnten, aktiv nicht gesucht werden (da sie ausnahmslos über ‹Mich› zu führen haben), bleibt der Königsweg erst recht verschlossen. Der, auf dem jedes Kind sich selbst sein individuelles Lernen erschließt. Gut möglich also, dass sie nicht geringer geworden ist: die Zahl derer, die mit dem Erzählteil ihrer Stunden regelmäßig über die volle Distanz gehen, die sich stillschweigend selbst für *das* Modell von Unterricht erklären, da ihnen durch das Streben nach höherer Erkenntnis die tiefergehende Fähigkeit zur Reflexion ihres methodisch-didaktischen Handelns abhandengekommen ist.

Kochlöffel Methodik! Auch hier ließe sich vom Symbol für Stagnation und Stillstand noch weiter ‹aufrührerisch› Gebrauch machen, ließen sich hinter der klassischen Hauptunterrichtsmethodik Ideen aufspüren, von denen Anregungen die Menge zu einer Fülle neuer Formen des Lehrens und Lernens ausgingen. Es gibt zwei Gründe, warum wir es nicht tun. Warum wir es bei den bisherigen Hinweisen bewenden lassen. Zunächst aus einem quantitativen Gesichtspunkt: Der Anspruch, die Galerie der Kochlöffel bis zum letzten Exponat zu durchstöbern, würde den Rahmen dieses Buches sprengen und den Raum für die notwendige Darstellung einer Erneuerung des Modells zu sehr einschränken. Der zweite Grund, warum wir hier enden, ist qualitativer Natur. Wir haben bislang unter den möglichen Symptomen, die den Erneuerungsbedarf des Modells anzeigen, vornehmlich die gewählt, die objektiver Natur sind. Deren Verallgemeinerung uns statthaft erscheint. Die harten Faktoren also! Zwar wird man versucht sein, auch über diese zu streiten, doch wird sich nicht leugnen lassen, dass ‹Epochenunterricht› und ‹Monatsfeier› (um stellvertretend für die übrigen an zwei Exponate zu erinnern) in aller Regel an Waldorfschulen in einer Uni-Form stecken. Ebenso wenig, dass Ideen dahinter im Koma liegen, die, wäre man nur willens, sie daraus zu erwecken, die Phantasie zu vielfältig neuen

Formen anregen könnten. Und darauf kam es an, etwas hinzustellen, woran man nicht herumkommt, sich zu stoßen; einen Widerstand aufzubauen, den man auch dort bemerkt, wo zu viel zu gern in Watte verpackt wird.

Anders verhielte es sich mit dem Thema Methodik. Es stellt einen weichen Faktor dar. Zwar sagt mir meine jahrzehntelange Erfahrung, dass Frontalunterricht und Tafelpädagogik die Unterrichtsszene in Waldorfschulen beherrschen. Doch ist eine objektive Beweisführung hier nicht möglich, eine Verallgemeinerung nicht statthaft. So sicher es ist, dass sich weltweit kaum *eine* Schule finden lässt, die kreativ mit dem Prinzip Epoche umzugehen versteht, so sicher ist es auch, dass wir schon an der nächsten Ecke fündig würden, wenn wir uns auf die Suche nach Lehrern machten, denen Methodik tatsächlich ein Anliegen ist. Also rechtzeitig den Schlussstrich gezogen und nicht zu tief in Ausstellungsbereiche geschaut, die zwar verheißend scheinen, deren Exponate jedoch das Kriterium, als Stein des Anstoßes zu wirken, nicht voll erfüllen. Überdies haben wir genug beieinander, um daran in den Folgekapiteln des Buches die Erneuerung des Modells aufzeigen zu können.

Ein Exemplar seiner Gattung sei abschließend doch noch kurz betrachtet: das Epochenheft. Eigentlich gebührte ihr ein ganzes Kapitel, dieser Idee aus den Anfangstagen, statt schlechter Lehrbücher für teures Geld «mit den Kindern zusammen» «Diktate aufzubauen», in denen «das Wesentliche zusammengefasst worden ist». Ein «selbst geschriebenes Buch», «was ungeheuer viel dazu beiträgt, dass man das auch weiß, was darin steht».[120] Was sich daraus machen ließe, aus der Idee eines Heftes, das zur Aneignung der Unterrichtsinhalte wirklich beitrüge. Wie nah man dem hätte kommen können, was wir im nächsten Teil des Buches als Portfoliokultur des Lernens vorstellen werden! Aber wie weit ist man bis heute davon entfernt! Epochenhefte in ihrer zählebig tradierten Form sind kein zeitgemäßes Mittel, Kinder dazu zu verlocken, die abenteuerliche Geschichte ihres eigenen Lernens erzählen zu lernen. Und darauf käme es an.

Doch müssen wir es bei diesen wenigen Anmerkungen bewenden

lassen. In diesem letzten Fall übrigens ausschließlich aus Platzgründen. Würde doch gerade das Exponat Epochenheft alle Kriterien der Gattung Kochlöffel mustergültig erfüllen.

Das Dilemma auf einen Blick

Erst letztens stand das Dilemma den Kollegen vor Augen, der Grund, warum das ‹Modell Waldorfschule› in die Jahre gekommen ist und unbemerkt weiter vor sich hin altert. In einem einzigen Tafelbild kam es zum Vorschein. Auf einen Blick war es zu erfassen. Es war kurz vor den Sommerferien. Wir saßen in einer Planungsrunde beisammen, mit dem Ziel, die Oberstufenepochen des kommenden Schuljahrs redlich unter uns zu teilen, von der 9. bis zur 12. Klasse. Und da wir systematisch zu Werke gingen, erschien die 9. Klasse als erste an der Tafel. Oben links. Darunter, in zwei- bis vierwöchige Abschnitte gegliedert, die Zeiten, die traditionell zwischen den Ferien für die Verfolgung schulischer Zwecke reserviert bleiben. Mit ausreichendem Platz daneben zum Eintragen der Epochenfächer. Und dann ging es auch schon los. Vom 19. September bis zum 14. Oktober: vier Wochen. Und wer macht da was? Aha, Biologie. Anschließend noch zwei Wochen bis zu den Herbstferien? Also gut, Chemie. Vom 7. bis 25. November: drei Wochen Kunstgeschichte, dann drei Wochen Deutsch. Der freie Platz neben den Zeiträumen begann sich mit Fächerangeboten zu füllen. Man wird sich ausmalen können, wie es weiterging. Darüber aber, noch oberhalb der Zeile ‹9. Klasse›, prangte ein Motto, ein Ideal eigentlich. Der Leitstern, der dieser Altersstufe vorangestellt war: «Erkenne dich selbst!» Und damit war das Dilemma komplett, stand allen vor Augen an der Tafel. Nur leider, niemand bemerkte es, und so wurde es weggewischt und der Vorgang wiederholt. Mit der 10. Klasse. Wieder oben links. Darunter die vertraute Struktur. Und die Eintragungen der Kollegen daneben. Aber mit einem neuen Leitstern darüber (dessen Botschaft ich wohl gehört, aber leider, weil mir der Glaube fehlt, vergessen habe). Und wieder stand das Dilemma allen vor Augen. Und wieder wurde es übersehen. Also auch wieder weggewischt. Das ging so fort bis zur Zwölften. Man wird sich ausmalen können, wie ...

Ganz oben die Ideale, tief unten die Strukturen. Die Ideale, die an Sonn- und Feiertagen ihre besondere Pflege erfahren. Die Strukturen, die, als gottgegeben (und also ewig fertig), hingenommen und in möglichst vorauseilendem Gehorsam erfüllt werden. Und dazwischen: Nichts. Abgrund pur! Keine Zeit für eine Anstrengung, die eine Vision aus sich erschüfe, über Zielsetzungen zu den Mitteln und Wegen der Umsetzung führte, diese tatsächlich leisten, auswerten und weiterentwickeln würde. Was nottäte: Ideen bis in die Veränderung der Strukturen zu treiben, um die ideenfördernde Wirkung veränderter Strukturen als Befreiungstat zu erleben. Nur leider der Unwille! Über Jahrzehnte kultiviert, hat er es zu erstaunlicher Resistenz gebracht. Man pflegt seine Ideale auf der einen Seite und vermeidet es tunlichst auf die andere zu geraten, in die Niederungen, wo man in Prozessen, Strukturen und Verantwortlichkeiten denken lernen und gar zielführend handeln müsste. Das Altern des Modells ist der Preis. Wer die Bedingungen, unter denen er notwendig in einer Institution arbeitet, nicht mitzudenken bereit ist, wird von ihnen beherrscht. Zugegeben, eine Binsenwahrheit aller Organisationsentwicklung, aber ebendarum eine, die *auch* für Waldorfschulen gilt.

Ist Waldorfschule nicht bereit, sich einer Anforderung zu stellen, die heute für allgemein alle Organisationen gilt, dann wird sie eben ihr Besonderes auch verlieren. Den Anspruch, eine Alternative zur Schule zu sein, hat sie ja streng genommen nie erfüllt. Fährt sie fort wie bisher, wird sie schon bald nicht mal mehr eine alternative Schule sein.

Die neue Waldorfschule

Die Überwindung des Kochlöffelprinzips

Hinter dem international verbreiteten Begriff ‹Portfolio›
verbirgt sich nichts Geringeres als der Ausgangspunkt für
die Überwindung der Stagnation an Waldorfschulen.
Zunächst stellen wir systematisch dar, was unter dem Para-
digmenwechsel des Lernens im Zeichen des Portfolios zu
verstehen ist. Anschließend werden die Kritikpunkte aus
dem ersten Teil des Buches aufgegriffen und abgearbeitet.
Anhand innovativer Ansätze aus der Unterrichtspraxis exis-
tierender Waldorfschulen werden die ersten Umrisse des
erneuerten Modells erkennbar.

«Dabei», ließ sich mein Gesprächspartner am anderen Ende der Leitung vernehmen, «gibt es doch eine Alternative zur verbreiteten
Form des Lernens und Leistens: die Portfoliokultur.» Natürlich!
Portfolio! Und ich hatte es nicht bemerkt, hatte es in den zwanzig
Jahren meiner Lehrerexistenz zu nicht viel mehr gebracht, als diese
stille Revolution des Lernens und der Schule zu übersehen! Doch erst
heute – nach weiteren sieben Jahren intensiver Auseinandersetzung –
beginnt mir das ganze Ausmaß meines Versäumnisses bewusst zu
werden. Mit einer Einschränkung, tatsächlich waren mir Elemente
dieser Arbeitsweise schon seit den ersten Tagen meiner Waldorfleh-
rerlaufbahn begegnet: Monatsfeiern, Epochenhefte, Jahresarbeiten,
Verbalgutachten ... nie allerdings in der Form, in der sie den fremden
Namen für sich hätten beanspruchen dürfen. Dazu hätten ‹wir› Waldorfs das Potenzial dieser Ideen entdecken und vielfältig experimen-
tellen Umgang damit pflegen müssen. Aber wir haben das versäumt.
    Die dadurch eingetretene Stagnation wurde im ersten Teil dieses
Buches aufgezeigt. Im folgenden wird der Versuch unternommen,
sie zu überwinden, mittels Portfolio. Denn was ‹uns› Waldorfs heute
mit diesem Exoten ins Haus steht, sind in Wirklichkeit wir selbst.

Jetzt, da von außen auf uns zukommt, was wir von innen zu entwickeln versäumt haben, sollten wir die Übereinstimmungen erkennen zwischen dem scheinbar Fremden und unseren ureigensten Intentionen. Portfolio ist *das* wesentliche Mittel zu *dem* Ideal einer Erziehung in Freiheit. Ohne Gefahr: *das* Mittel, weil es eine große kulturelle Vielfalt umfasst und der Qualifizierung des Lernens in jedem Alter dienen kann (nicht nur in dem, das wir in der Schule zu verbringen pflegen). Es ist universell einsetzbar. Und keines geringeren Mittels bedarf es, um das einfältige Prinzip Kochlöffel zu überwinden. Vielfältige Wege zur Individualisierung des Unterrichts und seiner organisatorischen Bedingungen, verbunden mit dem Potenzial einer großen Idee: Portfolio hat beides zu bieten.

Der Gesprächspartner des eingangs zitierten Telefonats war Dr. Felix Winter vom Oberstufenkolleg in Bielefeld: Experte für Portfolioarbeit. Seit unserem ersten Austausch ist vieles geschehen. Gemeinsam haben wir die Initiative ergriffen, einen Arbeitszusammenhang gegründet von Pionieren dieser Arbeitsweise aus Deutschland, Österreich und der Schweiz. Tagungen veranstaltet zu diesem Thema, an denen Lehrer unterschiedlichster Schulen und Schularten sich ein Stelldichein gaben. Um zuletzt aus dem Arbeitszusammenhang das ‹Internationale Netzwerk Portfolio› hervorgehen zu lassen, das heute länderübergreifend einen modularisierten Ausbildungsgang zur Multiplikatorin bzw. zum Multiplikator der Portfolioarbeit anbietet.[121]

Dass wir in der Waldorfbewegung einiges versäumt haben, hat hier einen unbestreitbaren Vorzug: in der Zusammenarbeit mit den denkbar interessantesten Mitstreitern aus Schule, Hochschule und Wirtschaft. Zur Konkretisierung einer, der fortschreitenden Individualisierung aller Lebensbereiche angemessenen Lernkultur.

Portfolio – die Kultur eigenverantwortlichen Lernens
Was ist Portfolio?

Zunächst eine Mappe, in der Schülerarbeiten gesammelt werden! Die wörtliche Übersetzung bestätigt, was der erste Eindruck nahelegt. Lateinisch *portare folia* heißt frei übersetzt *Blätterträger*, also ein Trägermedium mit darin enthaltenen Blättern, auf denen sich Schülerleistungen wiederfinden. Und tatsächlich kann allein die Tatsache, dass Schülerarbeiten in dieser Form gesammelt werden, positive Auswirkungen auf die schulische Lernkultur haben. «Bei der Arbeit mit der Portfoliomethode wird der Rahmen für die Leistungen meist viel weiter gesteckt. Neben den herkömmlichen Leistungsnachweisen gibt es vermehrt solche, die das Ergebnis eines längeren Arbeitsprozesses sind. In Portfolios finden sich z. B. Ergebnisse von individuellen Recherchen, schriftlich ausgearbeitete Referate, Interviews, Beschreibungen zu Experimenten, selbstgeschriebene Geschichten u. a. m. (...). Die aufgeführten Typen von Leistungsnachweisen sind freilich auch nicht neu, die Arbeit mit Portfolios lädt aber dazu ein, entsprechende Aufgaben vermehrt einzusetzen.» [122]

Also keine Frage: Allein eine ‹Mappe mit Schülerarbeiten› kann das Verständnis von Leistung, das in der Schule traditionell einer Verengung unterliegt, erweitern helfen.

Vom Sammeln zum Auswählen ...

Einen folgerichtigen Schritt weiter führt die Erklärung einer portfoliobegeisterten Schulleiterin aus dem amerikanischen Sprachraum: «Wir sehen Portfolios als ein Werkzeug, durch das die Kinder lernen können, ihre je einzigartige Geschichte des Lernens zu erzählen.» [123] Die Schülerarbeiten selbst bilden hierzu die Voraussetzung. Erst wird gesammelt, in richtigen Archiven, und zwar über die Jahre der Schulzeit hinweg die vielfältigen Produkte jedes einzelnen Schülers. Doch kein Museum der Schülerarbeiten soll entstehen, nicht Konservierung ist das Ziel. Vielmehr soll etwas geleistet werden, was die vielleicht grundsätzlichste Aufgabe von Schule darstellt (und nirgendwo gründlicher übersehen wird als dort): die Geschichte des eigenen Lernens erzählen zu lernen: Die entscheidende Ermutigung hierzu geht von dem nächsten Schritt aus: dem vom Sammeln zum Auswählen.

Zu den verschiedensten Anlässen, etwa wenn es gilt, sich mit Mitschülern über die eigenen Arbeiten zu beugen, oder wenn Schüler über Klassenstufen und Altersunterschiede hinweg sich über ihre Bemühungen und Fortschritte austauschen. Insbesondere, wenn an einem Festtag im Jahr die Eltern eingeladen werden in die Schule, und ‹ich› mit ihnen anhand ausgewählter Arbeiten einen Blick zurück auf ‹mein› Schuljahr werfe und ihnen zeige, was ‹ich› kann. Schulische Leistung wird nicht länger hinter verschlossenen Türen erbracht und im weitgehend anonymisierten Kontext einer Beurteilung durch den Lehrer unterzogen, sondern das Atelier Schule wird geöffnet. Vielfältige Partizipationsformen können entwickelt werden, die schulisches Arbeiten zu einem Bestandteil öffentlich kulturellen Interesses macht. Die Beschreibung dieser mutigen Schritte von einem Elternabend, an dem der Lehrer über die Schüler spricht, hin zu einem Abend, an dem die Schüler selbst ihre ‹conference› mit den Eltern durchführen, gehört mit zu den schönsten Kapiteln des bereits zitierten Buches.[124] Offensichtlich ist der ‹Kontext› Eltern hinreichend, um das Wahlverhalten der beteiligten Schüler zu qualifizieren. Eigentlich geht es um die Entwicklung einer inneren Lesekompetenz, das Auslesenlernen aus den eigenen Arbeiten für andere (statt, wie im bisherigen Schulsystem, nach sogenannten objektiven Normen ausgelesen, sprich: selektiert zu werden). Es geht darum, den Kindern ihr «selbständig entwickeltes natürliches und erfolgreiches Lernverhalten» nicht mit dem Eintritt in die Schule frühzeitig auszutreiben: «Wir Lehrer scheinen diesen Tatbestand, dass die Kinder schon individuell lernend bei uns in der Schule ankommen und in der Regel ihren eigenen Lernstil schon gefunden haben, regelmäßig zu übersehen (...).»[125] Das scheinbar so simple

Sammeln und Auswählen zum Zwecke des Vorzeigens kann die Beteiligten ermutigen, sich selbst als Lernende zu begreifen, auch in der Schule ...

Reflexion

Der Schritt vom Sammeln zum Auswählen und Vorzeigen, gleichbedeutend mit dem Schritt vom ‹Was› zum ‹Warum› und ‹Wie›, hilft Lehrern wie Schülern, die Augen zu öffnen für die Einzigartigkeit des je eigenen Weges. Das, was damit veranlagt wird, kann in späteren Jahren als Reflexion bewusst erfasst werden und neben dem Produkt als Wegbeschreibung des eigenen Lernens in der Mappe einen gleichwertigen Rang erhalten. «Mit der ausdrücklichen Aufforderung zu intensiver Lernreflexion und ihrer Anerkennung als Leistung deutet sich eine Akzentverschiebung bei den Bildungszielen an. Es geht im modernen Unterricht nicht nur um den Erwerb vorgetragenen Wissens, sondern verstärkt um dessen Erarbeitung und die Entwicklung von Urteilsfähigkeit sowie Selbststeuerungskompetenz.»[126] Nicht nur in dem, *was* jeder Einzelne leistet, sondern (und eigentlich mehr noch) in dem, *wie* er arbeitet, zeigt sich die Individualität des Lernenden, lernt er sich selbst als Lernender zu begreifen. Gemeint ist also nicht eine intellektuelle Stellungnahme zum Inhalt der eigenen Arbeit, Reflexion heißt hier die Begegnung mit dem eigenen Lernen im Rückblick auf die Spuren, die ‹ich› auf dem Wege hinterlassen habe und erkennen kann. In diesen Spuren lesen zu lernen, darum geht es.

Formen förderlicher Bewertung ...

Offensichtlich stärkt Portfolioarbeit die individuellen Rechte des Lernenden. Das beginnt mit dem Sammeln der Aufgaben und ihrer Auswahl, setzt sich fort durch die Weitung des Blicks vom Produkt auf den Prozess seiner Entstehung. Und erobert sich schließlich ein Terrain, das auf der Landkarte schulischen Lernens bislang wie ausgelöscht erscheint: die Beurteilung der Schülerleistungen.

Ihre meistverbreitete Form lässt sich aus dem Berechtigungswesen ableiten, am deutlichsten dem Abitur in seiner zentralen Form. Der Vorgang der Beurteilung verliert sich in der Anonymität. Der vom Erstkorrektor erfolgreich vollzogene Transfer der vorliegenden Leistung in eine Ziffernzensur wird weitergeleitet an den Zweit-, gegebenenfalls den Drittkorrektor und verschwindet damit endgültig hinter dem Schleier staatlich verordneter Uneinsehbarkeit. Schlussendlich erhält der Betroffene selbst nur das Ergebnis: die über ihn verhängte Note. Die Sache ist so alt wie die Übernahme der Schule durch den Staat. Funktional veranlagt wird hier eine Mentalität, die der Obrigkeitsstaat noch wollen konnte, die der demokratische Staat längst als obsolet erkannt haben sollte: die Untertanenmentalität. Ob gut oder schlecht, in Punkten: 12 oder 3, der Betroffene hat das Urteil anzunehmen. An seinem Zustandekommen ist er nicht beteiligt. Was macht Portfolio? Es kehrt den Vorgang um: um 180 Grad! – Der Einzelne, bereits zum Subjekt des Lernhandelns aufgestiegen, kann auch Subjekt des Bewertungshandelns werden. Zunächst dadurch, dass die für die Bewertung der Qualität einer Arbeit entscheidenden Kriterien mit ihm zusammen entwickelt werden. Nicht erst im Nachhinein bewertet der Lehrer die Arbeit nach nur ihm allein einsichtigen Maßstäben. Er entwickelt sie vielmehr von Beginn der Arbeit an zusammen mit den Betroffenen, den Schülern selbst. Nicht genug damit, der Schüler lernt auch, seine Arbeit selbst zu bewerten. Am besten bereits im Prozess der Entstehung. Regelmäßig können Arbeiten ausgelegt und wechselseitig begutachtet werden. So sind es die Schüler selbst, die über die Sache miteinander ins Gespräch kommen. Sie begutachten, sie wertschätzen, sie geben sich Hinweise und Tipps für die weitere Arbeit. Sie kritisieren, doch stets mit Blick auf das, was noch verbessert werden kann. Bewertung ist hier nicht endgültig, nicht das Ergebnis nach vollbrachter Leistung, sondern Bestandteil des Arbeitsprozesses – und förderlich.

Vom «Einmal fünf in Mathe, immer fünf in Mathe», wie es sich manch einer in seiner Schulzeit fürs Leben staatlich hat beglaubigen lassen, bis zu dieser Form förderlichen Bewertens im Prozess ist freilich ein weiter Weg. Doch ist er begehbar und längst überfällig, dass man ihn geht. Mit der abschließenden Auswertung des Portfolios befindet der Schüler selbst darüber, ob und inwieweit er die Kriterien erfüllt hat. Dann erst kommt der Lehrer. Selbsteinschätzung vor Fremdbeurteilung. Der Lehrer gibt Rückmeldung und orientiert sich wie der Schüler auch an den zuvor erarbeiteten Kriterien. Eine Entmachtung des Lehrers? Ja, in dem Maße, wie es notwendig ist, die eigentlich pädagogische Beziehung, die es zu entwickeln gilt, von falscher staatlicher Vereinnahmung zu befreien.

Definition, Sinnbild und lebendiger Begriff

Fassen wir zusammen: «Ein Portfolio ist eine zielgerichtete und kontextbezogene Auswahl von Arbeiten, in der die Lernenden ihre Bemühungen, Lernschritte und Leistungen im schulischen und außerschulischen Bereich darstellen und reflektieren.»[127] Wesentlich ist die Verknüpfung mit dem Kontext. Gemeint ist der Zusammenhang, in den das Portfolio gestellt wird. Er weist über den Lehrer hinaus auf die Eltern, die schulische und schließlich (etwa mit der Bewerbung) die außerschulische Öffentlichkeit. Immer gilt es, was entsteht, für jemanden entstehen zu lassen, es aus der Schublade, im schlechteren Fall dem Papierkorb ‹aufzuheben› und in einen Zusammenhang zu stellen, der persönliche Wertschätzung mit ‹öffentlicher› Wirkung in ein ausgewogenes Verhältnis bringt. Nicht minder wichtig ist der Dreischritt, der in unserer Definition folgt: Bemühungen, Lernschritte und Leistungen. Womit deutlich wird, dass im Portfolio nicht nur Endergebnisse, fertige Produkte in Erscheinung treten (für diesen Typus von Portfolio wird der Begriff ‹showcase›, Schaufenster- oder Produkt-Portfolio verwendet), sondern auch Prozesse dargestellt werden. Und auf Prozesse kommt es be-

kanntlich an, wenn es um Kunst geht. Also können auch schon Bemühungen aufgezeigt werden, Arbeiten in ihrer Entstehung: verschiedene, aufeinanderfolgende Versionen einer Arbeit mit dem
Ziel, dass der Schüler daran lerne, seine Lernschritte zu erkennen,
indem er sie anderen aufzeigt (der Fachausdruck hier ist Prozess-
portfolio).

Die Metapher, die die Portfolioarbeit für mich in den Rang des
Sinnbildlichen hebt, ist die der Brücke. In alle Richtungen kann sie
geschlagen werden, und gemeinsam mit den Schülern können wir sie
begehen. Die auffälligste Verbindung, die sie schafft, ist vielleicht die
zwischen den Bereichen des schulischen und außerschulischen (des
formalen und informellen) Lernens, die Überbrückung der wohl
tiefsten Kluft, die wir der Entstehung der Institution Schule zu ‹ver-
danken› haben. Doch werden die Stimmen lauter, die uns sagen, dass
der Mensch bereits vor dem Eintritt in formale Bildungsgänge lernt
und es anschließend ein Leben lang weiter tun sollte. Zur Überbrückung der Kluft zwischen Schule und Leben kann Portfolio ein wesentliches Mittel sein.

Der Begriff, der die Portfolioarbeit lebendig erfassen lehrt, ist der
der Beziehungsfähigkeit. Man überprüfe alles bisher Gesagte. Immer
wird man, zwischen Darstellung und Reflexion, Ziel und Kontext,
schulischem und außerschulischem Bereich auf die Qualität einer
Wechselbeziehung zwischen Ich, Objekt und Mitmensch stoßen, auf
einen ‹Raum›, den der Schüler mit den Beteiligten gemeinsam zu gestalten lernt.

In Bundesländern mit Zentralabitur (und das sind inzwischen
fast alle) werden die Abschlussklausuren nach ihrer Fertigstellung
verschlossen und bleiben so lange selbst dem Zugriff ihrer Hervor-
bringer entzogen, wie die Rechtsansprüche brauchen, um zu verjäh-
ren. Auch im Anschluss an diese Frist zeichnet sich, soweit mir
bekannt, kein Interesse an den Arbeiten der heranwachsenden Generation in der Öffentlichkeit ab. Den Zustand staatlich verschulde-
ter Isolation unserer Bemühungen um Bildung in den Reichtum der
ihr innewohnenden Beziehungen zu überführen, ist Aufgabe der

Portfolioarbeit. Fast formelhaft möchte man formulieren: Ein Portfolio ist so gut, wie die Beziehungen vielfältig sind, die dadurch entstehen.

Portfolio und das Rätsel der Philosophie ...

«Im Portfolio zerfällt die strenge Aufgabenstellung – etwa das Thema einer Seminararbeit – in eine Reihe von unzusammenhängenden Einzelaufgaben. Doch gerade deshalb ist ein strukturierendes Prinzip erforderlich, besteht der Zwang zu einer inneren Logik, welche nur die Persönlichkeit der Lernenden garantieren kann. Die diffuse Aufgabe erzwingt also besondere Anstrengungen der Ordnung, welche allerdings auch nicht so weit getrieben wird, dass sie den Gegenständen eine ihnen unnatürliche Systematik aufzwingen könnte. Die ‹Ordnung der Dinge› ist eben nicht alleine in den Dingen zu finden, sondern hängt auch von denen ab, die die Dinge ordnen. Damit kehrt die Beschäftigung mit den Dingen wieder zu ihrem Ausgangspunkt, zum ordnenden Subjekt, zurück. Das ist genau, was es zu erreichen gilt (...).»[128]

Diese Erläuterung zur Frage, was denn ein Portfolio sei, stammt von Werner Wintersteiner, dem Herausgeber von *ide,* einer *zeitschrift für den deutschunterricht in wissenschaft und schule,* der auch das obenangeführte Zitat entnommen ist. Werner Wintersteiner arbeitet als Dozent an der Universität Klagenfurt im Bereich der Lehrerbildung und setzt dort Portfolios ein, um, wie er selbst schreibt, den Studierenden ihren «impliziten Habitus» bewusstzumachen. Gemeint sind mögliche «Haltungsschäden», die die Lehrer in spe aus ihrer, als Schüler in der Schulstube verbrachten Vergangenheit mitbringen. Gewohnheiten, die sie verändern müssen, um nicht als Gestrige, sondern als Junglehrer ihre Arbeit an der zukünftigen Generation verrichten zu können. Ich füge diese Erläuterung an, weil sie mir von allen bisher bekannten die tiefsinnigste zu sein scheint. Sie weist überdies auf den historischen Kontext hin, in dem die Portfolioarbeit steht. Und der ist nicht unbedeutend. Geht es doch um nichts Geringeres als die Überwindung einer Subjekt-Objekt-Spaltung, die unser Weltbild seit Jahrhunderten verzerrt. Die Botschaft bisher war so einfach wie folgenschwer: Der Mensch ist für das Erkennen der Wirklichkeit ein Störfaktor. Höchst entbehrlich sollte er seine Funktion darauf beschränken, der Welt um sich herum den Spiegel vorzuhalten. Und einzig abbilden, was objektiv ohne ihn sowieso schon fertig vorhanden ist. Eine kläglich kleine Rolle, die der Mensch sich selbst im großen Abenteuer Wirklichkeit, ohne es so recht zu merken, untergeschoben hat. Und so gar keine befriedigende Basis, von der aus er sich zum kreativen Unternehmer seiner eigenen Biographie entwickeln könnte.

Und was sagt Portfolio? So ziemlich das, was der junge Steiner Ende des neunzehnten Jahrhunderts nicht müde wurde zu betonen. Und Ende des zwanzigsten durch den erkenntnisphilosophischen Paradigmenwechsel allmählich seine Bestätigung findet.[129] Wir Subjekte des Erkennens sind gar nicht so überflüssig, wie wir uns bislang einzureden versuchten. Wir haben unseren Anteil an der Erkenntnis. Wirklichkeit wird zur Frage in einer Beziehung, die sich zwischen Subjekt und Objekt immer wieder neu konstituiert. Und zu dieser Frage hat Portfolio einiges zu sagen. Es enthält die Möglichkeit einer Überwindung der Subjekt-Objekt-Spaltung in überraschender Form. Sie ist ihm als Mittel, das es ist, implizit und kommt in der Umsetzung dieser Arbeitsweise in ihrer freiesten Form zum Ausdruck. Waldorfschulen, die sich der Universalität dieses Ansatzes öffnen, können ihr pädagogisches Selbstverständnis daran erneuern und die Formen verjüngen, in denen es zum Ausdruck kommt.

Kinder lernen mit Kindern
Seht her!

Inzwischen habe ich sie so oft erzählt, dass ich mir gar nicht mehr so sicher bin, ob ich sie nur gelesen oder ihr nicht vielmehr selbst beigewohnt habe: der kleinen Szene aus dem Alltag einer amerikanischen Grundschule, mit der Elisabeth Hebert «The Power of Portfolios» bereits auf den ersten Seiten ihres gleichnamigen Buches so eindrücklich zu demonstrieren versteht.[130] Folgendes hatte sich ereignet und wird von ihr erzählt: Nach einem Elterngespräch ist Hebert eben im Begriff, ihr Arbeitszimmer zu verlassen. Da gewahrt sie vor sich auf dem Gang eine kleine Delegation von Zweitklässlern: ‹four secondgraders› in offenkundig wichtiger Mission, die ihre Schritte zielsicher in Richtung hin zum Klassenzimmer der Firstgraders lenkt. Alle vier haben ihre Portfolios unter dem Arm. Jeder Einzelne von ihnen hatte zuvor hinreichend Gelegenheit, aus dem Archiv seiner Arbeiten eine Auswahl zu treffen. Für die Mitschüler aus der Ersten. Mit dem Ziel, ihnen daran einige der Überraschungen aufzuzeigen, die das nächste Schuljahr möglicherweise für sie bereithält. Hebert folgt ihnen in dem aufsteigenden Gefühl, gleich Zeuge eines bedeutenden Ereignisses sein zu dürfen.

Die Secondgraders erreichen ihr Ziel, dort werden sie bereits erwartet. Rasch haben die Firstgraders sich im Halbkreis um ihre Gäste geschart. Erhobenen Blickes und mit ungeteilter Aufmerksamkeit für die Boten aus einer Zukunft, auf die sie selbst bald zugehen werden. Das alles geschieht zwanglos. Scheinbar wie von selbst stellt sich eine Unterrichtssituation ein, in der die anwesende Lehrerin mit nicht mehr als ihrer eigenen Zurückhaltung beschäftigt ist und ein Gespräch zulässt, das einzig von der Erwartung der beteiligten Kinder gelenkt wird.

Wie Hebert betont, ist es diese natürliche Aufmerksamkeit, die die Atmosphäre der nächsten Minuten mit Bedeutung erfüllt. Und den Akzent des gemeinsamen Austausches allmählich vom ‹Was› auf das ‹Warum› verlagert. Also nicht nur: Was habe ich euch mitgebracht?

Sondern um eine innere Geste reicher, die den Geber in eine tiefere Beziehung zu sich selbst und zugleich zu den anderen stellt: Warum ist *mir*, was ich mitbringe, wichtig für *euch*?

Einer aus der Delegation der vier ist Tim. Als er wieder an der Reihe ist, greift er in seine Mappe und zieht ein Heft daraus hervor. Ein Schreibheft aus den ersten Wochen seiner Schulzeit, das er aber jetzt, wo er seinen Kinderschuhen längst entwachsen ist und als Großer vor die Kleinen tritt, immer noch für wert erachtet, vorgezeigt zu werden. Tim besieht sich, was er da in Händen hält. Ein deutliches Ungenügen zeichnet sich auf seinen Gesichtszügen ab. Und von spürbarer Unruhe gepackt, beugt er sich noch einmal über die Inhalte seines Portfolios. Nach einigem Suchen fischt er ein Blatt daraus hervor. Eines, wie Hebert vorwegnimmt, das erst wenige Tage zuvor entstanden ist. Endlich hat er beieinander, was er braucht, in der Linken das Blatt, in der Rechten das Heft. Er vergewissert sich für Augenblicke der auf ihn gerichteten Gesichter. Macht einen entschiedenen Schritt auf sie zu und, indem er ihnen Heft wie Blatt aus ausgestreckten Armen mehr entgegenschleudert als hält, fordert er sie auf mit lauter Stimme: ‹Seht her!› – Mehr nicht! Dem einen Augenblick des fast triumphalen Ausrufs folgen ausgedehnte Sekunden der Stille, in denen Tim vor seinem andächtig lauschenden Publikum verharrt, durchdrungen von einer Botschaft, deren Inhalt ihm selbst noch nicht zu Bewusstsein gekommen ist.

Das war's! Das heißt, das wäre es gewesen. Wenn da nicht noch die Lehrerin gewesen wäre. Denn so überflüssig, wie es bislang schien, ist sie gar nicht. Im Gegenteil spricht Hebert ihrer Kollegin eine besondere Fähigkeit zu: «Sensing a magical moment!» heißt es über sie im amerikanischen Wortlaut. Das Gespür für den unwiederholbaren Augenblick, für den Kairos (vgl. S. 80), den es am Schopf zu packen gilt, die Erwachsenen haben die Verantwortung, es zu entwickeln. Ohne ihre Vorleistungen hätte sich dieses Ereignis auf ‹natürlichem› Wege erst gar nicht anbahnen können. Jetzt, da es seine implizite Botschaft aussprechen will, bedarf es ihrer Geistesgegenwart. Und so fragt denn die Lehrerin Tim in schlichter, sokratischer Weise,

«what he wanted the first graders to see». Eine Frage, deren Gedan-
kenbewegung, in umständliches Deutsch gekleidet, sich etwa so ausnimmt: «Was will er, dass die Erstklässler sehen?» Ja, was eigentlich?
Tim weiß es ja nicht. Zwar: erfüllt von Wissensdrang ist er, doch haben sein Drängen und sein Wissen noch nicht zueinandergefunden.
«Well», lässt Tim sich die Zeit, um den Übergang vom allmählichen
Verfertigen des Denkens zum fertigen Gedanken zu finden, schaut
abwechselnd auf das Blatt in der Linken und das Heft in der Rechten.
«And as if just then realizing the difference.» Und als ob er jetzt erst
den Unterschied wirklich bemerken würde, ruft er mit Blick auf das
Heft allen Firstgradern zu: «Das hier sind Worte.» Und indem er ihn
auf den Zettel in seiner Linken wendet (und staunend zugleich seiner
eigenen Entwicklung innewird): «Und das ist eine Geschichte!»

Dass Kinder mit Kindern über ihre gemeinsamen Erfahrungen
sprechen (und Lehrer ihre Aufmerksamkeit darauf richten, die Bedingungen dafür herzustellen), ist kein Zufall in der Grundschule in
Winetka/Wisconsin. Vielmehr die Folge einer Entdeckungsreise, auf
die Hebert sich gemeinsam mit ihrem Kollegium begeben hat. Die
Botschaft ihres Buches widerspricht all denen, die heute ihre Zuflucht
nehmen in der Suche nach den letzten Abenteuern dieser Erde. Schon
allein deshalb, weil das Abenteuer, von dem sie berichtet, gerade erst
begonnen hat, und der erste Kraftquell, die «very powerful resource»,
die Kinder im Gespräch über ihre gemeinsamen Erfahrungen erschließen, sich bereits als unerschöpflich herauszustellen beginnt. Er
ist ein unverzichtbarer Bestandteil der Portfoliokultur des Lernens.

Eigentlich auch der Monatsfeiern an Waldorfschulen. Jedenfalls
steht das, was einst in einer glücklichen Mischung aus Pragmatismus
und Intuition entstanden ist (vgl. S. 31), in einer erkennbar inneren
Beziehung zu dem hier Geschilderten. Dass Schüler mit Schülern anhand ihrer Arbeiten (und ihres Arbeitens) in ein Gespräch über ihr
Lernen kommen, ist die der Monatsfeier zugrunde liegende, ursprüngliche Idee (nicht die der praktizierten Form, wenn alle der
Reihe nach Beiträge aus möglichst allen Klassen über sich ergehen
lassen).

Lösen wir sie aus ihrer kollektiven Fessel. Lassen wir die Idee aus dem Dornröschenschlaf ihrer Form erwachen. Schaffen wir viele, viele Monatsfeiern! Und geben Schülern die Chance, die Geschichte ihres Lernens erzählen zu lernen. Auch in Waldorfschulen.

Schafft viele, viele Monatsfeiern!

Heute sollten die Mappen fertig sein. Doch bevor ich sie zu Hause meinen prüfenden Blicken unterziehe (wie es sich für mich als Lehrer gehört), begutachten die Schüler ihre Arbeiten selbst, wechselseitig und in Eigenregie. Inzwischen hat es sich eingebürgert in der 10. Klasse, dass nicht ich, sondern sie selbst das erste Anrecht darauf haben. So ist das Bedürfnis unter ihnen erwacht, im Austausch der Arbeiten miteinander ins Gespräch über ihr Lernen zu kommen. Also liegen, rechtzeitig vor Beginn der Stunde, die Mappen aus. Ein Freizeitportfolio (vgl. S. 146) pro Schulbank. Daneben die Gutachterbögen: einige Leitfragen, die helfen sollen, die eigenen Beobachtungen zu ordnen und aufzuschreiben. Denn diese Monatsfeier soll sich vorzugsweise auf schriftlichem Wege ereignen.

Alles ist aufgetischt. Gleich wird die Klingel die nächste Stunde einläuten. Die Schüler haben sich bereits eingefunden. Da stehen plötzlich einige Mitschülerinnen aus der B-Gruppe (die Klasse ist in den Fachstunden geteilt) in der Tür und behindern den ordnungsgemäßen Beginn unseres Vorhabens. Na ja, sie hätten jetzt Mathe. Eigentlich! Aber eigentlich interessiere sie mehr, was wir hier vorhaben. Ja, was eigentlich? –

Als sie hören, dass es sich um Arbeiten ihrer Mitschüler handelt, die es zu begutachten gilt, sind sie nicht mehr zu bremsen. Rasch sind sie verschwunden, schneller wieder da. Offensichtlich hatte mein Kollege den jungen Damen nur wenig Widerstand entgegenzusetzen. Jedenfalls, lassen sie mich bei ihrer Rückkehr wissen, seien sie für eine halbe Stunde zur Begutachtung beurlaubt.

Wenige Minuten später beugen sich die Gäste gemeinsam mit den

Einheimischen über unbekannte Seiten ihrer Mitschüler. Jeder hat sich inzwischen eine erste Arbeit ausgesucht und liest. Einzig Ausrufe gegenseitiger Anerkennung unterbrechen in der nächsten halben Stunde die raschelnde Stille. (Was du da machst! Klasse! Hätte ich nie von dir gedacht!) Dann beugt man wie frau sich über den Gutachterbogen, füllt ihn gewissenhaft aus und legt ihn der Mappe bei.

Drei Wochen zuvor hatten die Arbeiten schon einmal ausgelegen. Zu einem Zeitpunkt, zu dem keiner der Beteiligten mit seiner Mappe fertig war, hatte jeder seine bis dahin entstandenen Texte, Fotos und Notizen zur wechselseitigen Begutachtung den anderen vorgelegt. Die Anregungen, die er in dieser Stunde erhielt (und nicht erst nachher, wenn man ja bekanntlich immer klüger ist), konnten folglich noch aufgegriffen werden. Als förderliche, im Prozess erfolgende Bewertungen noch Berücksichtigung finden im Zuge der Fertigstellung des Produkts. Ein heikles Unterfangen, dem die schulische Konvention widerspricht, nur Fertiges (und nach Möglichkeit Richtiges) abzuliefern, auf dass es seiner abschließenden Beurteilung durch den Lehrer unterzogen werde.

Gelingt der Austausch über die Arbeiten und das Lernen, wie er hier skizziert wurde, entsteht eine Atmosphäre ganz eigener Art im Klassenzimmer. Die Schüler korrespondieren auf einer sachlichen Ebene miteinander, dabei aber nicht gefühlsfrei. Mit einiger Ausdauer kultiviert, wächst die Bereitschaft gegenseitiger individueller Wertschätzung fühlbar. Gerade in einem Lebensalter, in dem Klassen mit Vorliebe in Gruppen und Grüppchen auseinanderfallen und Schüler trotz zehn gemeinsam verlebter Jahre oft gar nichts voneinander wissen.

Ich wage die Verallgemeinerung: Schüler wollen ihre persönlichen Beziehungen untereinander auf der Grundlage einer Begegnung mit der Arbeit (und dem Arbeiten) des anderen ordnen – und vertiefen.

Häuslesbauer aufgepasst!

Die Drittklässler haben sich als Häuslesbauer versucht. Auch wenn viele von ihnen nicht als echte Schwaben durchgehen dürften, hat jeder von ihnen in den letzten Wochen viel an seine eigenen vier Wände gedacht. Und hat sich *sein* Modellhaus konstruiert. Die Angebotsvielfalt, die so entstanden ist, kann sich sehen lassen. Und so finden sich auf den Ausstellungstischen Iglus neben Tipis, Blockhäuser aus der amerikanischen Pionierzeit neben mittelalterlichen Fachwerkhäusern, und ganz richtige aus Stein sind auch darunter. Die Kunden dieser Fachmesse allerdings kommen nicht von auswärts, sondern von nebenan. Es sind die Schüler der zweiten Klasse. Käuflich erwerben können sie hier nichts; womit ihnen die Drittklässler dienen wollen, sind vielmehr ihre Lernerfahrungen.

Um Angebot und Nachfrage zusammenzuführen, finden die Aussteller sich mit Beginn der Messe neben ihren Exponaten ein. Die Besucher haben in den nächsten Minuten ausgiebig Zeit, einen Blick auf die verblüffende Sortimentsvielfalt zu werfen. Während sie so zwischen den Tischen herumspazieren, hier und da schon mal eine Frage stellen und eine Antwort erhalten, treffen sie gleichzeitig ihre erste Wahl: ‹Was wohl würde mich näher interessieren? Von wem will ich gleich mehr erfahren, vielleicht, weil ich in der dritten Klasse gerade dieses Haus selbst bauen will?› Ein Gong ertönt und läutet die erste Gesprächsrunde ein. Besucher und Aussteller finden an den Tischen zueinander.

Und können sich dabei doch verpassen. Wenn Kevin eigentlich ein Hochhaus plant (und Caroline ein Tipi im Sinn hat) und es Caroline zum Hochhaus verschlägt (und Kevin beim Tipi landet). Macht aber nichts! Schon allein deshalb, weil der Gong in der nächsten halben Stunde mehrfach ertönt und einen Austausch wie den ersten zwei weitere Male ermöglichen wird. Dabei beginnt der Raum sich in ein Bauwerk ganz eigener Art zu verwandeln: Bienenkorbstimmung erfüllt ihn bis in den letzten Winkel hinein. In jeder Ecke genauso wie überall sonst im Raum wird emsig gefachsimpelt, ein

Stimmengewirr, in dem alle mit allen durcheinanderzureden scheinen und doch jeder mit jedem im Gespräch ist, in ungestörter Konzentration. Wie wichtig die Beteiligten dabei sich selbst, ihre Sache und die Beziehung zum Mitschüler nehmen! Auch hier sprudelt sie: die «very powerful resource». Weil Kinder mit Kindern über gemeinsame Lernerfahrungen sprechen. Dabei ist die Nachfrage an den Tischen nicht nur auf Gebrauchsanweisungen gerichtet. Freilich liegt den meisten Besuchern als Erstes die Frage auf der Zunge: Wie hast du's gemacht? (Damit ich's auch so machen kann!) Doch kann daneben auch die Haltung heranwachsen, aus der heraus nicht nur nach einzelnen Arbeitsschritten, sondern auch nach den Arbeitsanforderungen gefragt wird. Neben fachlichen Fragen schwingen hörbar auch solche überfachlicher Natur mit: Was gilt es zu beachten, wenn man sich an eine so anspruchsvolle Aufgabe wagt? Wie geht man es an, und woher kann Hilfe und Unterstützung kommen?

Und wenn Kevin und Caroline bis zuletzt nicht ihrem Traumhaus begegnet sind? Auch nicht tragisch! Denn angeregt, auf die Suche danach zu gehen, wurden sie allemal. Das wertvollste unter den Angeboten ist sowieso die irgendwo darin versteckte eigene Idee. Manchem Besucher ist anzumerken, dass er zielsicher darauf zuzusteuern begonnen hat.

Am Ende ist kein einziges Haus verkauft worden, und doch sieht man in der Abschlussrunde ausnahmslos zufriedene Gesichter. Noch einmal dürfen die, die es wollen, allen mitteilen, worauf es ihnen als Häuslesbauer ankommt.

Erneuerung der gesamten Schulkultur

Es ist erstaunlich, wie viel Neuland sich bereits hinter der einen Konvention ‹Monatsfeier› auftut. Mit den beiden skizzierten Beispielen sollte hier nur die Richtung angedeutet werden, in der es liegt. Voraussetzung dafür, sie zu finden, ist allerdings, dass Lehrer lernen, sich ihren ‹impliziten Habitus› bewusst zu machen. Freilich sollen sie

Kindern etwas beibringen können. Darüber hinaus Unterrichtsstoff nicht nur lehren, sondern umwandeln in ein Mittel zur Förderung der kindlichen Entwicklung. Aber auch das Zurücktreten will gelernt sein. Eine genauere Betrachtung ergäbe, dass das Umwandeln bereits ein Zurücktreten ist. Und dass das hier gemeinte ‹Platzmachen› für den Austausch der Schüler sich als natürliche Folge daraus ergäbe. Umgekehrt lässt die Tatsache, dass dieser Schritt unterbleibt, den Rückschluss zu, dass der Anspruch der Stoffumwandlung oft nicht eingelöst wird. Die Bedingungen herstellen zu können für den Austausch der Schüler über ihre Lernerfahrungen, auch das ist eine Kunst!

Fast genügte es, die *eine* Vorstellung der Monatsfeier zu revolutionieren, die eine ‹powerfull resource› zu entdecken, die in jeder Schule als nächstliegende gern übersehen oder systematisch darin verschüttet wird, und aufs vielfältigste doch in allen Schülern sprudelt. Von hier aus könnte die Erneuerung der gesamten Schulwirklichkeit eingeleitet werden. Überraschend schnell ließe sich dieser Kochlöffel zum Leben erwecken.

Die Freiheitsgestalt der Hausaufgabe
Wenn die Freizeit in die Schule drängt ...

Eigentlich hatten sie gerade erst eine aufwendige Arbeit hinter sich. Und jetzt? Schon wieder Portfolio? Vor mir saßen Schüler der 10. Klasse, und ihr Seufzer war ‹einmündig›. Und durchaus berechtigt! Hatten sie doch erst vor kurzem Anspruchsvolles geleistet, mit einer Berufserkundung und insbesondere der Aufarbeitung ihrer Erfahrungen mittels einer von uns sogenannten Berufsbildmappe und ihrer Präsentation. Dennoch hielt sich mein Mitleid in Grenzen, wusste ich doch um den Reiz meines Angebotes. Schließlich sollte der Ausgangspunkt unserer Bemühungen diesmal dort liegen, wo die Schülerinnen und Schüler, vom Schulstress befreit, sich ganz dem widmen, was sie wirklich wollen. Wenn, so sagte ich mir, die Hausaufgabe sich als leidige Pflicht (als Bleigewicht) auf die Gemüter vieler Betroffener zu legen pflegt, wenn sie die Kluft zum selbstständigen Arbeiten vertieft statt sie – wie wir Lehrer uns gerne einreden – im Zeichen der Pflicht zu überbrücken hilft, wie wäre es dann, wenn – in Umkehrung dieser Tatsache – diesmal nicht die schulische Aufgabenstellung zu Hause das Freizeitvergnügen schmälerte, sondern stattdessen, was ‹ich› eigentlich tun will, einmal in die Schule drängte? Die Idee des Freizeitportfolios war geboren und eroberte sich rasch die Gemüter der beteiligten Schülerinnen und Schüler. Mal ganz bei ‹mir› anfangen? Bei ‹meinem› Interesse? Das leuchtete ein und setzte Energien frei. So konnte ich, während die Schüler mit ihrer Arbeit beschäftigt waren, unentwegt Gespräche mit jedem Einzelnen führen. Angefangen vom «Worüber wollen Sie ‹erzählen›?» bis zum «Wie gestalte ich das bloß?» hatte ich die Möglichkeit, die Schüler von ihrer außerschulischen Seite her kennenzulernen. Ob Volleyball oder Fliegenfischen, Tischtennis oder Traktorfahren, eine japanische Kampfsportart oder deutsche Standardtänze, Partyorganisation oder Voltigieren, Veranstaltungstechnik oder Fischzucht, das eigene Aquarium oder die eigenen Klavierkompositionen, Bauchtanz oder die Produktion einer Radiosendung, immer war die Bereitschaft groß, mal ‹hier› zu zeigen, was man ‹dort› so alles macht – und bereits kann! Ging es doch darum, die erworbenen Fähigkeiten aufzuzeigen.

Eine heiße Debatte bildete den Abschluss der Arbeit: Wie frei eigentlich ist die Portfolioarbeit? – «Bislang haben wir immer mit Vorgaben gearbeitet. Die erste wirklich freie Arbeit war das Freizeitportfolio», meinten die einen. «Stimmt nicht», hielten andere dagegen und versuchten sich in der Beweisführung: «Immer hat es Vorgaben gegeben, immer hatte man auch die Freiheit der Wahl.» – «Das Freizeitportfolio war freier», beharrten einige, ohne ihre Ansicht im Augenblick mit Argumenten untermauern zu können. Umso deutlicher wurde die Gegenseite: «Also hört mal! In Biologie beispielsweise war der Inhalt der Epoche die Vorgabe. Genauso gab es sie diesmal auch: die Freizeit eben.» – «Trotzdem», versteifte sich eine Gruppe auf den von ihr wahrgenommenen Unterschied. «Diesmal

waren wir die Vorgabe. Diesmal war es anders, ganz, ganz anders.»
Die Freiheit nahm ihren Ausgangspunkt in dem, was die Einzelnen
wirklich wollten. Daran war nicht zu rütteln. Schon gar nicht mit Argumenten. Dass auch diese Freiheit schließlich in Arbeit ausgeartet
war, hatte die damit verbundenen Gefühle offensichtlich nicht
schmälern können.

Die erste Pflicht der Schule

Die erste Pflicht der Schule besteht darin, den Kindern zur Authentizität zu verhelfen, oder, falls sie bereits im Besitz dieser Fähigkeit sind
(durch das, was sie lernen und arbeiten, ganz sie selbst werden zu
wollen), ihnen diesen Schatz zu mehren und nicht zu rauben. Wie
entscheidend dieser Gesichtspunkt für die Begründung der Waldorfpädagogik war, wurde exemplarisch an der Entstehung des Epo-
chenprinzips bereits herausgearbeitet (vgl. S. 63). Der Begriff, wie er
seinerzeit von Steiner entwickelt wurde (dass in jedem heranwachsenden Menschen zu verschiedenen Zeiten ein jeweils individuelles
Thema darauf wartet, erwachen und sich ausleben zu dürfen), erweitert den eingangs verwendeten der Authentizität in zwei Richtungen:
nach innen um die Frage nach dem rechten Zeitpunkt, nach außen
um die Schaffung förderlicher Bedingungen.

   Steiners Bemühen, die Waldorfschule dieser ‹ersten Pflicht› entsprechend einzurichten, war in den Verhandlungen mit dem Kultusminister ein Teilerfolg beschieden. Zumindest so viel Autonomie
konnte man sich nach außen sichern, wie es nötig war, um der jungen
Pädagogik nach innen eine Chance zu geben. Schulaufsicht – Kontrolle insbesondere durch das staatliche System der Leistungserbrin-
gung und -feststellung – hätte das vorzeitige Aus des Experiments bedeutet. Vorgeschriebene Lehrplaninhalte im Stundentakt, Hausaufgaben stellen und kontrollieren, Klassenarbeiten korrigieren und
zensieren, Versetzen oder Sitzenbleiben, Abschlussklausuren bestehen oder durchfallen. Und als letzten Hoheitsakt: die Studienberech-

tigung vergeben oder verweigern. – In der Logik dieses Systems hätte die intendierte Erziehung vom Kinde her und zur Freiheit hin sich verfangen. Auf ganz ‹natürlichem› Wege wäre, was man ursprünglich intendierte, ins Gegenteil verkehrt worden: in eine Erziehung weg vom Kinde und zu staatlichen Normen hin.

Und doch musste Steiner nach Eröffnung der Schule rasch feststellen, dass die Zwänge des Systems zäher in den Gewohnheiten der Lehrer fortwirkten, als äußere Kontrolle es hätte bewirken können. Steiner stieß in seinem jungen Kollegium auf den alten Schulschlendrian. Mit einem entschiedenen Schlag war hier nichts auszurichten. Angebrachter erschien es, den inneren Knoten geduldig zu lösen. Dass es den Kollegen dabei an Bereitschaft mangelte, sich auf diesen Prozess einzulassen und Steiner die Mittel fehlten, ihn zu initiieren (die Gewohnheiten lagen tiefer, als die Worte reichten, die man zahlreich darüber in den Konferenzen wechselte), haben wir bereits aufgezeigt (vgl. S. 24).

Nicht abschaffen, sondern wandeln

Was aber wollte Steiner? Wie sollte die Freiheitsgestalt der Hausaufgabe aussehen, wenn die Form, zu der zu greifen es die Lehrer mit jeder Faser verlangte, Teil eines überkommenen Zwangssystems war? Steiner wollte die überlebte Form ja nicht einfach abschaffen, keine Hausaufgaben in der Waldorfschule, keine Zensuren, kein Sitzenbleiben, keine Selektion! Was man so zur Vordertür hinauswürfe, würde sich durch die Hintertür früher oder später wieder einschleichen. Steiner wollte die Wirkung und Herkunft der alten Mittel durchschauen, und er wollte sie wandeln. Etwas Neues sollte an die Stelle des Alten treten. Also was? Aus einzelnen Aussagen ergibt sich folgendes Bild: Die Lehrer sollten die Aufgaben «individualisieren». Und nicht alle dasselbe machen lassen. Sie sollten «Probleme zu lösen geben!». Und nicht rein reproduktives seitenlanges Üben einfordern. Und, den heikelsten Punkt betreffend, sie sollten die Aufgaben mit

Blick auf die kommende Stunde in das freie Interesse der Kinder stellen und warten, ob sie sich herbeilassen, diese zu Hause vorzubereiten.

‹Na toll!› (schallt es aus den Reihen der Pflichtfraktion). ‹Und wenn sie, statt sich herbeizulassen, es einfach ganz lassen? Was machen mit denen, die nichts machen? (Und wir wissen doch, dass es die wenigsten sind, die freiwillig was tun!) Also wer sich von der Realität unbedingt einholen lassen will, so richtig mal bauchlanden möchte im Schulalltag, der sollte die Aufgaben unbedingt ins freie Interesse der Kinder stellen.› Da werden auch die weiteren Aussichten Steiners die Kritiker nicht umstimmen. Dass auf dem vorgenommenen Wege die Lernfreude eben nicht in «eine Pflichtgewöhnung» umgemünzt wird. Sondern «die Grenze einer meist als wenig angenehm empfundenen Schularbeit und einer interessanten Freizeitbeschäftigung» durchlässig bleibt.[131] Aber egal! Wir jedenfalls halten vorerst fest an der Freiheitsformel der Hausaufgabe nach Steiner. Die da lautet: *Schüler kommen an individuell gewählten Herausforderungen freiwillig ins Üben.* Wir werden sehen, was der Alltag dazu sagt.

Übung macht den Meister

Eine Forderung gibt es, in der Befürworter wie Gegner der ‹Hausaufgabe› sich möglicherweise versammeln können: dass Schüler üben müssen. Oder, zwangloser ausgedrückt: Übung macht den Meister.

Wie verloren nimmt die Schulzeit sich aus, wenn in ungezählten Stunden Unterricht dieser Zweck nicht erreicht wurde. Wenn beim Stricken die Maschen seit der Ersten immer nur fallen (der Handarbeitsunterricht ab der 1. Klasse ist für Jungen und Mädchen obligatorisch), statt sich aufnehmen und zum Muster fügen zu lassen. Wenn Mathe ein Buch mit sieben Siegeln geblieben ist, weil die Grundrechenarten sich hartnäckig verweigern, und die Fremdsprache fremd, weil die Suche nach der nächsten Vokabel einen regelmäßig vor Abgründe führt. Also: Üben ist nötig. Die Frage ist nur, wie es dazu kommt. Wie das Spannungsverhältnis zwischen erlebtem Mangel *an* und ersehntem neuen Umgang *mit* einer Sache dauerhaft hergestellt werden kann.

Hier sind die Geister, die wir für kurze Zeit im Zeichen des Übens geeint haben, allerdings wieder in Gefahr, sich zu trennen. Denn die Hausaufgabe ist es nicht. Das Problem löst sich überhaupt nicht dadurch, dass man Stoff durchnimmt, am Ende der Stunde mit dem Üben anfängt und die Hauptlast dann nach Hause verschiebt, womöglich noch den Eltern (als Nachhilfelehrer der Nation) in die Schuhe! Die Freiheitsformel nach Steiner ist die Lösung. Allerdings, wer mit dem Umbau der restriktiven Hausaufgabe in ihre freie Form beginnt, wird leicht beim Umbau des gesamten Unterrichts enden. Dann aber wird eine Steigerung der Übungsintensität möglich, wie sie auf dem Wege über verordnete Hausaufgaben niemals erreicht werden kann – dann, wenn *Schüler an individuell gewählten Herausforderungen freiwillig ins Üben kommen*...

Freiheit ist nicht nur schöner. Sie ist ganz nebenbei auch effektiver.

Bloß eine Binsenweisheit

Steiners Eltern lebten in ärmlichen Verhältnissen. Wie er selbst über seine Kindheit schreibt, waren Vater und Mutter wohl bereit, die letzten Kreuzer für ihre Kinder hinzugeben, doch habe es eben nicht viele solche letzten Kreuzer gegeben.[132] Da versuchte der begabte Knabe schon bald selbst, die schmalen Einkünfte der Familie aufzubessern. Und tat es ab dem fünfzehnten Lebensjahr, indem er regelmäßig Nachhilfeunterricht erteilte. Über seine Erfahrungen schreibt Steiner später im Rückblick: «Ich verdanke diesem Nachhilfeunterricht sehr viel. Indem ich den aufgenommenen Unterrichtsstoff an andere weiterzugeben hatte, erwachte ich gewissermaßen für ihn. Denn ich kann nicht anders sagen, als dass ich die Kenntnisse, die mir selbst von der Schule übermittelt wurden, wie in einem Lebenstraume aufnahm.»[133]

Soweit mir bekannt, hat Steiner, nachdem er selbst Verantwortung übernommen hatte für die Einrichtung einer Stätte, an der Unterrichtsstoff an andere weitergegeben wurde, nie direkt Bezug auf die hier formulierte Erkenntnis genommen, bzw. hat sie für die Frage der Einrichtung des Unterrichts dort nicht unmittelbar genutzt. Warum auch? Handelt es sich ja doch nur um eine Binsenweisheit. Heinz Klippert hat sie in einem Interview in der ZEIT bestätigt: «Keinem nützt die Nachhilfestunde so sehr wie demjenigen, der sie erteilt.» [134] Und meine Schüler, nachdem sie diese simple Wahrheit einige Wochen lang aneinander praktiziert hatten (und ich ihnen Steiners Zitat als Frage in einer Auswertungsrunde vorlegte), meinten auch alle nur, das sei eigentlich ganz klar und wüsste jeder. Also wird, wer je Schüler war, bestätigen können, dass er Kenntnisse, die ihm ‹von der Schule› übermittelt wurden, ‹wie in einem Lebenstraume› dort aufgenommen hat. Geringer wird die Anzahl derer sein, die für Unterrichtsstoff dadurch erwacht sind, dass sie ihn an andere weitergeben durften. Die Erfahrung, dass sich aus diesem *einen* Prinzip eine ganze Geschichtsepoche organisieren lässt, haben bislang nur achtunddreißig Schüler einer zwölften Klasse gemacht.

Eine Epoche aus Binsenweisheit

Inhaltlich erarbeitet wurde der Zeitraum von der nachnapoleonischen Ära bis zum Fall der Mauer, knapp zweihundert Jahre also. Der Schwerpunkt lag auf der deutschen Geschichte. Jeder Schüler erhielt ein hundertsechzigseitiges Skript als Grundlage für die Arbeit. (Was sonst an Materialien gebraucht wurde, kam von allen Seiten zusammen. Nach einer Woche war die Klasse voll davon.) Der gesamte Zeitraum wurde in fünf Abschnitte untergliedert. Beispielsweise: ‹Das deutsche Kaiserreich bis zum Ausbruch des Ersten Weltkrieges› oder: ‹Der Erste Weltkrieg bis zum Ende der Weimarer Republik›. Die Themengebiete wurden auf insgesamt zehn Gruppen verteilt. Je ein Thema für jeweils zwei Gruppen, die Gruppe zu je fünf (oder vier)

Schülern. Entscheidend war Folgendes: In jeder Gruppe waren, entsprechend der Anzahl der Schüler, fünf Expertenrollen zu vergeben: Daten / Fakten, Panoramablick, Quellenarbeit, Biographien, das Spektrum politischer Ideologien. Was verbirgt sich hinter diesen Kürzeln und, vor allem, was bedeutet Expertenrolle? Beispielsweise das: Ein Schüler arbeitete in der Themengruppe ‹Erster Weltkrieg bis zum Ende der Weimarer Republik› und hatte als Expertenrolle die ‹Daten / Fakten› übernommen. Also bestand seine erste Aufgabe darin, sich die Daten / Fakten aus exakt diesem Zeitraum zu erarbeiten. Sich zum Spezialisten für diesen Aspekt des Themengebietes zu machen. Oder ‹Biographien›. Dann hieß es eben, sich wichtige Persönlichkeiten im selben Zeitraum herauszusuchen. Deren Lebensläufe zu studieren. Und sich auf diesem Wege zum Spezialisten für diesen Aspekt des Themengebietes auszubilden. Entscheidend war, dass diese Rolle griff, dass sie verstanden wurde und sich bei jedem Schüler das Gefühl einstellte, dass er auf einem eingrenzbaren Gebiet selbständig Tritt fassen konnte. So bestand meine Aufgabe in den ersten Tagen auch fast ausschließlich darin, jedem zu diesem Gefühl zu verhelfen. (Zumal die Expertenrollen unterschiedliche Schwierigkeitsgrade aufwiesen; es ist leichter, sich ein Thema über die Daten und Fakten zu erschließen als über Quellenarbeit.) Organisatorisch war das möglich, da die meisten Schüler das Prinzip schon nach kurzer Zeit durchschauten und loslegten und ich mir deshalb die Zeit für die übrigen nehmen konnte. Also begann jeder Hauptunterricht allmorgendlich damit, dass eine gute Stunde dieser Arbeitsweise vorbehalten war. Anschließend war ich dran. In der verbleibenden halben Stunde bestand meine Aufgabe darin, die Themen der Reihe nach zu unterfüttern, darzustellen, zu erzählen, Hinweise und Hilfestellungen aller Art mit einzubauen, die für die Experten der jeweiligen Themengruppe von Belang sein könnten.

Vom Auto-mobil

So konnte sich jeder zum Spezialisten ausbilden, aber keiner durfte dabei stehenbleiben. Doch das wollte auch niemand. Nach wenigen Tagen schon nahm um mich herum konkrete Formen an, was ich zu Beginn der Unternehmung bereits als Perspektive aufgezeigt hatte: Schüler fingen an, Schüler zu unterrichten, zunächst die Experten der Parallelgruppen untereinander. Von dort aus in den verschiedensten Konstellationen und allen denkbaren thematischen Kombinationen: verschiedene Experten derselben Gruppe, die Parallelgruppen untereinander, verschiedene Experten verschiedener Gruppen u.s.f.

Das Gefühl, auf dem eigenen Terrain Tritt zu fassen, wuchs. Immer wieder wiederholend, mit immer etwas anderen Worten jemandem erklären, was man bereits wusste (oder zu wissen glaubte). Sich Rückfragen stellen, stutzen vielleicht und bemerken, dass es mit dem Glauben an das eigene Wissen so weit noch nicht her war, es folglich hinterfragen, überprüfen und seinen Glauben von Gespräch zu Gespräch spürbar festigen. Die Kommunikationsstrukturen, die sich die Schüler über ihren Austausch selber schufen, zeigten Wirkung. Das Bedürfnis erwachte, sich vom gesicherten Terrain aus Neuland zu erschließen. Überall um mich herum war Unterricht. Im Klassenzimmer, im Foyer, vor dem Schulgebäude, an Tischen, auf Stühlen oder einfach irgendwo auf der Treppe. Der Grund dafür lag in der Eigenaktivierung, im ‹Auto-mobil›. Was bekanntlich ‹Selbstbeweger› heißt. Die Bedingungen waren es, die geschaffene Form, die ihn aufrief (während der Kochlöffel ihn nur unterzurühren vermag).

Und meine Rolle dabei? Zuallererst die: den eigenen inhaltlichen Anspruch zurückzustellen. Akzeptieren, dass das meiste zunächst holprig daherkam, oberflächlich dazu. (Wie sollte sich auch anhören, was Schüler sich eben angelesen hatten und erstmals wiederzugeben versuchten!) Doch durfte der Anspruch zurückkehren, und der gewünschte Tiefgang wurde am Ende erreicht, mit dem Unterschied, dass die vielen Fragen, die dann erwachten, spürbar mehr Grund hatten, aus dem sie erwuchsen, einen überdies, den die Schüler sich selbst geschaffen hatten.

Durchlässige Grenze

Nachträglich ist es allen erst so recht zu Bewusstsein gekommen, in einer abschließenden Auswertungsrunde: Dass sie über Wochen *an individuell gewählten Herausforderungen freiwillig ins Üben* gekommen waren. Nichts anderes hatten sie getan in der Zeit, in der sie sich vom gesicherten Terrain aus auf selbstgebahnten Wegen Neuland erschlossen. Und das Üben dabei zum Dreh- und Angelpunkt des Unterrichtsgeschehens wurde. Selbst «die Grenze einer meist als wenig angenehm empfundenen Schularbeit und einer interessanten Freizeitbeschäftigung» (vgl. S. 42) war durchlässig geworden. Wenn man der Aussage einer Schülerin Glauben schenken will, die lakonisch feststellte: ‹Geschichte wurde Pausengespräch. Es ließ sich gar nicht verhindern.› In den Minuten also, die täglich zwischen den Stunden der ‹Freizeit› vorbehalten bleiben (und eine nicht geringe Anzahl von Schülern – Gott sei's geklagt! – in der Raucherecke verbringt) wurde Geschichte weiter betrieben. Und wer schon mitbekommen hat, worüber man sich sonst in der Pause so austauscht, wird ermessen können, was es heißt, dass sich Unterrichtsinhalt darin breitmacht, und offensichtlich mit Leidenschaft weiter dort bewegt wurde.

Grund war das ‹Auto-mobil›. Ein Grad an Aktivierung und Austausch untereinander, wie er mit einem Unterricht, er mag methodisch so gut geführt sein, wie er will, nicht zu erreichen ist. Eine Organisation wie die beschriebene toppt jede Methode.

Daran führt kein Weg vorbei

Eigentlich unmöglich, über die Erneuerung des Modells Waldorfschule zu schreiben und dabei so viel Worte über ein einzelnes Detail
zu verlieren. Eine Äußerlichkeit wie die Hausaufgabe! Die obendrein
nie Bestandteil des Waldorfmodells war.

Leider – und bis heute auch ein Fremdkörper darin geblieben ist.
Steiner hatte vehement darauf hingewiesen, dass es so nicht gehen
würde. Dass man von Erziehungskunst nicht würde reden können
und sich quasi nebenbei der Mittel einer alten Zwangspädagogik be-
diente. Vergeblich, wie wir aufgezeigt haben (vgl. S. 44). Die Einstellung der Lehrer blieb gespalten, blieb es bis zum heutigen Tag. Konsequenz zeigt man seither nur in der Fortsetzung der von Anfang an
praktizierten Inkonsequenz: Sitzenbleiben, Selektion? Bei uns nicht!
Aber alles andere, wenn es denn je außen vor war, haben wir durch
die Hintertür längst wieder hereingelassen. Und klammern uns daran
wie an eherne Naturgesetze (dabei sind es Mittel, die zusammen mit
dem staatlichen Berechtigungswesen entstanden sind). Doch gibt es
keine Erziehungskunst jenseits des alten Schulschlendrians, handelt
es sich hierbei nicht um Äußerlichkeiten, die das Wesen der Waldorfpädagogik ja doch nie tangieren können (und über die man deshalb
großzügig hinwegsehen darf). Entweder unsere Phantasie nimmt es
auf mit den harten Faktoren, oder wir geben zu, dass, wo Waldorf
draufsteht seit den Anfängen, sich in der Zwischenzeit ein Verein zur
Pflege musealer Restbestände ursprünglich umwälzender Ideen gegründet hat.

Der Wandel aber gerade der harten Faktoren in ihre Freiheitsgestalt bringt einen der Kunst der Erziehung überraschend näher. Er
lässt unversehens die Nähe zu einem Anspruch zu, den an die Waldorfschule anzulegen Lindenberg seinerzeit schon forderte: die «Erneuerung der gesamten (!) Schulwirklichkeit»[135]. Unmöglich eigentlich, das nicht zu wollen.

Das System Schule lernt vom Leben
Es geht auch anders

Vor kurzem erzählte mir ein Kollege, dass es auch anders geht. Er heißt Franz Glaw, arbeitet an der Düsseldorfer Waldorfschule und hat den Schutz der Verbalgutachten (vgl. S. 46) zu seinem persönlichen Anliegen erklärt. Aufgefallen war ihm, dass der Druck, dem seine Kollegen sich bei der Zensurengebung beugen, bevorzugt auf die Außenwelt abgeschoben wird. Die sich in den Oberstufenklassen regelmäßig dann bemerkbar macht, wenn Schülerinnen und Schüler sich aus elften oder zwölften Klassen heraus zu einem Schulwechsel entschließen oder vorzeitig für Lehr- und Ausbildungsstellen bewerben. Spätestens dann heißt es: ‹Zensieren! Bewerbungsunterlagen ohne Notenzeugnis? Geht nicht, also müssen wir eins geben. Versteht sich doch wohl von selbst – oder sollen wir unseren Schülern die Zukunft verbauen?› Nein, das wollte besagter Kollege nicht. Im Gegenteil wollte er sie ihnen eröffnen. Nur glaubte er, dieses Ziel mit Gutachten, wie sie an seiner Schule jährlich als Ziffernzensurenersatz ausgehändigt wurden, besser erreichen zu können. Und so legte er sich folgende Strategie zurecht: Jedes Mal, wenn ein Schüler zum Zwecke der Bewerbung nach Noten verlangte, arbeitete er sich bis zum konkreten Anlass vor, aus dem heraus dieser Wunsch entstanden war: ‹Wo genau wollen Sie sich bewerben? An welcher Schule, in welchem Betrieb? Personalabteilung, Telefonnummer?› Bevor er ein Zeugnis auszustellen bereit war, wollte er selbst mit der verantwortlichen Stelle Kontakt aufnehmen. Und erhielt von dort, wo man angeblich aus Ziffernzensuren den Leistungsstand des Bewerbers herauszulesen begierig war, regelmäßig die Rückmeldung, dass dieser daraus sowieso nicht hervorginge. ‹Was haben Sie denn stattdessen?›, artikulierte sich der Wunsch nach einer Alternative vonseiten des Adressaten der Schülerleistung. ‹Eine Beschreibung des Lernverhaltens, der Persönlichkeit? Klingt interessant! Legen Sie das bitte bei. Und sagen Sie Ihrem Schüler, dass wir in seinem Fall kein Notenzeugnis brauchen.› So einfach soll das sein, so leicht sich Druck aufheben lassen, der von außen auf der Notenfreiheit der Waldorfschule zu lasten scheint? «Nur bei einem einzigen Schüler», versicherte mir der Kollege, «von inzwischen etwa 30, bei denen ich der Sache nachgegangen bin, beharrte man seitens der Firma trotz meiner Intervention auf Ziffernnoten. Wie sich die Personalleiterin förmlich bei mir entschuldigte, aus Gründen eines firmeninternen Konfliktes heraus, sonst läge ich heute bei einer Erfolgsquote von 100 Prozent.» Warum er mit seinem Ergebnis dennoch vollständig zufrieden ist, verrät der Kollege mir abschließend: «Die Rückmeldungen der Schüler waren eindeutig. Wie sie mir versicherten, konnten Sie mit Hilfe ihres Verbalgutachtens leicht den Einstieg ins Gespräch über ihre Fähigkeiten und Voraussetzungen für die Ausbildung finden.» Das alles ist ja tatsächlich auch ganz leicht. Schwer ist es nur, auf die naheliegende Idee zu kommen, mit dem Adressaten der Schülerleistung Kontakt aufzunehmen (und naheliegend sind *die* Ideen ja meist, auf die man nicht kommt, auf die es aber ankommt).

Tatsächlich bildet eine Initiative dieser Art an der Schnittstelle zwischen Schule und Ausbildung die Ausnahme. In der Regel verlassen Schüler ihre Waldorfschule mit den besten Segenswünschen für die Zukunft und dem staatlich beglaubigten Notenzeugnis in der Hand. Zwar erhalten sie zusätzlich ihr Waldorfgutachten, dass sie damit aber einen guten Start, zumindest in die Berufsausbildung machen könnten, bleibt der Initiative des Schülers überlassen. Die Waldorfschule selbst erklärt sich hier (wie in der Regel jede Regelschule auch) für insgeheim nicht zuständig. Nur die Schritte bis zur Abschlussprüfung liegen im Blick der Lehrer. Ihn gemeinsam mit den Schülern auf deren zukünftigen Horizont zu richten, fällt nicht in ihren Zuständigkeitsbereich (und kam in der Ausbildung auch nicht vor). Was von Rudolf Steiner als Charakteristik der Schülerleistung einst angeregt wurde, wird nicht im Kontext gesellschaftlicher Entwicklungen gesehen. Und gerät deshalb (scheinbar) unter Druck von außen. Eigentlich nur, weil im Binnenraum Schule die Sache steht wie das Wasser im Seitenarm eines Flusses, der seinen Kontakt mit der Hauptströmung verloren hat. Entsprechend droht, was einst frisch daherkam, mit der Zeit etwas abgestanden zu riechen.

Das Gutachten-plus-Modell

Wie aussichtsreich ist der Versuch, die Verbindung zur Hauptströmung aufzunehmen? Wozu könnte sich das Verbalgutachten durch die Berührung mit der Großen Welt entwickeln? Vierlinger legt in seiner «Direkten Leistungsvorlage» (DLV) die Ergebnisse einer Umfrage aus dem Jahre 1990 vor, die Punkt für Punkt bestätigt, was unser initiativer Kollege bei seinen Kontakten mit Abnehmern bereits in Erfahrung brachte.

Befragt wurden seinerzeit die Personalchefs und Verantwortlichen für die Einstellung von Azubis aus 90 Betrieben Niederbayerns (vom einfachen Handwerksbetrieb bis zum großen BMW-Werk). Vorgelegt wurden ihnen Klassenarbeiten einer fünfzehnjährigen Hauptschülerin. Eine Auswahl, von Tanja für die Testumfrage zusammengestellt, die ihre Lehrer mit knappen, oft nur kargen Kommentaren versehen hatten. Mehr nicht. Doch stieß das Prinzip selbst in dieser rudimentären Form bereits auf geradezu überwältigende Akzeptanz. «Nachdem sich die Interviewpartner einige Zeit in die DLV-Mappe vertieft hatten, plädierten 82 Prozent für die Einführung der DLV anstelle der Ziffernzensuren.»

Die Bereitschaft zum fälligen Paradigmenwechsel fasst einer der Befragten stellvertretend für die Mehrzahl seiner Kollegen in die Worte: «Was sagt mir schon eine Note im Fach Deutsch? Sehe ich aber ein Diktat vor mir, so erhalte ich einen direkten Einblick in das Rechtschreibkönnen des Bewerbers.» Was deutlich macht, dass man Ziffernnoten nicht länger Glauben schenkt, sondern sich unter Vorlage der Leistung selbst ein Urteil bilden will. Auch das ‹Time-is-money-Argument› weiß die Studie zu entkräften. Die interviewten Firmen- und Personalchefs äußern sich mehrfach zur Frage nach dem Aufwand, den das Studium derartiger Mappen erforderte. Offenbar wissen sie gleich, woher sie das ‹Money› dazu nehmen und wie sie die ‹Time› dafür sparen könnten. Einfach, indem sie bei Einführung der DLV im Gegenzug auf kostspielige Tests verzichten (deren Ergebnisse sowieso so dürftig wie Ziffernnoten sind).[136]

Also was liegt seit Jahrzehnten in der Luft, zum Greifen so nah, dass es hartnäckig bisher übersehen wird? Zuallererst dieses: die vorhandenen Verbalgutachten durch Arbeiten zu ergänzen; bei deren Auswahl die Schüler ein Wörtchen mitreden zu lassen. Und dabei solche Leistungen zu berücksichtigen, die dem breiteren Spektrum der Waldorfschulen entsprechen (eine Auswahl also, die sich nicht – wie bei Tanja – ausschließlich auf Tests und Klausuren reduziert, sondern die Dokumentation auch praktischer Arbeiten enthält). Eine DLV könnte entstehen, die keine ‹Lose-Blatt-Sammlung›, vielmehr eine individuell gestaltete Mappe zum Zwecke der Bewerbung um einen Ausbildungsplatz darstellte.

Wie viel Druck, der auf Verbalgutachten seit Jahren zunimmt (und das Roll-back zu Zensuren forciert), hätte sich durch die Aufwertung nehmen lassen, die sie auf diesem Wege fast zwangsläufig erfahren würden! Er lastet ja doch nur scheinbar auf ihnen. Nur deshalb, weil ‹wir› an der Schnittstelle zwischen Schule und Ausbildung keine nennenswerte Initiative entwickelt haben. Weil wir den Auftrag der ersten Stunde (einer Schulgründung in lebendiger Beziehung zur Arbeitswelt) in der zweiten bereits vergessen haben (vgl. S. 103). Und als Bourgeoisieschule, die wir geworden sind, unsere Verantwortung traditionell mit dem Abitur für beendet erklären. Statt das Netz weiter zu werfen und es beziehungsreich mit denen zu knüpfen, die nach uns kommen: mit den Abnehmern der Schülerleistung.

Visionärer Lindenberg

Wohin die Reise gehen könnte, hat Christoph Lindenberg vor über zwanzig Jahren bei Gelegenheit eines Symposions, zu dem er als Vertreter der Waldorfschulen geladen war, aufgezeigt. Um seinerzeit wie andere Redner vor und nach ihm zum vielversprechenden Titel der Veranstaltung Stellung zu nehmen: «Das Abitur, eine Notwendigkeit»? Was er dabei entwickelt hat, in so nüchterner wie eindringlicher Diktion, ist nicht weniger als der Ansatz zur Überwindung des staatlichen Berechtigungsgebrechens, eine Vision eigentlich, die er wohlweislich *der* Schule im Allgemeinen ins Stammbuch schreibt. Von der er aber gewusst haben wird, dass sie *seiner* Waldorfschule im Besonderen gilt: «Man muss sich an dieser Stelle klarmachen, dass das Urteil über ein ‹Produkt›, über eine Leistung nicht dem zusteht, der diese Leistung herstellt, sondern dem Abnehmer. Produkte, in unserem Falle also die Schüler, entschuldigen Sie das herzlose Wort, werden nicht von der Schule beurteilt, sondern vom Leben. Dadurch, dass die Schulen bisher relativ geschlossene Systeme sind, die sich ihre Leistungen selbst bescheinigen, fehlt gerade das in der Gesellschaft, was institutionalisiert sein muss: die Abnahmekontrolle einer Leistung. Nicht durch die Kultusbehörden, nicht durch die Oberschulämter, nicht durch die Schulen dürfen die schulischen Leistungen beurteilt werden, sondern durch Instanzen, die mit diesen Leistungen nachher umzugehen haben. Das darf nicht dem Selbstlob der Hersteller überlassen bleiben. Dies sind jedoch die Handwerker, die Industrie und anschließende Institutionen wie weiterführende Fachschulen und Hochschulen.» Und an anderer Stelle, aber als Schlussfolgerung der bereits zitierten zu verstehen: «Dann hat das System Schule, was ihm fehlt: eine Chance, vom Leben zu lernen. Diese Chance ist die wichtigste soziale Einrichtung, die man installieren muss.» [137]

Ein bisschen restriktiv scheint die Vision schon daherzukommen, wenn Lindenberg auf einer institutionalisierten Abnahmekontrolle der Leistung insistiert, und die Entscheidung, ob darin Rückschritt oder Fortschritt liegt, einzig abhängig macht von der Frage, wer die ‹Kontrolle› über das ‹Produkt› ausübt. Wie bisher: die Schule im Auftrag der Behörde? Eine Art geistiger Inzucht, die Lindenberg ablehnt. Oder wie in Zukunft gefordert: durch die anschließenden Institutionen? Worin er die Chance für eine Öffnung des Systems ‹Schule› zu erkennen glaubt. Aber was daran soll besser sein? Handelt es sich hierbei nicht vielmehr um den sprichwörtlichen Schritt vom Regen (staatlicher) in die Traufe (wirtschaftlicher Kontrolle)? Und dann die Ausdrucksweise! Die allein schon die Vorstellung provoziert, er wolle Schule dem Staat nur deshalb entreißen, um sie in die Fänge der Wirtschaft zu treiben.

Aber lassen wir uns selbst davon nicht ins Bockshorn jagen, nicht von einer Denkweise beherrschen, die sich in der Konstruktion unfruchtbarer Gegensätze erschöpft. Auch wenn Lindenbergs zugespitzte Formulierungen zunächst die Vorstellung gerade der Unvereinbarkeiten zwischen Schule und Wirtschaft zu provozieren scheinen, so zielen sie doch ganz entschieden auf die Schnittstelle notwendig zu entdeckender Gemeinsamkeiten.

Nur Lehrer dürfen unverantwortlich sein

Also buchstabieren wir uns noch einmal vor bis zu seiner Vision. Und fragen ganz in seinem Sinne: Was ist falsch am Abitur, was unzeitgemäß am Hoheitsakt der Vergabe von Hochschulzugangsberechtigungen? – Dass sie, einmal ausgestellt, ihren Empfänger mit einem Privileg auf Lebenszeit ausstatten? Dass Berechtigung dabei prinzipiell über Befähigung rangiert? Mit Sicherheit! (Jedenfalls war ich, als ich die Berechtigung einst erwarb, tatsächlich noch längst nicht fähig zu studieren.) – Dass der Popanz, dem sich alle Welt unterwirft, im Einzelfall nicht hält, was er verspricht. (Versperrt der ‹Numerus clausus› doch ausgerechnet *mir* den Zugang zu meinem Wunschfach. Und eröffnet mir einzig die Aussicht auf endlose Warteschleifen.)

Das alles mag stimmen. Doch von allen Geschützen, die sich gegen das Bollwerk massiv-preußischer Bauweise auffahren ließen (vgl. Kleine Weltgeschichte, S. 204), scheint Lindenberg eines bevorzugt ausrichten zu wollen. Es zielt weniger frontal auf das System als vielmehr auf die Rolle der Lehrer, die ihnen innerhalb des staatlichen Rituals zugewiesen wird und die sie wie selbstverständlich verinnerlicht haben. Lehrer nämlich, so Lindenberg, handeln prinzipiell unverantwortlich, wenn sie sich als ‹Hersteller› ein Urteil über ihr ‹Produkt› ausschließlich selbst anmaßen. Und die Folgen ihrer Entscheidung den ‹Instanzen› überlassen, ‹die mit diesen Leistungen nachher umzugehen haben›. Wer entscheidet, sollte den Vorteil einer glücklichen Wahl genießen, er sollte die Folgen einer Fehlentscheidung aber auch zu spüren bekommen. Und sich dadurch veranlasst fühlen, seine Entscheidung zu überdenken. Eine Lebensregel, die in ihrer Wirkung einen nicht unwesentlichen Beitrag zum Erwachsenwerden leistet. Nur ‹wir› Lehrer dürfen uns ihr entziehen. Wir, die wir aufs Leben vorzubereiten vorgeben, handeln zumindest aus Teilen unserer selbst nicht lebensgemäß. Sondern verwaltungskonform! Wir drücken Schülern Berechtigungen in die Hand (und uns selbst vor der Verantwortung). Wir glauben, über die Studierfähigkeit unserer Klientel damit befunden zu haben, können die Folgen unserer Entscheidung (der richtigen wie der falschen) aber jederzeit ausblenden. Wir brocken anderen damit eine Suppe ein, die auszulöffeln uns nur selten in den Sinn kommt. (Dass wir es unbewusst seit Generationen so handhaben, kann als mildernder Umstand, je länger dieser Anachronismus durch uns am Leben erhalten wird, umso weniger geltend gemacht werden.)

Auf exakt diesen wunden Punkt zielt Lindenberg, wenn er mit harschen Worten den Wechsel der Abnahmekontrolle (von der staatlichen Instanz zu den nachfolgenden Institutionen) einfordert. Was er bezweckt, ist ‹Heilung›. Was er kurieren will, ist das System. Und was er installiert sehen möchte, ist ‹die wichtigste soziale Einrichtung›, die der Schule die Chance eröffnet, vom Leben zu lernen.

Die Frage ist nur, wie sie konkret ausschauen soll, diese Einrichtung. Nicht in ihrer bürokratischen, sondern in ihrer zukünftig lebensgemäßen Form. Welcher Art sind die Brücken, über die die Abnehmer der Schülerleistung den Weg in die Schule finden, um neben den ‹Herstellern› (und mit ihnen zusammen) einen prüfenden Blick auf das ‹Produkt› zu werfen? Wie soll sie gestaltet sein, eine Prüfung, die nicht – wie seit Jahrhunderten üblich – hinter verschlossenen Türen stattfindet? (Und deren Produkte bis zur Verjährung juristischer Ansprüche im Tresor verschwinden.) Die vielmehr als Aufschlussprüfung Schülern Perspektiven für die eigene Berufsbiographie bietet, und, als Einladung zur Partizipation gestaltet, das Bildungsanliegen buchstäblich veröffentlicht.

Gäste von auswärts

Erste Erfahrungen liegen vor. Mein findiger Kollege vom Rhein hat bereits damit begonnen, die Vision ins Haus zu holen. Sein Anliegen, der Schutz der Verbalgutachten, hat ihn den Ansatz für die nötige Perestroika fast zwangläufig finden lassen. Schließlich hatte er häufig Gelegenheit, mit Abnehmern zu sprechen. Seine Telefonrecherchen brachten ihn regelmäßig in Kontakt mit Personalern und Ausbildern. Was lag näher, als gelegentlich die Bemerkung einfließen zu lassen, dass über die Verbalgutachten hinaus in der Schule Leistung auch direkt einsehbar wäre.

Den Anknüpfungspunkt für dieses Versprechen boten die Jahresarbeiten (vgl. S. 83). Die Chance für Schüler, in der Auseinandersetzung mit einem selbstgewählten Thema Fähigkeiten eigenständigen Lernens zu erwerben, war seit je verbunden mit der Hoffnung auf breite gesellschaftliche Anerkennung. Doch blieb die öffentliche Resonanz bisher bescheiden, bleiben ‹wir› am Tag der Präsentation der Schülerarbeiten gewöhnlich ‹unter uns›. Wenn im Festsaal der Schule neben den Eltern zwar Onkel und Tante *auch* Platz nehmen, der Besucher von außen sich aber nur selten dorthin verirrt. Was soll er da auch? Zwar könnte für ihn interessant sein, *was* ihm dort geboten wird, nur *wie* es seit Jahrzehnten geschieht, kann ihn zur Teilnahme kaum verlocken, einfach deshalb, weil ihm die Zuschauerrolle als einzige Alternative bleibt. Im Festsaal fest zu sitzen, den ersten Schülervortrag zu hören und dann den nächsten, sein Feedback auf gelegentlich lautstarken, bisweilen nur schütteren Applaus zu beschränken, ist schlicht eine Unterforderung für denjenigen, der fähig wäre, die ‹wichtigste soziale Einrichtung› mit zu bilden, die Schule braucht, um vom Leben zu lernen. Unser Abnehmer will in jedem Falle mehr. Er will partizipieren, nicht nur applaudieren. So lange Wir-Waldorfs mit nichts anderem als Kochlöffeln winken, werden wir neue Gesichter hinter dem Ofen kaum hervorlocken, werden wir Hoffnungen auf öffentliche Anerkennung nur endlos weiter tradieren, nie aber realisieren können.

Was also hat er getan, mein findiger Kollege vom Rhein, um diesem beklagenswerten Stillstand einen ersten Anstoß zur Bewegung zu geben? Zunächst nicht viel: Die Präsentationen ließ er ablaufen wie gewohnt. Vorn auf der Bühne die Schüler, und im Festsaal Zuschauer, die applaudierten. Mal mehr, mal weniger. Im Anschluss daran allerdings hatte er Kolloquia organisiert, mit Schülern, Lehrern und den Vertretern der Instanzen, die nach der Schule folgen. Also war mit dem Applaus diesmal doch nicht alles vorbei, hatten Gäste wie Einheimische im Anschluss an die Präsentationen Gelegenheit, sich mit Schülern über ihre Arbeit und ihr Lernen intensiver auszutauschen. Und so kamen sie auch gern bereits zur Präsentation: der Personalleiter von DaimlerChrysler, die Prorektorin der Universität, der Geschäftsführer der Handwerkskammer. Sie haben sich die Zeit genommen, weil sie eine sinnvolle Aufgabe damit verbinden konnten. Und haben Schülern nicht selten mit ihrem Feedback zugleich auch das Angebot auf einen Ausbildungsplatz gemacht.

«Ein voller Erfolg», wie Glaw mir versichert. «Nachdem ich ihn zunächst gegen Widerstände aller Art durchzusetzen hatte. Die Unterstellungen jedenfalls waren zahlreich. Sie reichten von persönlicher Profilierungssucht bis zu meinem ganz offenkundig etwas abartigen Verlangen, die Jugendlichen ans Messer einer anonymen Öffentlichkeit liefern zu wollen.»

Unsichtbares Preußen

Bedauerlich, dass Innovation sich nur gegen eine Mauer aus Vorurteilen durchsetzen ließ. Doch so sehr die Unterstellungen Einblick in die existierenden Ängste (vor einer Öffnung) gewähren, ein Körnchen Wahrheit enthalten sie doch. Tatsächlich war meinem Kollegen etwas entgangen. In seinem Eifer für Erneuerung hatte er von einem angestammten Recht noch zu selbstverständlich Gebrauch gemacht. Er hatte einseitig die Bedingungen des Kolloquiums festgelegt und den Schülern die geladenen Gäste vorgesetzt. Zwar hatte er ihnen damit die Möglichkeit eröffnet, sich einer neuen Herausforderung zu stellen. Aber: Sie *mussten* es tun. In der *alten* Form! Den Betroffenen ein Mitspracherecht einzuräumen, war ihm nicht in den Sinn gekommen. Eigentlich ist ein solches Vorgehen, so zukunftsgerichtet es ist, in Teilen noch immer dem preußischen Ehr- und Pflichtbegriff geschuldet: «Ihr habt keine andere Wahl. Ihr müsst!»[138] Mag Preußen, der Kunststaat mit seiner bewegten Geschichte im Herzen Europas, inzwischen vollständig von der Landkarte verschwunden sein, in den Strukturen, die es einst geschaffen hat, vererbt es sich bis heute fort: wie eine Krankheit! Das Gefühl des Ausgeliefertseins aber, so untrennbar es mit dem alten Paradigma der Prüfung verbunden ist, es hat in einer Pädagogik, die im Dienste der Individualisierung steht, keinen Platz mehr. Nie jedenfalls sollte es als Folge der Bedingungen auftreten, unter die wir Lehrer unsere Schüler glauben stellen zu dürfen. Die soziale Einrichtung, die der Waldorfschule zukünftig ein Lernen vom Leben eröffnet, wird durch Schüler mitgestaltet. Oder sie wird nicht.

Leistungsbeurteilung und Erziehung in Freiheit
Intuieren statt Informieren

Diese Zukunft hat bereits einen Namen: ‹Beauftragte Bewertung›. Kommt so lakonisch daher, wie sie nüchtern zunächst verstanden werden will. Und müsste doch im Grundgesetz jeder Erziehung *in* Freiheit längst verankert sein.

Sie reicht «von einfachen Aufforderungen zur Abgabe einer Stellungnahme bis zu förmlichen Absprachen». Sie richtet sich an unterschiedliche Adressaten: «sowohl Lehrer als auch Schüler, interne oder auch schulexterne Personen (...)». Und ist inhaltlich präzise umrissen.[139]

Das ist neu! So neu, dass es vielfältig erübt werden muss. Also erproben wir die ‹Beauftragte Bewertung›, bevor sie zum Eckpfeiler der Brücke wird, die sich zwischen der neuen Waldorfschule und den abnehmenden Institutionen spannt, und laden den Berufsberater der Agentur für Arbeit in die zwölfte Klasse ein. Auch wenn er am Ende der Elften schon einmal da war, seinerzeit, um über die tausendundeine Perspektiven zu informieren, die sich den zukünftigen Absolventen der Fachhochschulreifeprüfung optional bieten würden. Diesmal kommt er nicht zu informieren, zu intuieren ist sein Teil. Nicht allen soll er alle Möglichkeiten vorstellen, vielmehr jedem zu einer konkreten Perspektive verhelfen! Den Wortlaut seines Auftrags hatte ich mit den Zwölfern im Vorfeld ausgehandelt und ihm bereits mitgeteilt. Er lautet: «Jeder Schüler wird Ihnen aus seinem Kompetenzportfolio ein ausgewähltes Kapitel vorstellen. Wir bitten Sie, aus dem heraus, was Sie jeweils hören, spontan eine konkrete Berufsperspektive abzulesen und mitzuteilen.» Im Sinne der ‹Beauftragten Bewertung› eine förmliche Absprache. Sie ist an eine externe Person gerichtet und inhaltlich präzise formuliert.

Also kommt der freundliche Herr von der Agentur und nimmt dankbar die Schülerinputs entgegen. Erfährt von jedem etwas aus einem Kapitel, das sich dieser zuvor aus seinem Kompetenzportfolio ausgesucht hatte und ihm an diesem Tag präsentiert. «Das ist es», bestätigt er mir in der Pause, «was mir für gewöhnlich fehlt. Da verliert sich ein künftiger Azubi oder angehender Student in meine Sprechstunde, gibt wortkarg genug über sich und seine schulische Biographie Auskunft, weiß beredt nur über seine Schwächen zu berichten und über alles, was er sonst nicht kann. Um mich anschließend aufzufordern, ihm seinen Traumberuf – wie der Zauberer das Kaninchen – aus dem Zylinder zu ziehen!»

Da weiß Steffen mehr zu erzählen. Er hatte sich einst im praktischen Projektunterricht die Aufgabe gestellt, die in der Schule vorhandenen, schon wegen ihres ‹Übergewichtes› unpraktischen Stellwände durch einen leichten, komfortablen Prototyp zu ersetzen. Die Durchführung dieser Aufgabe beschreibt er nun bis ins Detail, haarscharf heran an die Schwierigkeiten und mitten hinein in sein Lernen. Christoph schließt sich an. Im Marionettenprojekt (einem sich über vier Jahre erstreckenden Vorhaben speziell dieser Klasse) hatte er sich im Prüfungsjahr (das Projekt wurde tatsächlich als Teil der Fachhochschulreifeprüfung anerkannt) mit der Konstruktion besonders anspruchsvoller Marionettenkreuze beschäftigt und war dabei auf bislang ungelöste Fragestellungen gestoßen. Vorrichtungen der Art, wie er sie brauchte, gab es offenbar noch gar nicht. Die Lösung dieses Rätsels kam einer ersten schöpferischen Tat gleich. Auch darüber berichtet er dem Mitarbeiter der Agentur für Arbeit. Der hört so ungewohnt viel zu wie sonst nie, wenn er Schüler informiert, holt spürbar tief Luft und intuiert als Beruf: «Produktdesign! Die Tätigkeit, von der Sie mir da eben berichtet haben, könnten Sie beide nahtlos als Studium an der Fachhochschule fortsetzen. Aufgaben dieser Art, denen Sie sich bereits gestellt haben, bekommen Sie dort am ersten Tag bei Ihrer Bewerbung wieder vorgesetzt. Das Beste, Sie nehmen Ihre Mappe dafür gleich mit. Denn genau das ist es, was Sie dort zum Zwecke der Bewerbung vorlegen sollen. Eigentlich haben Sie sich bereits auf diese Bewerbung vorbereitet. Und jetzt wissen Sie es sogar.»

Tatsächlich haben Steffen und Christoph ihre Mappe nie an der FH vorgelegt. Aber darauf kam es auch nicht an. Viel wichtiger war, dass ihnen aus der unübersichtlichen Zahl ihrer Möglichkeiten eine konkret vor Augen geführt wurde. Und dass sie selbst bezüglich der Frage, wie das geschehen sollte, ein Wörtchen mitzureden hatten. Was sie schließlich daraus gemacht haben, konnte man getrost ihnen überlassen. Auf den Impuls zur Gründung ihres Unternehmens ‹Biographie› kam es an. Und dazu hatte der freundliche Vertreter des einstigen Arbeitsamtes an jenem Vormittag allen verholfen. Und den Wandel seiner Einrichtung zur Agentur dabei gleich mit vorangetrieben.

Nicht ohne unsere Eltern!

Wie also könnte sie aussehen: die neue Waldorfschule, in der das demokratische Potenzial der Prüfung von *allen* Beteiligten gehoben wird? Und also *auch* von Schülern! (Vorausgesetzt, wir lernen, sie zum Juniorpartner der Bedingungen zu machen, denen sie sich im staatlichen System der Berechtigungsvergabe nur schicksalhaft unterwerfen.) Was müssten ‹Waldorfschulen› tun, um sich an der Schnittstelle zu denen, die ‹uns› folgen, aus ihren altmodischen Formen zu befreien? – Als Erstes in eine Stelle investieren, sich die neue Aufgabe *ein* Deputat kosten lassen (mindestens ein halbes!). Denn kein Ideal, hinter dem tatsächlich auch Ziele auszumachen wären, ließe sich ohne die Investition von Mitteln erreichen. Ressourcen finanzieller und personeller Natur! Also stellen wir sie frei: unsere Kollegin (oder ihren Kollegen), finanzieren ihre Arbeit und vereinbaren mit ihr als erste Aufgabe, dass sie die in der Elternschaft brachliegenden Kräfte endlich mobilisiert.

Tatsächlich bilden ungezählte Mütter und Väter mit ihrem Engagement den Rückhalt ihrer Schulen (nachdem von ihrem tatkräftigen Wunsch der Impuls zur Gründung der Waldorfschule ausging). Gleichzeitig aber bilden sie den ersten Kreis der Öffentlichkeit um ihre Schule. Dieser Umstand wurde bisher sträflich vernachlässigt! Statt Elternaktivitäten in die Sackgasse der drei B's (das Bauen, Backen, Blechen) fehlzuleiten, sollten Lehrer ihr Kernanliegen, die Förderung der Entwicklung ihrer Schüler, mit Eltern teilen. Nicht einmal Ängste müssten dabei aufkommen. Geht es doch nur darum, dem Expertentum der Eltern, das diese sich durch ihre berufliche Erfahrung für die Fragen des Übergangs von der Schule in die Ausbildung erworben haben, eine Stimme zu geben. Die vielen Gelegenheiten, die es im Schulleben gibt, Leistungen der Schüler direkt wahrzunehmen, rechtzeitig dafür zu nutzen, Eltern darin eine vertiefte Einsicht und qualifizierte Rückmeldung zu ermöglichen (vgl. S. 190). Um sie mit in ein Boot zu nehmen, das – durch alle Fährnisse des Schulalltags – seinen Kurs hält auf die Zukunft der Schüler. Und am Ende nicht in einer seichten Abschlussfeier strandet, in der alle nicht viel mehr als ein leises Servus auf den Lippen haben. Die soziale Einrichtung, die der Waldorfschule ein Lernen vom Leben eröffnet, wird durch Eltern mitgestaltet. Oder sie wird nicht!

Kulturraum statt okkulter Bezirk

Am Ende hängt eine Liste im Klassenzimmer der Zwölften aus, im April oder Mai des laufenden Schuljahres. Mit Namen und Adressen eines externen Personenkreises, zu dem die Schüler in den nächsten Wochen wichtige Beziehungen knüpfen können. Einige sind ihnen aus den Praktika der Oberstufenjahre bereits geläufig, andere noch unbekannt. Doch wissen sie, dass alle, die dort aufgeführt sind, eines verbindet: Sie haben an der Entwicklung der Schüler und der Schule Interesse. Zusammengestellt hat die Liste ‹unsere› Kollegin, in engem Austausch mit den Schülern. Und nach vielen Gesprächen, die sie zunächst mit Eltern geführt hat, um von ihnen aus (und nicht zuletzt mit ihrer Hilfe) den Kreis der Öffentlichkeit um die Schule allmählich größer zu ziehen und gleichzeitig damit die Idee einer Prüfung zu verbreiten, die nicht wie bisher unter Ausschluss der Öffentlichkeit, «gewissermaßen in einem okkulten Bezirk des schulischen Lebens» [140] zelebriert, sondern im Kulturraum Schule als ein Arrangement von allen Beteiligten gestaltet wird.

Unsere Zwölfer arbeiten derzeit an ihrem Kompetenzportfolio. Unter ihrer individuellen Zielsetzung, mit Blick auf die bevorstehende Veranstaltung (aber auch zum Zwecke späterer Bewerbung) haben sie ausgesuchte Lernerfahrungen der letzten Jahre aus dem schulischen und außerschulischen Bereich zusammengestellt. Die Namenliste im Klassenzimmer bedeutet nunmehr die Aufforderung, mit den ‹Externen› Kontakt aufzunehmen, ihnen das eigene Portfolio zukommen zu lassen (vielleicht als elektronische Version), sie rechtzeitig über ihre Präsentation und das Kolloquium zu informieren und Inhalt und Form der Rückmeldung zu vereinbaren.

Gleichzeitig markiert die Liste den Ausgangspunkt einer Zusammenarbeit zwischen Abnehmern und Lehrern, bietet doch die geplante Prüfung den willkommenen Anlass, vom externen Blick der Gäste zu profitieren. Dabei kann, was sich aus einer Auswertungsrunde ergibt, auch über die gemeinsam erlebte Veranstaltung hinausreichen und in der Praxis zu der ‹sozialen Einrichtung› werden, die dem System Schule zum Lernen vom Leben verhilft. Man nehme nur die Portfolios selbst. Zwar sind sie zunächst in der Schule entstanden, doch sollen sie – als Bewerbungsmappen – außerschulischen Zwecken dienen. So können sie gar nicht anders als durch den Austausch mit Abnehmern und unter Einbeziehung ihrer Anregungen in eine gültige Form gebracht werden. Rückwirkungen auf das existierende Modell der Waldorfschule wären von hier aus kaum noch auszuschließen.

Man verstünde es als Schule, sich aus den Zeitumständen neu zu kreieren, sich als Teil der gesellschaftlichen Entwicklung zu verstehen. Und aus den getrennten Bereichen, dem Lernen und Leben, einen neuen dritten zu bilden. Aus Eins und Eins mach Drei, lautete die Erfolgsformel. Eine Waldorfschule, die in dieser Art quer gegen mathematische Gepflogenheiten zu handeln verstünde, wüsste sich aus ihren Ursprungsimpulsen heraus auf die Höhe ihrer Zeit zu versetzen.

Wege aus der Korrekturfalle

Freitagnachmittag. Deutschunterricht in der Zwölften, beziehungsweise in dem Teil der Klasse, der sich dem Erwerb der Studienberechtigung verschrieben hat, und berechtigte Hoffnungen hegt, dass ihm diese im nächsten Jahr mit dem erfolgreich absolvierten Abitur auch zuteil wird. Keine Liste im Klassenzimmer, kein externer Personenkreis, der an der Entwicklung der Schule und der Schüler Interesse hätte, keine Kollegin, die, zumindest ‹zur Hälfte freigestellt›, sich der Erweiterung des Blickfelds ihrer Schule widmen würde. Im

Gegenteil ist der Tunnelblick in Richtung Abschlüsse der vorherrschende. Das ‹Selbstlob› selbstverständlich, das sich die ‹Hersteller› des ‹Produktes› im Namen des Staates alljährlich ausstellen. Was tun, wenn die mühsam entwickelte Vision mangels Interesse ausfällt? Einem das Einpauken des Prüfungsstoffs aber partout nicht genügt (als Vorbereitung Jugendlicher auf ihr lebenslanges Lernen untauglich erscheinen muss). – Ganz einfach! Ernst machen mit den dialogischen Bewertungsformen! Und Schülern bis hart an die Grenze zur Zentralklausur die Möglichkeit einräumen, ‹Subjekt ihres Bewertungshandelns› zu werden. Selbst im Abschlussjahr müssten wir nicht kapitulieren. Keinem ‹teaching to the test› das Lernfeld überlassen. Es geht auch anders, dialogische Bewertungsformen taugen dafür, um selbst innerhalb der im Abschlussjahr eng gezogenen Grenzen eine Lernkultur zu etablieren, die der neuen Waldorfschule würdig wäre.

Der vereinbarte Blick

Um auf den Freitagnachmittag in der Zwölften zurückzukommen. Den Ausgangspunkt des Experiments bildet die zentrale Aufgabenstellung des letztjährigen Abiturs im Fach Deutsch: der «Interpretationsaufsatz zu einer Pflichtlektüre mit Kontextaufgabe zu einer zweiten Pflichtlektüre». Wie die offizielle Bezeichnung des Aufsatztypus bereits verrät, handelt es sich hierbei um eine Anforderung komplexerer Natur, zu komplex, um die ungewohnten Formen dialogischer Bewertung daran erüben zu können. Also unterteilen wir zunächst die eine große Aufgabe in viele kleine. Halten die Schüler dazu an, jede Teilaufgabe auf einem separaten Blatt zu verfassen. Und bitten im Übrigen darum, dass jeder leserlich schreibe. Denn was auf diesem Wege entsteht, wird vervielfältigt und an diesem Nachmittag den Mitschülern vorgelegt. Die achtzehn Abiturienten lassen sich bereitwillig in drei Gruppen unterteilen. Jede sucht sich im Klassenzimmer ihre Ecke, stellt Tisch und Stuhl für den bereit, der seine Arbeit als Erster unter die Lupe nehmen lässt (denn alle kommen dran), davor die Plätze für die, die jeweils für die Rückmeldung zuständig sind.

Soweit zu den äußeren Voraussetzungen. Zoomen wir uns auch näher an die inneren heran. Am Beispiel einer der kleinen Aufgaben, in die wir die komplexe große aufgegliedert haben. Sie verlangt, einen kurzen Überblick über den Inhalt der Lektüre zu geben. Eine sinnvolle Sache, bevor der Schreiber an die spezifische Aufgabenstellung herangeht, sollte er seinen Leser (auch wenn es nur der genervte Korrektor ist) in die Handlung einführen (in unserem Fall in die von Schillers bürgerlichem Trauerspiel ‹Kabale und Liebe›). Über die Anforderungen speziell dieses Aufgabentyps habe ich bereits mit den Schülern gesprochen. Und die Antwort fiel uns nur so lange leicht, wie wir die Kriterien dem ‹Trainingsprogramm fürs Abitur› entnommen haben. So objektiv nämlich, wie sie von dort daherkommen, sind sie gar nicht. Und richtig lebendig werden Kriterien, sobald wir versuchen, sie einer Aufgabe unmittelbar abzulesen. Doch was das betrifft, fassen wir uns an diesem Nachmittag kurz. Wichtiger als das Entwickeln und Aushandeln der Kriterien ist heute deren Anwendung und Erprobung.

Also erhält jeder Schüler ein Arbeitsblatt. Er wählt eines der dort aufgeführten Kriterien und setzt sich damit eine Brille auf, durch die er anschließend die Arbeit seines Mitschülers in Augenschein nimmt. Das hört sich zwar selektiv an, wirkt sich aber produktiv aus. Denn wer Arbeiten aus einem einseitigen Blickwinkel unter die Lupe zu nehmen lernt, kann unversehens dadurch vom ‹einfachen Schüler› zum ‹Diagnostiker seines Lernens› avancieren. Zum Qualitätsprüfer seiner Arbeit! Schon deshalb, weil sich der Weg zu diesem hehren Ziel für ihn in erkennbare Schritte zu gliedern beginnt. Die wenigsten kommen doch als Meister Hora mit Allsichtbrille zur Welt.[141] So schaut einer zunächst *nur* auf die ‹Sprachrichtigkeit›, ein zweiter auf die ‹Verständlichkeit des Gedankengangs›, achtet ein dritter darauf, ob die ‹wesentlichen Informationen über die Lektüre› vermittelt werden (usw.) ... Denn indem sie (ebenso wie er) die Kriterien auf die

Arbeit ihres Mitschülers anzuwenden lernt, werden sie von ihnen für das eigene Schreiben verinnerlicht.

Also liest eine Schülerin, die als Erste ihre Arbeit zur Bewertung vorlegt, ihren Text. Die anderen hören zu und dürfen zunächst spontan reagieren. Danach aber setzen sie sich ihre Brillen auf und inspizieren den Text noch einmal genauer unter dem vereinbarten Blick, um sich anschließend in einer qualifizierten Rückmeldung zu üben. Wer jetzt Feedback gibt, ist angehalten, weniger zu urteilen als vielmehr zunächst zu beschreiben, was er aus seiner Sicht im Text wahrgenommen hat, bevor er auf das zusteuert, was verbessert werden könnte und daraus schlussendlich einen Vorschlag für seinen Mitschüler ableitet.

Auf den Unterschied zwischen Wahrnehmen und Urteilen kommt es an. Er fällt natürlich nicht vom Himmel, genauso wenig wie alles, was die Entwicklung des Urteilsvermögens fördert, sich nicht von allein ergibt. Doch bringen Jugendliche die Bereitschaft dazu mit. Sie bringen, sobald wir ihnen nur die Gelegenheit zu üben einräumen, mehr zustande als ein plattes «geil» oder «shit». Sondern konkret: ‹Du hast hier die Beziehung zwischen Ferdinand und Luise charakterisiert. Aber wäre es für die Hinführung auf die zu bearbeitende Textstelle nicht wichtiger, wenn du stattdessen die Rolle des Sekretärs skizzieren würdest?› Sie haben das Zeug zu so was, und hätten sich die Fähigkeit der Qualitätsprüfung ihrer eigenen Produkte längst für ihr Leben angeeignet, wenn wir sie durch unsere Korrektur nicht fortgesetzt entmündigen würden.

Ein Oldie, der nie ein Hit war

Am besagten Freitagnachmittag finden sich die Teilnehmer eine Zeitstunde lang zur Zukunftskonferenz zusammen. Sie absolvieren vier bis fünf Rückmelderunden, in wechselnden Rollen. Einmal bin ‹ich› es, der den Text liest und Rückmeldung erhält. Die anderen Male finde ‹ich› mich in der Rolle des Rückmelders wieder. In dieser

Stunde ereignet sich ein kleines Wunder. Die Aufmerksamkeit der Schüler findet in der Anwendung des Kriteriums ihren inneren Bezugspunkt und steigert sich spürbar im Prozess. Der Blick schärft sich. Die Schüler wachen auf. Das heißt vielmehr: Sie wecken sich selbst auf.

Die Gefahr, sich an Details zu verlieren (und damit den Blick für Zusammenhänge), sollte man bekanntlich nicht unterschätzen. Als so groß wurde sie empfunden, dass die Warnung seit der Antike bereits sprichwörtlichen Charakter angenommen hat: ‹Du siehst den Wald vor lauter Bäumen nicht.› Etwas anderes aber ist es, wenn Schüler sich auf einzelne Bäume konzentrieren lernen. Wenn sie ihre Aufmerksamkeit für Details durch die Verabredung eines Blicks schärfen (tatsächlich auch unter wechselnder Perspektive) und gerade dadurch das Ganze allmählich sehen lernen. Es wird ein neuer Wald, den sie so in den Blick bekommen.

Um fünfzehn Uhr hatten wir begonnen. Ein langer Arbeitstag lag bereits hinter den Zwölfern. Um halb fünf sitzen sie vor mir, um kurz auf das Erlebte zurückzuschauen. Eigentlich frage ich nur: Wie war's? Und nachdem einige aus dem Kreis ihr Erstaunen über die Kurzweil ausgerechnet dieser Stunde geäußert haben, gibt Leo sein Statement ab: «Also ich war heute fertig. Ehrlich, vorher hab ich gedacht: noch eineinhalb Stunden? Das überlebst du nicht. Und jetzt? Bin ich fit wie ein Turnschuh.» Zufriedenes Nicken, ein unübersehbares Strahlen in den Gesichtern um Leo signalisiert breite Zustimmung.

So sicher das Aufrichten an diesem Nachmittag gelungen ist, so sicher wäre eine Korrekturbesprechung der belehrenden Art von gegenteiliger Wirkung gewesen. Möglich, dass die Schüler dabei den Schein zu wahren gewusst hätten, meinen Bemühungen entsunken wären sie allemal. Formen dialogischer Bewertung aber bringen einen Kraftquell zum Sprudeln. An exakt derselben Stelle, an der sich Lehrer durch die tausend Stunden, die sie jährlich mit Korrekturen durchschnittlich verbringen, eine der Hauptursachen ihres Berufsburnouts selbst besorgen.

‹Wir würden ja gerne, aber wir können nicht.› Die Platte, die von der Mehrzahl meiner Kollegen bevorzugt aufgelegt wird, hat längst einen Sprung. Ein Oldie, der noch nie ein Hit war. Abitur hin oder her, wir könnten anders, wenn wir nur wollten. Platz ist bekanntlich in der kleinsten Hütte, und so könnte die Freiheitsform der Prüfung selbst in den engen Grenzen des bestehenden Berechtigungswesens ihren Anfang nehmen. Allerdings müssten wir bereit sein, dem Reduktionismus ins Auge zu sehen, den wir im Namen der Berechtigung in den Klassenzimmern betreiben und uns zu Lernformen befähigen, die vor dem Anspruch der Individualisierung Bestand haben.

In Wirklichkeit steckt viel Musik hinter den ‹Noten›. Sie klingt dynamisch, ist voller Veränderungsenergie und ergreifend zukünftig.

Ein neues Konzept für die Unterstufe

Den Aufhänger für dieses Kapitel bietet ein Angriff der ‹bösen› Außen- gegen die ‹gute› Waldorfwelt. Ein Film des Südwestdeutschen Fernsehens, in dem tendenziös gegen tatsächlich vorhandene Tendenzen in der Waldorfpädagogik Stellung bezogen wird. Wir selbst setzen uns zwischen die Stühle. Weder auf den der Angreifer noch auf den der Verteidiger. Vielmehr versuchen wir, das Unberechtigte, das im Vorgehen der Kritiker liegt, zu trennen von dem, was an ihrer Kritik berechtigt erscheinen muss. Gleichzeitig damit rehabilitieren wir eine der wenigen Innovationen, die aus der Waldorfschule seit ihrem Bestehen hervorgegangen ist: Ein neues Konzept für die Unterstufe. Anschließend führen wir mit Blick auf die Oberstufenklassen den Beweis, dass die Abschlussprüfungen nicht länger als Ausrede für das Ausbleiben pädagogischer Innovation herhalten können. Bis hart an die Grenze zum Zentralabitur lässt sich eine neue Lernkultur etablieren.

Das Fernsehen braucht Bilder
In so einen Unterricht würde ich gerne gehen

Während man dem Lernen in den meisten Bundesländern eine Pause gönnt, ist man in der Schwäbisch Haller Waldorfschule noch voll präsent. Denn heute dreht sich alles bei uns um die Dreharbeiten eines Fernsehteams vom SWR.

Angefragt hatte der zuständige Redakteur, Dietrich Krauß, zuvor beim Bund [142] in Stuttgart. Und dort hatte man ihn *so* verstanden, dass man es für geraten hielt, ihn samt seiner Mannschaft an eine Schule zu schicken, die den Ruf besonderer Fortschrittlichkeit genoss.

So erreichte die Anfrage die Schwäbisch Haller Waldorfschule, fand über die Geschäftsführung ihren Weg ins Programm der Konferenz. Konsens ließ sich leicht darüber herstellen, dass der SWR seine Bilder am besten aus dem ‹Beweglichen Klassenzimmer› von Martin Carle beziehen könnte, dem verantwortlichen Lehrer aus der Dritten. Zwar: dessen Ruf in den eigenen Reihen war nicht unumstritten. Es gab Stimmen, die besagten, dass das, was der Kollege mit seiner Klasse seit der Ersten treibe, doch recht eigentlich nicht ‹Waldorf› sei. Aber für den Moment hielten sie sich zurück. Denn jetzt ging es darum, sich in der Öffentlichkeit zu präsentieren, und da war Carle mit seiner Klasse zweifellos der Richtige. Wer wie er seit Jahren mit seinen Methoden das Lernen, die Kinder und das Mobiliar in Bewegung brachte, der musste sich einfach gut in der Öffentlichkeit machen. Also reichte man das Fernsehteam an eine der Innovationen weiter, die der eigenen Schule in Waldorfkreisen bereits das Image der Experimentierfreudigkeit eingetragen hatte. Am Montag erreichte die Anfrage den Klassenlehrer der Dritten. Und er erklärte sich spontan bereit, seine Türen für Film und Fernsehen zu öffnen, eine Woche, bevor das Team des SWR anrücken sollte. Viel Zeit blieb nicht, das Einverständnis der Eltern musste eingeholt, die Kinder vorbereitet werden. Und vor allem wollte Carle den zuständigen Redakteur vorher noch sprechen. Am Donnerstag endlich hatte er ihn an der Strippe. So viel konnte er in Erfahrung bringen, dass die Ausstrahlung (in der Sendereihe ‹Betrifft›) vom Boom verschiedener Privatschulen infolge des Pisa-Bebens handeln sollte (das das deutsche Schulsystem bekanntlich in seinen Grundfesten erschüttert und als Notstandsgebiet in Sachen Bildung zurückgelassen hat). Im Übrigen erschien Herr Krauß als sachlich kompetent und persönlich unvoreingenommen. – Also bis nächsten Montag!

Am Montag rückte das Team erst nach dem Unterrichtsbeginn an. Das Equipment wurde rasch aufgebaut. Und um kurz vor halb neun mit den Dreharbeiten begonnen. Doch eines fiel Carle bald schon auf, während er im Übrigen mit der Verkürzung des geplanten Unterrichtsvorhabens beschäftigt war. Es erfüllte ihn mit einer dunklen Vorahnung. Die Kamera nämlich wurde bevorzugt auf die Teile seines

Unterrichts gerichtet, in denen er sich in Frontstellung zu seinen Kindern begab oder die Klasse sich ihm gegenüber chorisch äußerte. Die Kamera pausierte, wenn Schüler in unterschiedlichsten Gruppierungen und in Eigenregie ihren Aufgaben nachgingen. Aber egal! Auf Aufforderung hin hielt der Kameramann sein Arbeitsgerät bereitwillig auch auf die vernachlässigten Teile des Gesamtgeschehens. Merkwürdig nur, dass nach Abschluss des Unterrichts ausgerechnet die frontal-chorischen Abschnitte noch einmal simuliert und aufgenommen werden mussten. Sollte das magische Auge der Kamera selektiv nur das wahrnehmen wollen, was in das bereits fertige Bild über Waldorfschulen passte? Unmöglich! Herr Krauß hatte sich doch am Telefon ganz unvoreingenommen gegeben. Und überhaupt hatte sich der Vormittag als nicht ganz leicht herausgestellt. Ihn zusätzlich jetzt durch Zweifel zu belasten, schien unangebracht. Also egal! Im Anschluss an die Dreharbeiten ging Carle mit dem Techniker des Teams essen und kam auch gleich mit ihm ins Gespräch. Am Mittagstisch in der Schule und naturgemäß über das Thema Schule. Insbesondere über die Zeit, die sein Gesprächspartner einst in einer solchen Einrichtung persönlich hatte abbüßen müssen. Nein, schön war sie nicht. Eigentlich nur grausam! Und da waren dem Techniker vor dem Hintergrund seiner eigenen negativen Erfahrungen die Kinder in der dritten Klasse doch positiv aufgefallen. Keine Faxen vor der Kamera. Kein Gejohle (nichts, was er sonst bei solchen Gelegenheiten bis zum Überdruss über sich ergehen lassen musste). Nur offen und interessiert waren sie. Und vor allem fragend. «Ach wissen Sie, wenn ich nochmal könnte, in so eine Schule, in so einen Unterricht würde ich gerne gehen.»

So weit zur Übereinstimmung, die an diesem Vormittag erzielt werden konnte. Der Dissens stellte sich einige Monate später ein. Schon die Ankündigung in der Programmzeitschrift ließ Carle aufhorchen und die verdrängten bösen Vorahnungen wieder hochkommen. ‹Wie gut sind die Waldorfschulen?› Nur gut jedenfalls nicht, so viel war ihm längst klar. Aber wo waren Pisa-Beben und Privatschulboom geblieben? Hatte Herr Krauß nicht eine Sendung angekündigt, die die Waldorfschule in eine Vielzahl von Alternativen einreihen würde? Lief das Ganze etwa, so gut es sich in der Ankündigung noch las, am Ende doch nur auf den branchenüblichen Verriss hinaus? Carle schaute sich die erste Viertelstunde an, für die er mit seinen Kindern bereitwillig die Bilder geliefert hatte, und war entsetzt über die tendenziöse Absicht eines Films, der sich vornehmlich der Teile seines Unterrichts bedient hatte, die in das fertige Urteil passten.

Was Waldorf kann, gelingt auch dem SWR

Doch was aus Sicht des Betroffenen nur zu verständlich ist, der Ärger darüber, vorsätzlich falsch informiert worden zu sein (und sich wider Willen unter den Zwang zur Rechtfertigung gestellt zu sehen), nimmt sich, mit mehr Abstand betrachtet, noch einmal anders aus. Die Fronten verlaufen nicht so, wie der Film bemüht ist, sie zu errichten. Weder zwischen uns Guten und der bösen Außenwelt noch (umgekehrt) zwischen einer aufgeklärten Öffentlichkeit, die sich einer wachsenden Gemeinde weltfremder Sektierer gegenüber positionieren muss. In Wirklichkeit verlaufen die Fronten mitten durch die Waldorfwelt hindurch. Jedenfalls treffen die Outsider vom SWR nicht selten genau ins Schwarze, auf das wir als Insider im vorliegenden Buch ausführlich bereits gezielt haben. (Wir hätten es ja gar nicht geschrieben, wenn es diese Treff-Punkte nicht gäbe.) Und doch ist die Übereinstimmung zwischen Herrn Krauß' Film und unserem Buch nie vollständig gegeben. Wohl aus dem einfachen Grund, weil der Redakteur des SWR das Kochlöffelprinzip nicht kannte (vgl. S. 28). So fährt er seine Geschütze gegen das System Waldorf auf, ohne die Möglichkeit auch nur in Erwägung zu ziehen, dass auch dort, wo er nur verfestigte Formen *auf*genommen hat, eine lebendige Idee begraben liegen könnte. Und muss deshalb diese Formen zwangsläufig gleichsetzen mit der Pädagogik selbst.

Ein Beispiel: Da kommt im Film eine enttäuschte Ex-Waldorfmutter zu Wort, die Einzige, die sich, wie uns mitgeteilt wird, mit ihrer Kritik vor die Kamera gewagt hat. Ihre Hoffnungen hatte sie einst auf das Versprechen gesetzt, ihren Kindern würde in der Schule eine individuelle Förderung zuteil. Doch weit gefehlt! Nur Überbau, der in der Praxis zu wenige Entsprechungen findet. Was die beiden Söhne und die eine Tochter vor dem Hintergrund zahlloser, gelangweilt durchlebter Unterrichtsstunden nur bestätigen können. Der zwischengeschaltete ‹Papst der Begabtenförderung› (so sein Titel im Film), Prof. Franz Mönks, auf den Punkt bringt: Waldorf ist ein System, das, allen Kindern auferlegt, für nur wenige passt. Die Mehrzahl aber, die nicht entsprechend ihrer individuellen Voraussetzungen gefördert wird, notwendig zurücksetzt (und so z. B. aus Wissbegierigen Störenfriede macht).

Einverstanden zunächst, Waldorf ist (vielfach) nur System. Und die Tochter von der Ex-Mutter ist darin kein Einzelfall (wenn sie mit Eintritt in die Schule bereits lesen und schreiben konnte, ihre daraus resultierenden individuellen Ansprüche aber einer ihr als altersgemäß verordneten Folge allen Buchstabenlernens opfern musste). Doch genuin Waldorf ist nicht dieses System, sondern die Erfindung einer Erziehung vom Kinde her (vgl. S. 63). Vom einzelnen Kinde her. Dass diese Idee im Dickicht des Systems (der Kochlöffel) nur geringe Chancen auf Realisierung hat, haben wir aufgezeigt. (Wie soll die Individualisierung allen Unterrichtens und Erziehens auch in einer Institution gelingen, in der Lehrer sich in Konferenzen bevorzugt kollektiv organisieren, um sich – im Gegenzug – durch den Stundenplan in der täglichen Arbeit voneinander zu isolieren?)

Doch was Waldorf kann, gelingt auch Herrn Krauß: den Einzelfall durch ein System weitgehend auszublenden. Hätte er sich den Blick fürs Individuelle bewahrt, hätte er Martin Carle mit seiner Dritten eine faire Chance eingeräumt, einem Lehrer, der mit seinen Methoden das Lernen, die Kinder und das Mobiliar in Bewegung bringt. Der aus der Erforschung seiner Praxis heraus ein Konzept entwickelt hat, das Binnendifferenzierung und Individualisierung zum Bestandteil jedes Unterrichtstages macht.

Aber egal! Wenn der Film die Revolution im ‹Beweglichen Klassenzimmer› weitgehend ausgeblendet hat, dann müssen wir sie eben ausführlicher in Szene setzen.

Das bewegliche Klassenzimmer
Das ‹Bochumer› Modell

Pünktlich zur Jahrtausendwende hat man in Bochum damit begonnen, die Waldorfschule neu zu erfinden. Jedenfalls für die ersten Jahre (die ursprüngliche Idee wurde entwickelt von dem schwedischen Waldorfpädagogen Pär Ahlboom aus Järna). Für die Zeit, auf die es ankommt beim Übergang und Eintritt in die Institution Schule, die das Lernen der Kinder oft mehr verstört, als dass es darin gefördert würde. Das neue Modell aus dem Herzen des alten Ruhrgebiets ist aus einer Doppelgeste entstanden, aus dem vertieften Blick in eine veränderte Zeitlage und der Wiederentdeckung der eigenen Quellen. Hervorgegangen ist daraus eine Neukreation bestehender Formen, die auch vor Eingriffen in die Schulstrukturen und Lehrergewohnheiten nicht zurückschreckt.

«Es ist eine Antwort auf die Situation der Kinder von heute. Kinder brauchen heute in der Schule etwas, was man früher voraussetzen, worauf man in der Schule einfach bauen konnte. Wenn man heute weiter darauf baut, dann baut man auf schwankendem oder brüchigem Grund.» Um, was einst selbstverständlich war (und heute regelmäßig fehlt), bewusst zu erschaffen, reicht es aber nicht aus, die alten Schulmöbel aus dem Klassenzimmer zu entfernen. «Das Bochumer Modell wird häufig mit niedrigen Sitzbänken und Kissen gleichgesetzt. Das ist falsch. Bänke und Kissen sind nur ein Teil des Konzeptes und außerdem auch nicht neu.»

Was also macht das Neue aus? – Dass die Kinder Raum bekommen für das, wofür ihnen morgens bereits der Schulbus keinen mehr lässt. Für alles, was in einer Sitzkultur und technischen Umwelt zu kurz kommt: Sinnesentwicklung, Bewegungsfähigkeit, Rhythmusschulung, aber auch Beziehungsfähigkeit und Sozialverhalten – als Basis für ein fruchtbares Lernen. «Den Kindern wird Gelegenheit zur Nachreife gegeben.» [143]

Dabei bildet der Schulvormittag bis 12.00 Uhr in den ersten drei Jahren eine Einheit (diese und andere Angaben variieren je nach

Adaption des Modells). Der Unterricht beginnt im Kreis. Zunächst sitzen die Kinder zusammen mit ihren Lehrern auf leicht beweglichen Bänken. Doch bald schon wird der gesamte Raum vom Lernen erfasst, wenn die Kinder vielfältigen Übungen und Aufgaben in den unterschiedlichsten Gruppierungen nachgehen. Die Trennung zwischen Hauptunterricht und nachfolgenden Fachstunden wird aufgehoben. Zwei Lehrer bilden in den ersten zwei Stunden des Vormittags ein Tandem. Bald schon kennt der assistierende Kollege die Langsameren in der Klasse genau, die, um nicht zwangsläufig abgehängt zu werden, seiner Hilfe und Unterstützung bedürfen. Auch mit den Fachlehrern arbeitet der Klassenlehrer zusammen. Später am Vormittag ist er es, der, nachdem er dem Fremdsprachenlehrer den Unterricht übergeben hat, in die Assistenzrolle wechselt. Er hilft, mal hier beim Naseputzen, mal dort beim Schuhebinden, damit die anderen nicht zwangsläufig bei jeder Ablenkung aus dem Unterrichtsstrom herausfallen müssen. Ist es zufällig Russisch (das der Klassenlehrer genauso wenig kann wie seine Schüler), dann übt auch er sich wie sie an der Aussprache der ungewohnten Laute (und so ganz nebenbei erleben die Kinder ihren Lehrer als Lernenden). Vor allem aber wird hier die Gefahr eines Bruchs zwischen geordnetem Hauptunterricht und sich chaotisierenden Fachunterrichten (wenn die Hauptbezugsperson die Kinder nicht mehr hält) von vornherein vermieden. Auch unnötiger Ballast, der auf Schülerseelen bevorzugt dadurch abgeladen wird, dass jeder Lehrer für sich allein es gut mit ihnen meint. Und ihnen deshalb in jeder Stunde eine sinnige Geschichte präsentiert wird. Wo aber *ein* Märchen am Vormittag anregend wirken kann, müssen drei in Folge fast zwangsläufig Überdruss erzeugen. Deshalb spricht man sich am besten ab unter den Kollegen (und spart sich so nebenbei auch unnötige Vorbereitung). Teamarbeit eben, weil sie zur Unterrichtshygiene beiträgt. Und sich überdies als ökonomischer erweist. Den Tagesabschluss gestaltet der Klassenlehrer allein. Er verhilft dem Vormittag so zu einer Abrundung im Bewusstsein der Kinder. Ein Rückblick vor allem, der den Einzelnen zu mehr Aufmerksamkeit für sein Lernen veranlasst. (‹Heute habe ich zum ersten Mal schriftlich Zahlen zusammengerechnet.› ‹Und ich kann jetzt die Dreierreihe.›), aber auch, wenn nötig, darauf erweitert wird, dass Paul der Emily heute leider ein Bein gestellt hat. Gemeinsam wird nach einer Lösung des Problems gesucht, so rechtzeitig, dass sich falsche Gewohnheiten erst gar nicht einschleichen können. Dann holen die Kinder sich ihre Kissen und, bunt durcheinandergewürfelt im Klassenzimmer, lauschen sie gespannt der Erzählung ihres Lehrers (der ersten und einzigen an diesem Vormittag.)

Vom Stein des Anstoßes, den die Bochumer 1999 in die beschriebene Richtung ins Rollen brachten, haben sich inzwischen über fünfzig Waldorfschulen in Bewegung setzen lassen.

Nie wieder preußische Landschule

Eigentlich war Martin Carle das alles viel zu altbacken und überdies zu preußisch, was er da als Junglehrer in seinem ersten Durchgang zustande gebracht hatte. Acht Jahre hatte er am Waldorflehrplan entlang unterrichtet, hatte die Menschenkunde Rudolf Steiners durchaus studiert. Doch wie klug eigentlich waren seine Schüler dabei geworden? Wenn sie in Reih und Glied vor ihm saßen und vielmehr *seinen* Bemühungen folgten als er den *ihren* und *ihre* Beteiligung sich ausnahmslos an *seine* Adresse richtete (statt dass sie miteinander ins Arbeiten und Gespräch gekommen wären). Das ließen schon die äußeren Bedingungen nicht zu. Wenn der robuste Junge aus der letzten Reihe das Mädchen mit der zarten Stimme aus der ersten allein akustisch nicht verstand! Nun, dann musste Carle eben den Übersetzer spielen und die Worte wiederholen, damit sie auch in der letzten Bankreihe ankamen (auch wenn die zarte Stimme vorn sich sowieso an niemand anderen als ihn gerichtet hatte).

Doch agierte er insgesamt nicht ein bisschen zu viel? Wenn er zwischen Tafel und erster Tischreihe sein Privileg auf freie Bewegung weidlich ausnützte, während der Aktionsradius seiner Kinder vor ihm durch Stühle und Bänke zwangsläufig beschränkt bleiben musste? Auch war ihm im Laufe der Jahre nicht entgangen, dass seine Darbietungen naturgemäß an Anziehungskraft verloren. Was seine Kinder anfangs aufgesaugt hatten wie die Schwämme, hatten die Jugendlichen am Ende ihrer Unterstufenzeit nur mehr cool über sich ergehen lassen. Zweifellos hatten sie dabei gelernt, etwas über sich ergehen zu lassen (und wären nicht die Ersten, die es in dieser schulischen Disziplin zu etwas brachten). Nur war es nicht das, was er eigentlich wollte.

Aber vielleicht war er selbst einfach noch nicht weit genug? Als Lehrerpersönlichkeit! Vielleicht mangelte es ihm an wirklichen Einsichten? In den Lehrplan, in die Menschenkunde. Besagte nicht eine der goldenen Regeln für Waldorflehrer, dass alle Erziehung Selbsterziehung ist? Dann würde er wohl die Ansprüche an sich selbst höher schrauben müssen, sich den Unterrichtsstoff energischer aneignen als bisher. Er würde seine Einsichten in die Entwicklung des werdenden Menschen vertiefen, um so im nächsten Durchgang dem Wesen der Waldorfpädagogik vielleicht ein wenig näherzurücken.

Klassische Fragen, denen Carle sich zwischen seiner ersten und zweiten Klassenführung stellte. Aber glücklicherweise fand er eine andere als klassische Antwort darauf. Vielmehr noch bahnte er sich einen neuen Zugang zu den alten Fragen. Hätte er sie so beantwortet, wie es die Lehrergenerationen vor ihm getan hatten, er wäre dem Waldorflehrerleitbild in seiner alten Form treu geblieben. Er hätte sich in Selbsterziehung geübt. Er hätte sich um die Vertiefung seiner Unterrichtsinhalte bemüht. Er hätte die Menschenkunde Rudolf Steiners studiert und wäre nie auf Tandem, Team und Unterrichtsorganisation gestoßen. Aber merkwürdig, seit er diese Dinge mit einbezieht, die in aller Regel ausgeklammert bleiben, ist er seinen alten Idealen wiederbegegnet. In einer verjüngten Form (und gültiger denn je). Erziehung heißt für Carle auch heute noch Selbsterziehung. Nur dass diese inzwischen den Wandel des eigenen Rollenverständnisses als Klassenlehrer mit einschließt.

So in einer nach innen wie außen gerichteten Recherche begriffen, stieß Carle auf das Bochumer Modell. Diesen Ansatz aufzunehmen (und weiterzuentwickeln) würde sich lohnen. Jedenfalls, so wie beim ersten Mal würde er es nie wieder tun: «Viele Schulen ähneln immer noch der preußischen Landschule: Gearbeitet und gelernt wird fast ausschließlich im Sitzen.»[144] Damit würde er brechen. Dieses nächste Mal und damit für immer!

Dem Lernen auf der Spur
Geschenke an das Lernen

Was macht man, wenn morgens tatsächlich ein großer Teppich im Zentrum des Klassenzimmers liegt und Sitzbänke kreisförmig darum angeordnet sind? Man nutzt den Platz zum Brückenbauen. Zwischen informellem und formalem Lernen zum Beispiel.

In der ersten Klasse des neuen Durchgangs von Martin Carle geschah das mit schöner Regelmäßigkeit. Die Kinder, nachdem sie ihr Unterrichtszimmer morgens in Hausschuhen betreten haben, holen aus ihrem Ranzen hervor, was sie sich zu Hause erarbeitet haben. Nicht das, was wir gemeinhin unter Hausaufgaben verstehen, eher etwas, das es dem Wortsinn nach ist, Aufgaben eben, denen sie zu Hause nachgegangen sind. Und so kann neben den Rechenaufgaben aus dem Unterricht, die Luise zu Hause gelöst hat, auch das Glas Marmelade zu stehen kommen, weil gestern daheim eingemacht wurde und Fabio, der dabei geholfen hat, seine ‹Leistung› anderen gerne zeigen möchte. Jedenfalls befinden sich Produkte ‹formalen› und ‹informellen› Lernens in ungewohnt trautem Nebeneinander und im Mittelpunkt des allgemeinen Interesses. Tatsächlich in der Mitte, lädt doch der große Teppich dazu ein, die ‹Geschenke› der Schüler an den Unterricht aufzunehmen. Nicht genug, dass die ‹Leistungen› somit direkt vorliegen, jeder Unterricht beginnt morgens mit einem Gespräch eben darüber. Der Lehrer führt es zusammen mit den Gebern in der Mitte – vor den Augen der ‹Öffentlichkeit›. Eine kleine Geste, die sich als hilfreich vielleicht erst zu einem viel späteren Zeitpunkt erweist, wenn im Jugendalter Schule und Freizeit

in zwei parallele Welten auseinanderzufallen drohen und es aller Anstrengung bedarf, die Kluft zu überbrücken.

Nur Nachahmen bringt's nicht

Heute ist die Dreierreihe vom kleinen Einmaleins dran. Nach der
Einführung durch eine Lerngeschichte stellen sich die Kinder in
einen Innen- und Außenkreis. Die Null fängt an. Und auf los geht's
los!

Begonnen hatte das Üben zuvor wie so oft im Chor. Mit chori-
schem Sprechen! Also hatte der Lehrer die Klasse geführt. Und die
Kinder waren ihm bereitwillig gefolgt. Sie hatten ihn nachgeahmt.
Das heißt eigentlich ahmen sie *mit*, wie Carle betont. Denn die Erstklässler können, was der Lehrer ihnen vormacht, so unmittelbar aufnehmen, dass man tatsächlich eher von Mit- als von Nachahmung
sprechen sollte. Besucher seien häufig frappiert, wenn sie erführen,
dass das, was sie eben aus aller Munde wie aus einem gehört hatten,
nicht, wie vermutet, seit Wochen bereits einstudiert, sondern zum
zweiten Mal überhaupt gesprochen wurde.

Doch so selbstverständlich alle zunächst in einem Strom schwim-
men, so selbstverständlich betritt man anschließend auch Festland.
Ist der Unterricht so eingerichtet, dass jedes Kind darin das Erleben
haben kann, sich die Wege seines Lernens selbst zu bahnen.

Jedenfalls, versichert Carle, nütze denen, die sich schwertun mit
den Zahlenreihen, auch die hundertste Wiederholung in der Gruppe
nichts, während andere, die die Aufgabe von Anfang an konnten, sich
längst schon langweilen.

Also Nachahmung und chorisches Sprechen als *ein* wesentliches
Element des Unterrichts, aber nicht als System, dem der Einzelne sich
unterzuordnen hat. Der Prozess verläuft von der Gruppe hin zum
Lernen jedes Einzelnen und, von dort bereichert, zurück in die
Gruppe. Deshalb stehen die Schüler heute auch getrennt in einem In-
nen- und Außenkreis. Die innen werden aktiv tätig, die außen zu ak-

tiven Beobachtern. Zehn Kinder bilden das Rund in der Mitte. Vor den Füßen eines jeden liegt ein Blatt mit einer unübersehbar groß gedruckten Zahl darauf. Von null bis neun. Und dann geht's los. Der Erste, vor sich die Null auf dem Boden, läuft zur Drei und ruft: «Drei.» Kaum hat er sie erreicht, löst diese sich von ihrer Position und läuft zur Sechs. Die wiederum zur Neun. Zur Zwölf, zur Fünfzehn usw. So könnte es munter weitergehen im Kreis, aber schon geht's schief. Die Neun hat erst gar nicht gemerkt, dass sie gemeint ist. Und als sie endlich doch reagiert, verläuft sie sich beim Übergang zu den zweistelligen Zahlen gründlich und bedarf einiger Fingerzeige ihrer Mitschüler, um endlich doch noch auf Kurs zu kommen.

Was beim chorischen Sprechen auf Anhieb gelingt, geht bei Übungen wie dieser regelmäßig beim ersten Mal schief. Denn mitschwimmen genügt nicht. Jetzt heißt es, die Aufmerksamkeit bewusster handhaben lernen. Das ist umso erforderlicher, weil die Übung sich bis zur Sechsunddreißig erstreckt. Und schon die Zwölf nicht mehr in der Vollständigkeit vorliegt, wie es zur raschen Orientierung wünschenswert wäre. Also muss im Kopf ergänzt werden, was auf dem Boden fehlt. Der Einzelne ist gefordert. Er erfährt die Bedeutung der Übernahme von Verantwortung im sozialen Miteinander, und er lernt rechnen dabei.

Im Anschluss an die Übung folgt der Austausch darüber mit der Klasse. Jetzt kommt der Außenkreis zu Wort. Umso besser, je genauer zuvor die Beobachtungsaufgabe mit den Betroffenen vereinbart wurde. Denn auch die Kleinen steigern ihre Aufmerksamkeit wie die Großen dann, wenn sie wissen, worauf sie sie eigentlich richten sollen. Also wie stellt man es am besten an, wenn man richtig rechnen will im Kreis? Genau, man muss immer an zwei Zahlen vorbeilaufen. Oder? Liest rechtzeitig vorher die Zahlen weiter, die auf dem Boden liegen, auch gut! Aber wenn es über die Zehn hinausgeht, was dann? Die Zwölf, meinst du, sei in der Zwei schon drin, genau. Aber wie steht es z. B. mit der Siebenundzwanzig? Auch die, meinst du, ist in der Sieben enthalten. Nur musste man vorher die Eins und diesmal die Zwei ergänzen. – Sehr gut!

Vor einigen Tagen bereits haben die Kinder ihre Konfettiproduktion gestartet. Inzwischen ist ein ansehnlicher Berg kreisrunder Papierschnitzel entstanden. Auch wenn draußen die ersten Frühlingsblumen zu blühen beginnen und die nächste Faschingsfeier vorzubereiten auch niemand im Sinn hat. Schließlich geht es noch immer um das kleine Einmaleins, um die Dreierreihe. Also stehen wieder zehn Kinder im Innenkreis. Andere haben wie zuvor auch die Aufgabe, von außen darauf zu achten, was eigentlich im Zentrum geschieht. Und wieder geht's los. Von der Null zur Drei, von der Drei zur Sechs. Nur diesmal entschleunigt! Jedes Kind auf seiner Bahn zur nächsten Zahl in der Dreierreihe legt diesmal dabei eine Spur aus Konfetti. Von der Null zur ... nun, die Reihe können wir uns, glaube ich, schenken. Der Leser wird inzwischen seine Erinnerung an die Grundrechenarten aufgefrischt haben. Was ihm aber möglicherweise bisher so unbekannt ist (wie den Kindern auch), entsteht inzwischen im Innenkreis. Auch wenn es von denen, die dafür sorgen, noch gar nicht recht bemerkt wird. Dafür entgeht es dem Außenkreis nicht. Und der gerät darüber ins Staunen. Anhaltend und ausnahmslos. Ein regelmäßiger Zehnstern ist entstanden. Aus einer Spur aus Konfetti! Von einer Zahl zur nächsten gestreut. Bis jedes Kind schließlich mit seiner Zahl eine seiner Spitzen bildet. (Ist Rechnen vielleicht mehr als der Umgang mit abstrakten Größen, die im Kopf – weiß Gott warum – eine Ordnung ergeben?) Auch diese Übung wird nachbesprochen. Das heißt, eigentlich wird nur das Staunen weitergereicht, das man außen empfunden hat und nun mit dem Innenkreis unbedingt teilen möchte.

Von hier aus führen vielfache Wege weiter in die Individualisierung. Bis zum Kopfrechnen, das in festen Lernpartnerschaften täglich wiederholt und geübt wird. Das ganz normale Abfragen dessen, was der andere kann, findet darin seinen Platz ebenso wie die ungewohnte Reflexion des eigenen Lernens in der Gruppe. (Was ja nur bedeutet, dass jeder immer auch lernt, seines eigenen Lernens inne zu werden.) ‹Also erzählt mal, wie ihr das eigentlich macht, wenn ihr rechnet.› Die einfache Bitte löst eine Fülle von Antworten aus, die eines mit Sicherheit belegen: dass erst alle zusammen die Vielfalt der Wege bilden, auf denen sie als Lerner nach Lösungen suchen: «Ich weiß es eben gleich, wenn ich anfange zu rechnen.» – «Ich mach das immer mit den Fingern hinter meinem Rücken.» – «Und ich krieg die Einundzwanzig raus, weil ich erst fünf mal drei rechne. Und dann sechs dazutu. – Einfach, oder?»

Und daran habe ich das ‹f› gelernt

Von Anfang an hat Carle die Portfolioarbeit in sein Konzept integriert. Die innere Verwandtschaft beider Lernkulturen und die Steigerung, zu der sie wechselseitig fähig sind, bot sich förmlich an. Gleichzeitig hat er damit eine Veränderung initiiert, die das Verhältnis der Eltern zum Lernen ihrer Kinder mit einbezieht und selbst vor den Schülern seiner ehemaligen Klasse nicht haltmacht.

So sind in der letzten Schulwoche vor den Sommerferien die Patentanten und -onkel zu Besuch in der ersten Klasse. Fünfzehn an der Zahl, alle aus der Neunten. Die hat zwar noch viel mehr davon. Achtunddreißig Onkel und Tanten gibt es dort (so viel, wie es braucht, um alle Erstklässler damit zu versorgen). Doch heute sind es nur fünfzehn. Eine Gruppe, die sich zu dieser heiklen Mission bereit erklärt hat. Tatsächlich ist die Aufgabe für sie ungewohnt und neu und erscheint manchen von ihnen fast als Zumutung. Sollen sie doch als Fünfzehnjährige mit Siebenjährigen ernsthaft ein Gespräch über deren Lernen führen. Doch was einigen Großen zunächst noch mulmige Gefühle bereitet (wie weit lassen wir uns da eigentlich herab?), scheint allen Kleinen von Anfang an vertraut (wie selbstverständlich schauen sie an den Großen empor!). Rasch haben sie ihre Arbeiten aus dem Archiv gezogen. Jeder seine Mappe, die all die Schätze birgt, die im vergangenen Schuljahr entstanden sind und darin gesammelt wurden. Jeweils drei (oder vier) Kinder finden sich ein bei ihrer Tante (oder ihrem Onkel). Und da das sommerliche Wetter dazu einlädt, sucht jede Gruppe sich draußen ihren Platz. Der Inhalt der Mappen wird ausgebreitet. Das Gespräch beginnt, eigentlich eine Form der Beratung. Zunächst zwar sind es die Erstklässler, die ihre Paten an die Hand nehmen und sie durch ihre Arbeiten führen wie durch längst vergessene Zeiten. Dann aber müssen die Paten die Führung übernehmen und ihren Schützlingen zur rechten Auswahl verhelfen. Denn alles schließlich können diese ihren Eltern nicht zeigen; und zeigen, was sie im ersten Schuljahr gelernt haben, das wollen sie ihnen am kommenden Samstag. Also was auswählen und warum? Einige Fragen wirken wie rote Fäden und helfen, die vorhandene Fülle kenntlicher zu machen: Womit bist du zufrieden (worauf sogar ein bisschen stolz)? Mit welcher Arbeit hast du dir am meisten Mühe gegeben? Und an welcher am meisten gelernt? Jetzt lassen die Erstklässler sich an die Hand nehmen und durch ihre Schätze führen.

Am folgenden Samstag sind sie mir dann begegnet. Die Erstklässler zusammen mit ihren Eltern. In einer ‹Verstreutheit› über das Schulgelände, wie sie ein Künstler mit Sinn für Komposition und Idylle nicht malerischer hätte arrangieren können. Jedes Kind im Gespräch mit seinen Eltern: «Schau mal, an dem Bild vom Fisch hab ich das ‹f› gelernt!» Und Mama und Papa haben sich über die Arbeiten gebeugt. Und über das Lernen ihrer Kinder.

Caroline und Fabio jedenfalls sind glücklich an diesem Samstag. Fabio, weil er ahnt, dass er in den kommenden Jahren seine Produkte nicht ausschließlich über den Papierkorb wird entsorgen müssen. Und Caroline, weil sie fühlt, dass sie in Zukunft mit ihren Arbeiten nicht in ihr häusliches Museum verbannt bleiben wird (vgl. S. 34).

Schon manchem Roll-back widerstanden

Einmal habe ich sie durchlitten, eine Konferenz, die im Zeichen der offenen Aussprache über das ‹Bewegliche Klassenzimmer› stand. In der die Leitung bereits die erste Viertelstunde für sich beanspruchte, um uns Kollegen, die wir bald in die freie Aussprache entlassen würden, zu erläutern, wie sie sich wünschte, dass wir von unserer Freiheit darin Gebrauch machten. Tatsächlich benötigte sie schon nach der ersten Wortmeldung fünf weitere Minuten, um ihr ganz offensichtlich geschlossenes Weltbild vor dem irritierenden Charakter dieser Äußerung zu schützen.

Nein, leicht hat Martin Carle es nur in seinen eigenen vier Wänden. Seit das Lernen darin in Bewegung gekommen ist und gleichzeitig damit auch seine Lehrerrolle sich wandelt. In seiner Schule erging es ihm umgekehrt. Schon die Einführung des Konzeptes bedeutete Schwerstarbeit. Aber auch die Verteidigung des einmal eroberten Neulands vor den Übergriffen aus den Reihen der Kochlöffelfraktion ist ein hartes Geschäft bis heute. Zwar haben sich in der Zwischenzeit weitere Kolleginnen und Kollegen mit ihrer ersten Klasse der Innovation angeschlossen, andere aber haben es nicht getan. Wer will, macht weiter wie bisher. Nach allgemeiner Übereinkunft ist jeder König (oder Königin) in seinen eigenen vier Wänden. Die Gefahr einer solchen Einstellung – dass daraus auf Dauer kein Schulprofil hervorgehen kann – nimmt man offensichtlich in Kauf. Wohl deshalb, weil statt eines bewusst erstrebten Schulprofils ein unverbindliches Allerlei das geheime Leitbild der Schule bildet.

Als weiterer Knüppel, der einer Neuerung in den Weg gelegt werden kann, bietet sich der an, der sich aus der chronischen Unterfinanzierung der Schule fast wie von selbst bildet. Die Finanzkeule vereint einige Vorteile in sich. Sie arbeitet lautlos. Ihr haftet etwas zwingend Objektives an. Und vor allem: sie zeigt Wirkung. Die Zweitkraft nämlich, wie sie im Konzept des ‹Beweglichen Klassenzimmers› für die ersten drei Jahre vorgesehen ist, kostet zusätzliches Geld. Und da sich unter dem Sparzwang, dem unsere Schule wie die meisten ihrer Schwestern unterworfen ist, nur die Frage stellt, wo man mit dem Sparen beginnt, bietet sich die Zweitkraft im neuen Modell förmlich an. (Waren Waldorflehrer früher nicht immer allein klargekommen? Mit vierzig Kindern und mehr?) Also wer meint, heute unbedingt zu zweit arbeiten zu müssen, soll es ruhig tun. Nur entlohnen wird man den Assistenzlehrer in Zukunft für nur noch vier (statt wie bisher) fünf Tage in der Woche. Wenn er will, kann er gern weiterhin an allen

Wochentagen tätig werden. An *einem* dann eben gratis. (Kommt es bei Arbeit denn überhaupt auf Bezahlung an?) Möglich, dass das neue Konzept irgendwann daran Schaden nimmt. Vielleicht aber akzeptiert der Assistenzlehrer auch die angebotene Selbstausbeutung. Sparen jedenfalls muss man, wie alle anderen auch in dieser Republik.

Statt des hier skizzierten Roll-backs wäre aber auch folgendes Szenarium denkbar: Das neue Konzept wird als das begriffen, was es ist: der Anfang einer ‹Neugründung› der Waldorfschule. Und man erhöht seinen Stellenwert dadurch, dass von ihm aus die Umgestaltung der Mittel- und Oberstufe in Angriff genommen wird. Die Erfahrungen aus dem neuen Ansatz für die ersten drei Jahre werden in einem, unter den Beteiligten entwickelten und vereinbarten Verfahren evaluiert, die Ergebnisse in regelmäßigen Abständen zunächst der schulinternen, später auch der externen Öffentlichkeit zugänglich gemacht. Anbieten würde sich, das Portfolio an dieser Stelle als Instrument der Dokumentation und Präsentation schulischer Veränderungsprozesse kennenzulernen und einzusetzen. Gleichzeitig werden Finanzierungsquellen jenseits der Elternbeiträge und Staatszuschüsse gesucht und gefunden. Weil wirklich neue Ideen eine Anziehungskraft auf das für ihre Realisierung nötige Geld ausüben, während den alten in ihren überalterten Formen das Geld notwendig ausgehen muss. Der Schritt aus der bisherigen Beliebigkeit zur nunmehr angestrebten Profilbildung erfährt Unterstützung durch ein zusätzlich vereinbartes Clearingverfahren. Eine Entscheidungshilfe für alle Kollegen, ob sie an der Entwicklung des neuen Modells mitwirken oder den Ort ihrer Bestimmung in Zukunft an einer anderen Schule suchen wollen.

Hoffen wir, dass von einem Klassenzimmer, in dem das Lernen bereits in Bewegung gekommen ist, auch die nötige Energie ausgeht für die Schaffung derart förderlicher Rahmenbedingungen.

Kleine Weltgeschichte der Schule und ihres zukünftigen Ortes

Im vorliegenden Buch ist wiederholt von der notwendigen Öffnung der Schule zu ihrem wirtschaftlichen, sozialen und kulturellen Umfeld die Rede. Von einer Vernetzung des Lernens mit dem Leben. In diesem Kapitel wird der Versuch unternommen, unterhaltsam und lehrreich zugleich zu erzählen, wie das Lernen ursprünglich ganz ohne Schule auskommen konnte, welche Folgen die Gründung derart vom Leben getrennter Institutionen für das Lernen und vor allem die betroffenen Schüler hatte. Und was gegenwärtig dafür getan werden kann, damit in Zukunft die in die Jahre gekommene Institution der (Waldorf-)Schule sich in ein Haus des Lernens wandelt.

Ein Highlight für alle

Schuljahresende, eine entsprechende Stimmung liegt über der Elften. Voll im jahreszeitlichen Trend und ganz auf Ferien als auf *die* Erlösung von aller schulischen Fron gerichtet!

In diesem Jahr haben wir es versäumt, den letzten Wochen einen würdigen Rahmen zu geben. Keine Präsentation der Individualarbeiten, die im Laufe des Jahres in einigen Fächern als Ausdruck des persönlichen Interesses entstanden sind. Kein Stau des sommerwärts gerichteten Sympathiestroms, bevor er sich umso vollständiger in die Ferien ergießen kann. Entsprechend marode ist meine Stimmung. Und was der Klassenbetreuer in dieser letzten Unterrichtsstunde vor dem Ausbruch in die schulfreie Zeit veranstaltet, ist nicht dazu angetan, sie zu heben. Im Prinzip zwar habe ich viel übrig für das, was er tut – blickt er doch mit der Klasse zurück auf das Schuljahr –, doch will mir die Fragestellung nicht behagen, mit der er es tut: «Die Highlights des Jahres?» steht auf der einen Seite und auf der anderen, auf der Amerika noch keinen passenden Ausdruck für uns parat hält: «Die Tiefpunkte des Jahres!» So an alle gerichtet und auf das Plus und Minus reduziert, blitzen die Ereignisse des vergangenen Schuljahres stichwortartig um mich herum aus der Klasse auf. Eine Auswertung würde ich das nicht nennen.

Während ich den Zurufen hier und den Einwürfen von dort missbilligend ein Ohr leihe, habe ich für das andere freie die Frage innerlich längst umgebildet: Was war Ihr größter Erfolg im zurückliegenden Schuljahr und wodurch wurde er möglich? Was Ihre größte Schwierigkeit und wie sind Sie mit ihr umgegangen? So könnte man fragen. Um zu verhindern, dass nur Urteile gefällt werden und die Inhalte mit ihnen fallen. So erst entstünde, was verdiente, Reflexion genannt zu werden ... aber offenbar interessiert das gerade niemanden. Längst zeichnet sich in der Klasse ein eindeutiges Ergebnis ab. Und merkwürdig, ich bin mir sicher, es wäre kein anderes geworden, wenn ich es mit meinen wohldurchdachten Fragen hervorzurufen versucht hätte.

Die Highlights des zurückliegenden Schuljahres? Das waren zuallererst und allein: das Sozialpraktikum!

Pauschale Urteile sagen, um es einmal pauschal zu formulieren, mehr über das Bedürfnis des Urteilenden nach Vereinfachung komplexer Tatbestände aus als über die Sache selbst. Kaum einem Phänomen unserer Zeit (ausgenommen vielleicht *dem* Fußball oder *der* Politik?) wird man auf diese Weise gerecht. Sicherlich nicht dem Phänomen Jugend. So kann ich heute vielleicht *den* Nullbock-Jugendlichen finden, mit *der* Nullbock-Generation aber macht man es sich zu leicht. Und doch halte ich *eine* Aussage über *die* Jugend für berechtigt, glaube gar *den* Allgemeinplatz zu kennen, auf dem sie sich gerne und (fast) gänzlich versammeln ließe. Um dort vielzüngig zwar, aber doch in ein und derselben Sprache ein und denselben Wunsch zu äußern. Den Wunsch nach einem Lernen, das sich in der Welt ereignet, nach einer Alternative zur Schule, die die Sehnsucht nach unmittelbarer Erfahrung und ihrer gedanklichen Durchdringung sinnvoll organisiert. Eine Synthese zwischen schulischem Lernen und realer Arbeit wird gesucht. Lernen will tiefer mit der Arbeit verbunden werden, die Arbeit fühlbarer ins Lernen hineinspielen. Dabei verzerrt die Tatsache das Bild, dass Versuche, die in diese Richtung weisen, randständig bleiben. Zu oft muss die Öffnung der Schule als letztes Mittel dafür herhalten, Schulversager doch noch auf die Beine zu stellen. Brennpunktschulen ziehen sich daran wie am eigenen Schopf aus dem Sumpf, in dem sie halb schon versunken sind. In Wirklichkeit aber geht die Frage alle an. Sie ist zentral. Wenn es erlaubt ist: ein Menschheitsanliegen. Und gilt auch für Schulen, in denen Lehrer das Privileg genießen, interessierte Schüler vor sich zu haben, und die Fähigkeit besitzen, in ihnen Begeisterung für ihre Fragen deshalb zu wecken, weil sie diese mit ihnen zu teilen gelernt haben. Die Koordinaten des Lernens und Arbeitens neu zu bestimmen ist eine Aufgabe, die an der Zeit ist. Nicht eine, die exklusiv der Waldorfschule vorbehalten wäre. Aber eine, für die sie von ihrem Ursprung her prädestiniert ist. Und tragischerweise eine, die von ihr nicht wirklich geleistet wird.

Das denke ich, und meine Stimmung will sich so gar nicht heben. Da dringen Worte meines Kollegen wieder an mein Ohr. Eben resümiert er die Beiträge aus der Klasse und deren wichtigstes Ergebnis: «Ja, das Sozialpraktikum. Damit haben sie eigentlich eine ganz neue Art des Lernens im Blick. Dafür allerdings müsste man Schule komplett umbauen.» Müsste man! Und wird es auch tun. Warum dieser Umbau an der Zeit ist, tatsächlich ein Menschheitsanliegen darstellt, kann sich der geneigte Leser in der folgenden «Kleinen Weltgeschichte der Schule und ihres zukünftigen Ortes» vor Augen führen. Wer so viel für Historie nicht übrig hat, dem empfehlen wir, dieses Kapitel zu überschlagen und erst wieder bei den Konsequenzen einzusetzen, die daraus gezogen und anschließend anhand praktischer Beispiele vorgeführt werden.

Der dritte Schritt der Schule

Das Lernen ist so wenig in der Schule entstanden wie Milch in der Fabrik gemacht wird. Doch kann sich heutzutage die Molkerei schon einmal veranlasst fühlen, zusammen mit der Milch anschauliche Hinweise auf ihren natürlichen Ursprung an ihre Kunden zu liefern. Natürlich erst, nachdem sie sie sterilisiert und homogenisiert hat. Ganz ähnlich verhält es sich mit diesem Kapitel. Schule ist ja so etwas wie die denaturierte Form des Lernens. Auch ich fühle mich veranlasst, anschauliche Hinweise auf seinen Ursprung an meine Kunden zu liefern. Natürlich erst, nachdem ich als Lehrer mit zu dem unnatürlichen Zustand beigetragen habe, in dem es sich heute befindet. Mit einem Unterschied! Ich weiß zwar nicht, was aus der Milchherstellung von ihrem ersten ‹unhaltbaren› Zustand über den zweiten mit dem Verfallsdatum auf dem Verpackungsrand in Zukunft wird, ich glaube aber etwas davon zu verstehen, wie sich das Lernen aus seinen ersten Ursprüngen heraus über den zweiten, inzwischen unhaltbar gewordenen in der Schule in Zukunft weiterentwickeln könnte. In seine ursprüngliche Form zurückversetzen lässt es sich jedenfalls nicht. Genauso wenig wie die industrielle Milchproduktion zurück an ihren natürlichen Ausgangspunkt. Es wäre auch schade drum. Denn erst der allfällig dritte Schritt birgt die Möglichkeit der Steigerung des Lernens. Die Chance, die Koordinaten seines zukünftigen Ortes zu bestimmen.

Lernen in der Steinzeit
Die Umstände im weitesten Sinne

Einst, vor langer Zeit, war das Lernen untrennbar verbunden mit dem Leben. Ein germanischer Bauer wird so wenig wie sein steinzeitlicher Cromagnon-Vorfahre seine Kinder in eine vom Leben separierte, einzig dem Lernen vorbehaltene Institution geschickt haben. Wann man Getreide zu säen hatte, wo sich Wild aufspüren ließ, war immer gleichbedeutend mit *einer* Antwort auf die tausendfältigen Fragen, die das Leben stellte. Dieser mit Sicherheit sehr frühe und langandauernde Zeitraum war nicht unbedingt ein paradiesischer Zustand. Zwar diente das Lernen einzig der Heranbildung von Fähigkeiten und Haltungen (was heute zwar gewünscht wird, aber nur selten der Fall ist), doch wurde, was es dabei zu erwerben galt, dem Einzelnen stets von den Umständen diktiert. Den Umständen allerdings im weitesten Sinne! In einem weiteren als dem, den wir Zeitgenossen gern auf die Vorstellung eines Kampfes ums Überleben reduzieren (nur weil er unseren Gefühlen auf der Jagd nach den letzten Arbeitsplätzen dieser Erde zu entsprechen scheint). Die Umstände in urfernen Zeiten aber setzten sich nicht allein aus natürlichen Anteilen zusammen. Zu ihnen gehörte der Verband, der das Einzelwesen in eine höhere Ordnung aufnahm, wie er ihm zugleich seinen Platz in der Natur und sozialen Gemeinschaft anwies. Und seine Gesetze aus Ursprüngen zwischen Himmel und Erde empfing, von denen sich unsere Schulweisheit bis heute (leider) kaum etwas träumen lässt.

So war ein Buschmann in der Kalahari-Wüste Afrikas [145] (der dort in den 50er Jahren des 20. Jahrhunderts noch so lebte wie seine steinzeitlichen Vorfahren vor 15 000 Jahren) nicht nur – nach einem eintägigen Marathon – in der Lage, eine Antilope zu erlegen. Schon gar nicht hätte er es ausschließlich deshalb gelernt, um sein und das Überleben seiner Art damit zu sichern. Vielmehr tat er es auch, um sich in anschließenden zeitlosen Spielen und Tänzen seiner Götter und damit seines Ursprungs zu vergewissern. Den profanen Zweck verfolgte er im selben Atemzug, wie er religiöse Sehnsüchte damit zu stillen vermochte.

Ein Curriculum der archaischen Art, das vom vielfältigen Lesen im Buch der Natur, über das Laufen, Jagen, Tanzen, Singen und Spielen reichte. Und ausschließlich in der Schule des Lebens erlernt wurde. Aber so ganzheitlich angelegt diese Ausbildung auch war, auf die Entfaltung des Einzelnen und seiner einzigartigen Möglichkeiten zielte das Lernen in jenen frühen Tagen nicht.

Die ersten Berufsschulen der Weltgeschichte
Das Haus der Täfelchen

Die Ausgliederung des Lernens in eigens diesem Zweck vorbehaltene Institutionen nahm in den uns bekannten Hochkulturen ihren Anfang. Den allerersten vermutlich in den Tempeln Mesopotamiens, im 3. Jahrtausend vor Christus. Diese zugleich religiösen wie wirtschaftlichen Zentren im Zweistromland zwischen Euphrat und Tigris bargen die ersten Berufsschulen der Weltgeschichte. Nehmen wir also an: Frühmorgens bei Sonnenaufgang betritt ein junger Mann fürstlichen Geblüts den Tempelbezirk des Zikkurat. Im Unterschied zu Schülern der heutigen Zeit ist er auf seinem Schulweg bereits seinem späteren Beruf begegnet. Bauern nämlich aus nah und fern bevölkern bereits den Vorhof des Tempels. Und füllen ihn mit ihren Erzeugnissen. Getreide, Wolle und Felle, dazu alles, was gackert, blökt oder grunzt, haben sie zusammengetragen und -getrieben, um es der Gottheit als Opfer darzubieten (und gleichzeitig dem Staat als Tribut zu entrichten). Neben dem Priester sitzt der Buchhalter. Und während der heilige Mann im Namen der Gottheit den Wert der einlaufenden Waren in Zahlen verwandelt (und damit so Unterschiedliches wie Rinder, Hühner und Getreide miteinander vergleicht und gegeneinander verrechnet), ist der Buchhalter eifrig damit beschäftigt, das Ergebnis dieser Rechnung den vor ihm liegenden Tontäfelchen einzuprägen. ‹Das also wird einst mein Beruf›, versichert sich der junge Mann im Vorübergehen und lenkt seine Schritte entschieden in Richtung zur Schule. ‹Und so lerne ich heute dort, was ich in meinem späteren Leben dereinst brauchen werde›, fügt er als Erläuterung für die Leser dieses Buches noch hinzu, damit sich diese den Unterschied zwischen der ersten zu den meisten späteren Schulen schon einmal vormerken.

Im ‹Haus der Täfelchen› dann bekommt der junge Mann die hohe Kunst des Einprägens wirtschaftlicher Vorgänge auf flexibler Grundlage aus erster Hand geboten – aus der des Priesters. Von ihm lernt er, Zeichen in den Ton zu formen. Und – geheimnisvoller noch –

den Formen einen Sinn zu geben. Deutungen, die seinem Inneren allein entstammen. Er lernt lesen. Nicht mehr wie die Menschheit bisher im Buch der Natur, sondern in den Zeichen aus Ton. Später werden seine Tafeln im Schulhof gebrannt. Und von der Sonne so weit gehärtet, dass die Schrift für immer überprüfbar bleibt. Bis heute. ‹Also lerne in deinem Beruf, was im flüchtigen Augenblick geschieht, für kommende Zeiten zu bewahren, damit, was gegenwärtig ist, hinfort nie mehr verlorengeht.› – Das Priesterwort summt dem jungen Mann noch in den Ohren, als er aus dem Schatten des ‹Hauses der Täfelchen› in das grelle Mittagslicht tritt. Das Leben hat sich inzwischen in die umliegenden Häuser zurückgezogen. Dort, in den Wirtschaftsbetrieben des Tempelhofes, werden die eingegangenen Waren (Schafe wie Wolle) weiterverarbeitet. Nur die Tontäfelchen im Sand zeugen vom regen Ein- und Ausgang der Waren. ‹Den flüchtigen Augenblick bewahren›, murmelt der junge Mann vor sich hin und blinzelt ungläubig fragend in die Sonne, die drüben ihre Arbeit an den Tontäfelchen verrichtet. ‹Wie soll der stumme Ton Lebendiges bewahren›, regen sich Zweifel in seinem Innern und werden lange nicht verstummen. Ringt doch der junge Mann als Vorkämpfer um Fähigkeiten, die sehr viel späteren Generationen erst selbstverständlich sein werden. Im Augenblick kommt er sich dabei vor wie der Tropfen, der sich anmaßt, das Meer zu teilen. Lesend in sich eine Welt zu erbilden, sie den Täfelchen in Ton einzuprägen, reißt ihn aus seinem bisherigen Leben heraus wie aus einem Traum ...

Die praktische Berufsausbildung in der ersten Schule der Weltgeschichte diente zugleich der Heranbildung wesentlich menschheitlicher Fähigkeiten. Sie war (was man von unseren Schulen heute nur in den seltensten Fällen sagen kann) immer fürs Leben bedeutend. Erst allmählich und in viel späteren Zeiten sickerte das hier Erprobte in das allgemeine Bewusstsein ein. Das ‹Haus der Täfelchen› war eben immer zugleich ein ‹Treibhaus der Zukunft›.[146] Doch so bedeutsam all das war, was hier erübt wurde, so hatte auch unser junger Mann sich den ‹Umständen (im weitesten Sinne)› zu beugen. Er wurde Buchhalter. Standesgemäß. Ob das ihm, der Entfaltung seiner

Persönlichkeit und ihrem individuellen Potenzial entsprach, danach fragte niemand. Er selbst auch nicht. Seltsamerweise! Der Einzelne diente selbstverständlich dem großen Ganzen.

Die geschlossene Anstalt
Die Definitionsmacht über Bildung

Die ersten Bildungseinrichtungen in unseren Breitengraden waren Klosterschulen. Noch vor dem Ende des achten Jahrhunderts hat Karl der Große, König der Franken, die Einrichtung von allgemein bildenden Schulen verfügt. Germanen waren bisher auf eine solche Idee nicht verfallen. Schon die Voraussetzung dafür, die Errichtung eines steinernen Gebäudes, hätte sie (die sie ‹Wände› nur aus Flechtwerk ‹winden› konnten) vor unüberwindliche Probleme gestellt. Nicht so die germanischen Franken. Sie hatten viel früher schon damit begonnen, den Römern Verschiedenes abzugucken: wie man Häuser baut aus Stein, mit Geld umgeht oder einen Landstrich vermisst und kartiert, um später dort Steuern eintreiben zu können.[147]

Klar, dass die Klosterschulen der Karolingerzeit nun auch nach römischem Vorbild errichtet wurden. Und die katholische Kirche, als Erbin des römischen Machtanspruchs, die Definitionsmacht über Bildung erhielt. Die nächsten Jahrhunderte sollte sie bestimmen, was man darunter zu verstehen hätte – und, wesentlicher noch, was nicht. Was als minderwertig auszugrenzen war, wie etwa das der Gottessuche abträgliche Können der Kaufleute oder die dem Mechanischen verfallenen Verrichtungen der Handwerker. Und wo Bildung eigentlich begann! Beim Erlernen des Griechischen und Latein nämlich. Nur wer fürderhin die alten Sprachen beherrschte, durfte voranschreiten auf einem festgefügten Pfad hin zu dem Ziel, die Worte der Heiligen Schrift, dem rechten Glauben entsprechend, zu deuten.

Nein, frei wehte die Luft nicht durch die ersten Schulen zur Zeit der Morgenröte abendländischer Bildung, eher stand sie bereits darin und roch zu diesem frühen Zeitpunkt schon entschieden zu muffig!

Wenn im Skriptorium die Mönche, ausgerüstet mit feinen Federn zwar und über kostbares Pergament gebeugt, die Initialen ihres Textes künstlerisch gestalteten, doch alles, was sie taten, nicht einen Jota abwich von den vorliegenden antiken Texten (es sei denn durch Fehler, die ihnen bei der Abschrift unterliefen). Und nebenan in der Schulstube der geistliche Nachwuchs auch nur abschrieb, was der Abt ihm aus bereits kopierten lateinischen Texten auf ihre Wachstafeln diktierte. (Und anschließend die grammatischen Regeln dazu.)

Tatsächlich setzte sich die Luft bereits in diesen frühen Schulstuben hauptsächlich aus der Lebensferne zusammen, die das Lernen in den ungezählten der nachfolgenden Jahrhunderte so unersprießlich machen sollte. Kein Wunder auch! Waren ihre Wände doch aus meterdickem Mauerwerk gebildet. Nicht mehr aus dem Flechtwerk der Naturvölker, für die das Lernen noch selbstverständlicher Bestandteil des Lebens war. Mit dem Rückgriff auf die Sieben Freien Künste der Antike (als Kern klösterlicher Bildung) wurde zur Zeit Karls des Großen bereits der Fächerkanon des späteren Gymnasiums veranlagt. Mit der Abwertung des praktischen Könnens der Kaufleute und der mechanischen Verrichtungen der Handwerker war zusätzlich der Keim für die Dreiteilung des Schulsystems gelegt: in Hauptschule, Realschule und Höhere Lehranstalt. Aufgehen aber sollte er erst sehr viel später: im Zuge der Verpreußung Deutschlands.

Die Geburt des Abiturs aus dem Geiste der Unnachgiebigkeit
Was Metternich dachte

Natürlich war der Sturm auf die Frankfurter Hauptwache eine einzige Stümperei. Nicht einen Augenblick war von ihm auch nur die geringste Gefahr für die bestehende Ordnung ausgegangen. Wie sollte sie auch! Von einem zusammengewürfelten Haufen Studenten, Polen und Patrioten! Am Abend zuvor war es ihnen gelungen, die Besatzung der Konstablerwache zu überrumpeln. Für Stunden durften die

Aufständischen sich als Herren fühlen über ein paar Quadratmeter eroberten Territoriums. In den Wachstuben hatten sie genächtigt, die einen befangen in dem Wahn, am nächsten Morgen die Brandfackel der Revolution von hier aus in die Stadt zu tragen und die Auflösung des Bundestages zu erzwingen; die anderen mochte die Ahnung beschlichen haben, dass ihre Hirngespinste sich am nächsten Morgen bereits in Luft auflösen würden. Und so war es auch gekommen. In den frühen Stunden des 4. April 1833 war der Spuk, der am Abend zuvor begonnen hatte, schon wieder vorbei. Zerstoben vor einem einzigen Kanonenschlag aus der vordersten Reihe des anrückenden Militärs. Schlagartig hatte er die Aufständischen zur Räson gebracht. Zur Staatsräson! Und die Gerichte in den Folgemonaten hatten dafür Sorge getragen, dass der Pöbel diesen Augenblick zeit seines Lebens nicht wieder vergessen würde.[148]

Möglich, dass Clemens Wenzel Graf und Fürst Metternich dem Nichtswürdigen gegenüber einen Rest Achtung hätte bewahren können, wenn darin für ihn so etwas wie ein Gegner erkennbar gewesen wäre. So aber war nur das Gefühl vollkommener Geringschätzung in ihm zurückgeblieben. Die Habsburger Monarchie war ein bis in ihre letzten Winkel durchdachtes Konstrukt. Ein Riesenbau, der eine Unzahl Völker in sich vereinte. Der Bundestag in Frankfurt war der verlängerte Arm Österreichs, geschaffen einzig zu dem Zweck, um in allen deutschen Belangen das letzte Wort zu behalten.

Etwas davon sollte je dem Pöbel zwischen die Finger geraten, nur damit er es wie ein Spielzeug zerbrechen könnte? Lächerlich – und doch: Das Scheitern des Frankfurter Wachensturms war auch wieder von Nutzen. Jedenfalls war es gut, dass die Behörden, die bereits Wochen vorher Wind von der Sache bekommen hatten, sich bis zuletzt zurückgehalten und den Aufstand hatten geschehen lassen. Damit waren Fakten geschaffen. Und auf ihnen ließ sich aufbauen. Ein System errichten, das seinen Namen tragen und die Tragfähigkeit des monarchischen Prinzips für alle Zeiten unter Beweis stellen würde: Metternichs deutsches Programm. Die Landesherren würden sich Eingriffe des Bundes in ihre Hoheitsrechte gefallen lassen müssen.

Dafür aber auch würde man das Übel beseitigen, es von der Bildfläche verschwinden lassen und gleichzeitig an der Wurzel packen. Wer die Schule hatte, brauchte sich um die Aufrechterhaltung der staatlichen Ordnung nicht zu sorgen. Bislang hatte man sich diese Sorgen allerdings machen müssen. Wo Geister ungebunden ihren Weg durch die Gymnasien (oder gar die häusliche Bildung!) gehen durften, ohne eine Kontrolle den Schritt auf die Universität machten, um sich dann die Zeit mit Auflehnung und Aufruhr zu vertreiben. Der Staat würde sich ein Instrument der Kontrolle schaffen, eine eidesstattliche Erklärung, dessen Vorlage allein zum Studium berechtigte. Außerdem brauchte es einen Katalog flankierender Bestimmungen, die sicherstellten, dass nur diejenigen in Zukunft Zutritt an eine Universität erhielten, die alle Gedanken an Aufruhr und Zerstörung nachweislich abgestreift hatten.

Vom aufgeklärten Preußen zum reaktionären Schulsystem

Die Entstehung des Abiturientenexamens fällt zusammen mit der Wende Preußens vom fortschrittlichsten Staat im Herzen Europas hin zu jenem reaktionären Gebilde, das sich nicht nur für die Schulentwicklung im späteren deutschen Kaiserreich als verhängnisvoll herausstellen sollte.

Im Jahre 1787 wird das Ober-Schul-Kollegium als eine von der kirchlichen Tradition unabhängige staatliche Behörde gegründet. Ein Jahr später ergeht von hier aus die Verordnung über die Einführung der Reifeprüfung. «Bemerkenswert ist die Tatsache, dass das Zeugnis der Unreife den Besuch der Universität nicht verhinderte.»[149] Noch empfindet der Präsident der neugebildeten obersten Aufsichtsbehörde, von Irwing, es als zu despotisch, in die «Freiheit der Väter» einzugreifen und Söhne, die in bürgerlichen Kreisen eine häusliche Erziehung und Bildung genießen, vom Universitätsbesuch auszuschließen. Diese Scheu sollte sich verlieren. Ausgerechnet Wilhelm von Humboldt, der in jungen Jahren mit «Ideen zu einem Versuch, die Grenzen der Wirksamkeit des Staates zu bestimmen»[150] hervorgetreten war, sollte im reiferen Alter «zum Begründer des staatlichen Dirigismus im gesamten Bereich des Kultus, der Erziehung und des Unterrichts» konvertieren. Im Februar 1809 erfolgt seine Ernennung «zum geheimen Staatsrat und Direktor der Sektion des Kultus und öffentlichen Unterrichts im Ministerium des Innern. Damit beginnt die nur sechzehn Monate währende Amtszeit Humboldts, den man den einflussreichsten Kultusminister der deutschen Geschichte genannt hat.» Der oberste Beamte aller preußischen Schulen denkt an alles, regelt alles, dekretiert alles: «Keine Schule dringt einem Schüler mehr als 36 Wochenstunden, was das Maximum ist, und einem Lehrer mehr als 24 Stunden wöchentlich. Der Direktor gibt nur 12.» Vor allem aber wird der Wildwuchs in einer unübersichtlichen Schullandschaft beseitigt und die Vielfalt der Schulen gleich mit. «Alle sogenannten Winkelschulen müssen aufhören; keiner kann Schule halten, der nicht bei der geistlichen und Schuldeputation geprüft ist (...).»[151]

Staatsrat Süvern, Humboldts Nachfolger im Amt, dekretiert 1812 genauere Festlegungen für das Abiturientenexamen. Doch in einem Punkt übt auch er sich noch in Zurückhaltung. Die Prüfungen, die «dem Schüler ein Sporn sein und den Lehrer in Atem halten»[152] sollen, sind noch nicht zwingend verbunden mit der Vergabe einer Berechtigung. Noch ist der Zugang zur Universität auch auf anderen als den staatlich reglementierten Wegen möglich. Endgültig Schluss damit macht die Reifeprüfungsordnung von 1834. Als Konsequenz aus den Beschlüssen, die Metternich auf der geheimen Ministerialkonferenz in Wien veranlasst hatte.

Da nützt auch keine Überbürdungsklage etwas, die namhafte Persönlichkeiten bereits in den 20er Jahren gegen die absehbare Fehlentwicklung erheben. Keine Überlastungsdiskussion, die bis in die 30er Jahre des 19. Jahrhunderts geführt wird (und so aktuell ist wie die heutigen Klagen von Eltern über das Turboabitur ihrer Kinder).[153] Sechs schriftliche Prüfungen (für Theologen sieben), mündliche Prüfungen in elf Fächern. Das Ideal, das der Staat mit dieser Presse verfolgt, bringen wache Zeitgenossen gleich reihenweise auf einen Nenner. Was von Staats wegen als höchste Weisheit ausgegeben wird, «ertötet in Wahrheit Lust, Liebe, Geist, Individualität und verschafft in der Regel denjenigen das höchste Lob, die sich zu allen Gegenständen des menschlichen Wissens gleichmäßig verhalten, d. h. den geborenen Philister». Den, der nur büffelt und nicht fragt (schon gar nicht warum) und sich selbst durch dieses staatlich verordnete System zur «gemeinen Mittelmäßigkeit herabstimmt».[154] 1837 schließt sich die erste, den gesamten Gymnasialunterricht umfassende Lehrordnung an. Mit fester Stundenverteilung für alle Fächer und jede Klasse. Was, wann und wie lange zu unterrichten ist, wird nunmehr zentral geregelt. Der Schutzschild der Schule gegen das Leben, der Stundenplan, kann fortan seinen vollen Wirkungsgrad entfalten. Die Lehrfreiheit wird endgültig kassiert.

Inzwischen ist Preußen untergegangen. Sein Geist aber lebt unhinterfragt fort in den Tiefen des deutschen Schulsystems bis in unsere Tage, hat sich eingeschlichen wie eine Krankheit in die Gewohnheiten der Lehrer. Er legt sich heimlich, strukturell und leise wie ein Bleigewicht auf die Lernlust jeder nächsten Schülergeneration. Dass man die rigiden Instrumente von einst inzwischen längst lockerer handhabt, ändert nichts daran. Auch nicht, dass sie im demokratischen Zeitalter im Zeichen der Chancengleichheit daherkommen. Und im Folgezeitalter von Pisa in dem der zwingend gebotenen Vergleichbarkeit. Keine Reform aber wird gelingen, solange wir uns im Kern noch der Leistungsfeststellungs- und Beurteilungsverfahren unserer preußischen Urahnen bedienen. Und zentrale Vergleichsarbeiten heute ein perfides Mittel mehr darstellen, das längst obsolet gewordene Pauken als ‹teaching for the test› fortzusetzen.

Wem es um die Steigerung der Qualität an deutschen Schulen geht, wer es mit der Individualisierung des Lernens und Leistens ernst meint, wird um die Entwicklung einer starken Alternative nicht herumkommen.

Non vitae, sed scholae ...
Original und Fälschung

Ich habe immer gewusst, dass wir betrogen wurden. Damals als Gymnasiasten von der Sexta bis zur Oberprima. Seit ich vor kurzem in meinem Multi-Media-Brockhaus den richtigen Link geklickt habe, weiß ich, dass der Betrug an meiner Generation (und vielen zuvor und danach) auf einer Fälschung beruht.

‹Non scholae, sed vitae discimus› – ‹Nicht für die Schule, sondern fürs Leben lernen wir›. Uns Lateinern ab der Quarta wurde dieser Betrug schon mal im Original unter die Nase gerieben. Doch war das nicht zwingend. Um zwanghaft zu wirken, bedurfte es des Wortlauts nicht. Im Gegenteil konnte sich die Redensart, gerade wenn sie alles Sprachliche abgestreift hatte, als Patina umso feiner auf die jungen Gemüter legen. Sie war wesentlicher Bestandteil der abgestandenen Luft in unseren Klassenzimmern.

Du weißt ja, wofür du das lernst, pflegten meine Eltern sich in der Redensart zu versuchen. Wofür eigentlich, hätten sie wohl selbst nicht zu sagen gewusst, geschweige denn, dass sie den römischen Philosophen hätten zitieren können. Es hätte ja auch nicht gestimmt. Das Original, hat sich jetzt herausgestellt, ist eine Fälschung. Und die Fälschung lautet im Original grad umgekehrt: ‹Non vitae, sed scholae discimus› – ‹Nicht für das Leben, für die Schule lernen wir.› Man mag über Seneca denken, wie man will, ein ehrlicher Kerl war er gewiss. Reinen Wein hat er jedem eingeschenkt, der die Wahrheit über die Schule in zwei kurzen Schlucken zu sich zu nehmen bereit war. Als Stoiker, der er war, musste er sich über die Wirkung der Schule auch nicht in die Tasche lügen. Sicher waren es philosophisch minder begabte Staatsdiener in der Folgezeit, die die Seelenstärke des berühmten Urhebers der Redensart nicht aufbrachten und sie klammheimlich pervertierten. In Wortfolge und Wirkung in ihr Gegenteil verkehrten. So jedenfalls entstand das Opium für das Schülervolk, das alle hinfort zu inhalieren hatten. Und gaukelte ihnen vor, während sie fleißig für die Schule paukten (immer für die nächste Klassenarbeit), den Sinn ihres Tuns in einem unbestimmbaren Später dereinst doch noch finden zu können.

Meine Generation ging Ende der 60er Jahre in die ‹Penne›. Inzwischen hatte Mann im Beruf und Frau im Haushalt sich an die verordnete Demokratie gewöhnt. Doch waren die Schulen immer noch dieselben Veranstaltungen des Staates, zu denen Preußen sich einst angemaßt hatte, sie zu erklären. Und die Lehrer unserer Generation, die diese über die Stoffverteilung im Stundentakt an uns (und immer frontal) exekutierten, waren so unähnlich nicht den Karikaturen, deren Bild sich – liebevoll abgemildert – in wenigen Büchern findet. Und deren realistische Überzeichnung Regale füllt. Doch drängte zu unserer Zeit der tausendjährig unter den Talaren aufgestaute Muff mächtig ins Freie. Und warum eigentlich sollte, was für die Universitäten und die Justiz galt, ausgerechnet bei Staatsbeamten im Schuldienst anders sein? Auch hier gelang es einigen Vorreitern der Revolte, an der Kostümierung zu rütteln. Was dabei herauskam und ruchbar wurde, begann den meisten zu stinken. Sie gingen auf die Straßen, um sich mächtig Luft zu machen. Uns Gymnasiasten der 70er Jahre allerdings halfen die ständigen Straßenunruhen wenig. Der Odem Preußens wehte uns – der Studentenrevolte zum Trotz – im Wesentlichen noch ungefiltert um die Nasen.

Jeder für sich ...

Also riskieren wir einen genaueren Blick in die graue gymnasiale Vorzeit. In eine Schule, die sich als Institution, gesondert vom Leben, noch vollständig genügte.

Ein Tag mit Klassenarbeit? Kein gewöhnlicher Tag! Wir Gymnasiasten der Tertia, Sekunda oder Prima bemerkten den Unterschied schon zu Hause am Frühstückstisch. Ob wir sie schrieben oder zurückerhielten, so wie die von uns erbrachten Leistungen durch die Zensur gingen wir durch Gefühle in der Magengegend, die diesen Tag vor anderen auszeichneten. Insbesondere unser Französischlehrer liebte das Ritual. Hatte er erst einmal, Stellvertreter der hierarchischen Ordnung, als der er sich fühlte, die Unterlagen verteilt und die gleiche Aufgabe im gleichen Augenblick auf ein Zeichen, sein Zeichen hin umdrehen lassen und damit gleichzeitig alle für die Erfüllung der Aufgabe aufgestauten Energien mit einer einzigen Handbewegung freigesetzt, ließ er seine Blicke nicht ohne Genugtuung über die eifrige Menge schweifen, bezog seinen Beobachterposten hinter dem Pulte und ließ sich endlich, während unsere ‹Federn› schon aufgeregt übers Papier kratzten, noch einmal vernehmen: «Chacun pour soi et dieu pour tous.» (Jeder für sich und Gott für uns alle).

Uns genügte das nicht. Wir hatten das Gefühl, etwas zwischen dem lieben Gott für uns alle und der im Übrigen isoliert zu erbringenden Einzelleistung fehlte. All unser Sinnen war, während wir nach außen hin geflissentlich dem Alten liebedienerten, unterschwellig auf die Antizipation des Neuen gerichtet. Wir hielten uns an das Motto der drei Musketiere: «Einer für alle, alle für einen.» Doch wie es geht: Alles Zukünftige muss erst im Verborgenen reifen. Gelegentliche Entdeckungen, mit Entzug der Arbeitsunterlagen sanktioniert, bestätigten unsere schlimmsten Befürchtungen und veranlassten uns, die neue Arbeitsweise nur desto sorgfältiger vor den Hütern der alten Ordnung zu verbergen …

Wie subjektiv tatsächlich diese ehernen Formen gehandhabt wurden, ist mir nach dreißig Jahren noch einmal vor Augen geführt worden. Unlängst rief mich ein Klassenkamerad an. Wir kamen auf unsere Gefühle um die seinerzeitige Abi-Klausur in Mathe zu sprechen. Etwas Unheilschwangeres lag damals darüber. Der erste Auftritt unseres Mathelehrers in der Woche nach vollzogenem Ritual hatte, soviel erinnerte ich noch genau, Schuldgefühle in mir geweckt. Dass seine Drohgebärden über uns allen ausschließlich einem einzigen unter uns Sündern galten, war mir damals gar nicht bewusst. Alfred nämlich hatte man erwischt: in flagranti! Ausgerechnet unser Französischlehrer, unser «Chacun-pour-soi», war über ihn gekommen bei der Ausübung des seit Jahren perfektionierten, in diesem Augenblick aber offensichtlich misslungenen «Alle-für-einen». Und mein

Klassenkamerad, der mir ‹heute› Mitteilung machte, hatte ihm damals in der Klausur den Spickzettel zugespielt. Ebenden hatte man ihm, noch bevor er ihn vielleicht hätte verzehren oder sonst wie beseitigen können, entwendet. Alfred wurde vor den Direktor zitiert. Und der konfrontierte ihn mit dem ‹corpus delicti›. Was das sei? Ein Zettel, lautete Alfreds sachlich durchaus zutreffende Antwort. Und soll den Direktor zu präziseren Feststellungen über Ort und Umstände des Fundes bewogen haben. Also: «Von wem stammt der Zettel?» – «Von mir!» – «Das ist nicht Ihre Schrift!», stellte der Direktor unmissverständlich fest. Ob aus Instinkt oder Intuition, jedenfalls wusste Alfred plötzlich, wie er die Sache, die auf des Messers Schneide stand, vielleicht noch zu seinen Gunsten würde kippen können: «Doch, das ist meine Schrift!», behauptete er frech – «Das ist *nicht* Ihre Schrift!», insistierte der Direktor. Alfred aber, einmal den Ausweg vor Augen, versteifte sich auf seine Version: «Doch, ich schreibe manchmal so!» – Wie oft im Wechsel die Meinungen hin und wieder zurückprallten, ist uns nicht überliefert. Tatsache ist, dass der Direktor schließlich, des Spieles überdrüssig, ein Ende fand, das Alfred rettete und nicht zuletzt auch ihm weitere Unannehmlichkeiten ersparte. Er baute sich vor dem Sünder auf (er übrigens war dick und Alfred klein und schmal): «Alfred, wenn Sie das noch einmal machen, ein einziges Mal, dann, dann … passiert etwas!» Und Alfred tat den heiligen Schwur: «Nein, Herr Direktor, ich werde das *nie* wieder tun.» Er hat sein Wort gehalten. Nie wieder hat mein Klassenkamerad Alfred in einer Abi-Mathe-Klausur mit einem Spickzettel gearbeitet.

Eigentlich haben wir es gewusst. Mindestens in einem Winkel unseres Gemütes waren wir frei von jener betäubenden Wirkung des ‹sed vitae›. Wir glaubten nicht daran, dass wir der Infinitesimalrechnung, durch die wir uns eben gequält hatten, noch einmal im Leben begegnen würden, dass wir uns in unserem Beruf noch einmal an die schriftliche Erörterung so brisanter Fragen wie der nach autofreien Fußgängerzonen in der Innenstadt wagen würden. Dass sich an alledem Fähigkeiten hätten entwickeln lassen, die wir unter anderen Bedingungen (und an anderen Inhalten) einst würden anwenden können, davon ahnten wir nichts, wohl weil unsere Lehrer an die Möglichkeiten dieses Transfers auch nicht glaubten. Längst war Wissen nicht mehr mit einem Handhaben, einem Können verbunden. Forderte der Stoff um des Stoffes willen einzig das Kurzzeitgedächtnis zu Höchstleistungen unter Stressbedingungen heraus.

Aber gelernt haben wir bei alledem doch etwas. Nur was? Sicher nicht das, was im Curriculum geschrieben stand. Auch das nicht, was im Zuge curricularer Reformen der Reform daraus wurde. Aus einem einfachen Grunde nicht: Die Botschaft, die bei uns ankam, stand in keinem Lehrplan. Unsichtbar zwar, aber umso leserlicher für uns lag sie in seinem geheimen Subtext verborgen. Die Rituale, die man an uns praktizierte und uns zu folgen nötigte, waren unser Lehrmeister. Was von ihnen ausging, prägte sich wirksamer ein in unsere Gemüter als die Inhalte es je vermocht hätten. Nie ging es einfach um das, was der Einzelne kann, vielmehr um das Ergebnis, das er erzielte, und in seiner haltbarsten Form, der Ziffernnote (in der Abschlussprüfung gar ohne Verfallsdatum), getrost mit nach Hause tragen konnte. Dieser Zweck heiligte eine Reihe Mittel. Darunter auch das Lernen. Es war durchaus legitim, es damit zu versuchen, aber beileibe nicht zwingend. Und entzündet hat sich unsere Phantasie erst an den Punkten, die unter Strafe standen. Das Verbot der Hilfsmittel weckte unseren Erfindergeist. Wo alles Täuschen nicht mehr half, war die Lüge – als letzter Ausweg – immer legitim. Alfred vor die Schranken irgendeiner moralischen Instanz zu rufen wäre uns im Traum nicht eingefallen. Im Gegenteil! Hatte er doch den Endzweck in den Augenblicken schierer Ausweglosigkeit nicht aus den Augen verloren und ihn unter Mobilisierung seiner gesammelten Intuitionen noch erreicht: seinen Zweier in Mathe! Wäre das damals im Trubel der Ereignisse und Ängste nicht untergegangen, geadelt hätten wir Alfred.

Schule isso!

Aber gelernt haben wir bei alledem das am wenigsten, worauf es beim Lernen eigentlich ankommt. Auf der fieberhaften Suche nach etwas zwischen dem lieben Gott für uns alle und der im Übrigen isoliert zu erbringenden Einzelleistung blieben wir den Bedingungen verhaftet, gegen die wir anzukämpfen uns mühten. War doch die Form der Zusammenarbeit, die wir wählten, nie eine Alternative zum ‹Chacun pour soi›. Mit dem Rückgriff auf das Motto der Musketiere gelang uns bestenfalls die Entdeckung der Teamarbeit durch den Vorgriff auf seine Karikatur. Inzwischen aber hat sich herumgesprochen, dass das «Toll, ein anderer macht's» wesentlich nicht das ist, worauf es dabei ankommt. Nur Ausnahmefälle unter uns bezogen ihren Antrieb aus der Sache und aus sich selbst. Die Bedingungen begünstigten vielmehr die Regel. Und die war allein durch sachfremde Faktoren bestimmt und musste mit der Entfremdung von den eigenen Interessen bezahlt werden, tragischerweise noch bevor wir überhaupt eine Ahnung davon hätten haben können, wo unsere ureigensten Interessen zu suchen waren. Mit unserer Motivation jedenfalls lagen wir daneben, auf der Seite, die man heute als extrinsisch bezeichnet und inzwischen für die falsche hält.

Schule isso! – Seit ich den Dativ kenne, der dem Genitiv sein Tod ist[155], kenne ich auch dieses Kürzel und kann mir seine Vollversion erschließen: isso heißt: ich schrei sonst ... Schule ist in unserem Fall eine Chiffre und steht für: ‹Bei mir war das auch so.› Oder: ‹Unsere Generation hat das nicht umgebracht (nur härter gemacht fürs Leben, und das war gut): Isso! – Wer kennt sie nicht, diese Gemütsverfassung, die sich Gegenargumenten durch Ankündigung des vollständigen Ausbruchs emotional bereits fühlbarer Reaktionen wirksam zu entziehen versteht. Doch bin ich ihnen gegenüber im Vorteil. Im Schutze meines Buches treffen sie mich zumindest nicht direkt. Im Gegenteil habe ich die Möglichkeit ziemlich ungehemmten Gebrauch von der Ausbreitung eigener Gedanken machen zu können. Also: ‹Auch wenn Sie platzen, Herr Isso, es war so und isso.

So weit, so schlecht! Aber was falsch war, muss so in Zukunft nicht bleiben.› Weder geht es dabei um die Restauration des immer schon verbrauchten ‹non scholae, sed vitae›, noch um die, wenn auch ehrlichere Umkehrung des ‹non vitae, sed scholae›. Vielmehr handelt es sich darum, die alte Größe, das Leben, und die inzwischen in die Jahre (die Jahrhunderte) gekommene Institution Schule in einer neuen, einer historisch wie zukünftig erstmaligen Weise wechselseitig aufeinander zuzubewegen. Und die wichtigste Eigenschaft dieses Ortes, an dem das Lernen sich ereignen wird, kennen wir bereits. Was es persönlich bedeutsam macht, wirkt dort atmosphärebildend und wird nicht länger auf ein unbestimmbares Später (schon gar nicht auf das exakt zu bestimmende Eintrittsalter in die Rente) verschoben ...

Die Koordinaten zukünftigen Lernens
Aber bitte mit Lehrbuch

Um dem Lernen seinen zukünftigen Ort zu geben, gründeten wir 1999 die *perpetuum novile gemeinnützige Schulprojektgesellschaft* (vgl. S. 239). Am Anfang stand die Idee eines Stallbaus. Ein Gründungsmitglied der Gesellschaft, der Gärtnermeister Christian Hiss aus Eichstetten, brachte sie mit. Die Idee, den Bau seines Rinderstalles für das schulische Lernen zu öffnen bzw. das schulische Lernen für den Bau eines Rinderstalles. Da wir beides, egal von welcher Seite man es aufzäumen will, für schwierig hielten, gaben wir unserem Anliegen von Beginn an den nachhaltigen Status einer eigenständigen Organisation: der *Schulprojekt GmbH perpetuum novile*.
Tatsächlich aber ging es um Kühe. Um den Bau eines Rinderstalls und einer Käserei. Ein Vorgang, der, wenn er rein wirtschaftlicher Natur ist, außer dem Bauherrn kaum jemand interessiert. Wir wollten ihm eine kulturelle Dimension verleihen. Wir wollten den wirtschaftlichen Vorgang um den Anteil verlangsamen, der ihn dem Lernen und der Fähigkeitenbildung zugänglich macht.
Um das zu initiieren, hatten wir seinerzeit zu einem Projekttreffen

in die Gärtnerei eingeladen. Es kamen etwa 15 Lehrerinnen und Lehrer aus einer Reihe unterschiedlichster Schulen. Die Waldorfschulen waren vertreten, auch Haupt- und Berufsschulen und Gymnasien aus Freiburg. Die Stimmung war anfangs etwas unterkühlt. Nicht allein wegen der Temperaturen im Gewächshaus, in dem wir tagten, auch die Menschen waren noch nicht recht warm miteinander geworden. Ich hatte das Gefühl, zu schnell zur Sache gekommen zu sein und zu wenig Zeit zum gegenseitigen Kennenlernen gegeben zu haben. In der Pause kamen eine Kollegin und ein Kollege des Ernährungswissenschaftlichen Gymnasiums aus Freiburg zu mir und sagten etwa so: Das sei *ja* eine sehr interessante Idee, die wir da hätten, *aber* (!) ob wir dazu nicht ein Lehrbuch für sie hätten. Natürlich nicht, beeilte ich mich, meine Gesprächspartner zu verprellen. Ein Projekt bestünde gerade darin, dass seine Aufgaben unter allen Beteiligten erst ausgehandelt würden. Die beiden kommen nicht wieder, kam es mir anschließend in den Sinn. Wir hatten so etwas wie einen Tabubruch begangen. In völliger Umkehrung des Lernens am Lehrbuch entlang, wollten wir es damit unter den zweifellos unsichereren Bedingungen der Realität versuchen. Das machen Lehrer nicht mit, dachte ich.

Zwischen Eiweiß und Käse

Das Schöne an unserer verworrenen Zeit ist, dass niemand mehr genau wissen kann, was von dem, was Schüler heute angeblich wissen müssen, morgen wirklich noch wert zu wissen ist. Wo der ersehnte Ausbildungsplatz zur Eintrittskarte in das lebenslange Lernen wird, *der* Beruf fürs Leben nur den Ausgangspunkt der zukünftig erst zu gestaltenden Berufsbiographie bildet, wo Berufe ihre festen Konturen verlieren zugunsten flexibler, immer neu zu definierender Aufgabenfelder, lohnt ein Lernen auf Vorrat in der Schule eigentlich nicht mehr. Schon gar nicht, wenn Leute es einem aufschwatzen, die auf einer der letzten stabilen Inseln des Arbeitsmarktes ankern. Und sich den Umbrüchen, auf die sie vorzubereiten vorgeben, vorsorglich selbst nicht ausgesetzt haben. Das obsolet gewordene ‹non vitae, sed scholae› steht vor seinem historischen Aus. Der Verschiebebahnhof der Interessen (insbesondere der persönlichen aufs Abstellgleis) wird sich zu einem Haus des Lernens wandeln, das in seinen Grundrissen bereits Wirklichkeit mit einschließt. Schule wird sich öffnen müssen, Lehrer ein Gespür zu entwickeln haben für den Fähigkeitenerwerb unter Unsicherheitsbedingungen. Das schließt den Erwerb von Wissen immer mit ein. Aber nicht länger – wie in den Hoch-Zeiten ‹reiner› Wissensvermittlung – die Fähigkeitenbildung aus. Ich weiß, das wird hart! Zweihundert Jahre ausgehärtet sind die Strukturen, die es zu knacken gilt! Nirgends sind sie härter als dort, wo sie uns Lehrern in den Knochen stecken. Wir wären nicht Deutschland, wenn uns dieser Wandel leicht von der Hand ginge. In Zeiten der Dauerkrise geben wir als Volk bereitwillig den Melancholiker und seufzen unter der Last unerledigter Hausaufgaben lieber einmal mehr und tiefer, als uns um eine einzige erledigte zu erleichtern. Aber muss man Lehrer deshalb gleich verprellen, wie mir das bei der Auftaktveranstaltung unseres Projektes gelungen war? Unser Anliegen stimmte, nur nützte das nichts, wenn es keiner annahm und zu seinem eigenen machte. Ich hatte das Gefühl, dass meine Überzeugungen bröckelten, und zugleich die noch unangenehmere Empfindung, selbst an dem Ast gesägt zu haben, auf dem ich damit saß. – Die beiden siehst du nie wieder, dachte ich …

Doch beim nächsten Mal waren sie wieder da. Diesmal war es wärmer, wir saßen neben dem Gewächshaus im Freien. Aber auch unter uns war das Eis gebrochen. Ich erinnere mich sehr genau, wie in der Schlussrunde unseres Gespräches besagter Kollege vom EG sich plötzlich outete: «Eigentlich habe ich Angst vor dem Projekt, ich glaube, ich bin derjenige, der dabei am meisten wird lernen müssen.» Und seine Kollegin neben ihm sprach die unvergesslichen Worte: «Ich habe bislang nur Eiweiß unterrichtet – noch nie Käse.» Und fügte nach einer Pause hinzu: «Aber ich mach's!» – Die Koordinaten des zukünftigen Ortes der Schule liegen zwischen Eiweiß und Käse. Und umfassen die beiden Größen zugleich. Sie sind sorgfältig so ausgerichtet, dass sie in der Bestimmung des Neulands jedem Ungleich-gewicht zuungunsten der jeweils anderen Seite vorbeugen. Würde doch das Lernen, einseitig auf die traditionelle Eiweißschiene ver-schoben, wieder in der ‹reinen› Wissensvermittlung steckenbleiben. Einseitig auf die innovative Käseseite verrückt, sich im aufschießen-den Gestrüpp des Pragmatismus verheddern. Letzteres wird gerne übersehen, halten wir uns heute doch viel darauf zugute, frontal ge-gen Schule Stellung zu beziehen. Und wittern im ‹learning by doing› die Erlösung allen Übels. Aber auch das ist nichts weiter als einseitig! Geradezu ein Rückfall in die Steinzeit! Barg das Lernen in seinen ur-fernen Zeiten das Wissen noch als ein Element, dem jeder im Han-deln spontan begegnete, so ist heute das Kaprizieren allein auf sein ‹by doing› eine unstatthafte Vereinseitigung. Das Fächerlernen in der Schule erfüllt unter den neuen Bedingungen seinen Sinn, wenn sich seine Inhalte an der Aufgabenstellung bilden. Also nicht nur Käse, immer auch Eiweiß! Mit dem entscheidenden Unterschied, dass ich als Lehrer die einzig durchgreifende Reform des Curriculums be-treibe (die es je geben wird), indem ich die Inhalte meines Faches als Teil der Realaufgabe suchen lerne, mir mein Lehrbuch bilde! Ir-gendwo im Käse muss das Eiweiß ja stecken. Und habe ich es dort ge-funden, hat sich das Fach am Leben gerechtfertigt. Oder schöner noch: dient es hinfort dem Lebensbezug. Es geht immer um das *eine* Lernen in seiner vielfältigsten Form, und die erreicht es am besten durch die Ausgewogenheit, in die wir es durch die sorgfältige Bestim-mung seiner Koordinaten zwischen den beiden bekannten Größen versetzen. Dann können die zu entwickelnden Handlungskompeten-zen wissensbasiert wachsen, dann kann Wissen erfahren werden, das seinen Anschluss an die Realität findet. In der Balance zwischen Käse und Eiweiß bilden sich Fähigkeiten.

Kulturgut Käse: 14 Punkte

Und sie haben sie gebildet! Schüler und Schülerinnen des EG's haben im Rahmen ihres Seminarfachs (also ihrer Abiturprüfung) an dem Projekt teilgenommen. Das heißt, zunächst unterlief uns ein Fehler. Wir wollten die Gymnasiasten mit dem Thema Käse bzw. Konzeption einer Käserei zum Einstieg überreden. Das hatte kaum Resonanz. Da war kein Eiweiß drin. Also änderten wir die Strategie und gingen mit folgender Themenstellung ins Rennen: *Konzeption einer Hofkäserei unter biotechnischen, tierethischen, lebensmittelrechtlichen, hygienischen, wirtschaftlichen und agrarpolitischen Gesichtspunkten.* Das zog! 19 Schülerinnen und Schüler des Humanistischen Gymnasiums kamen hinzu. Sie alle haben an einer Realaufgabe fachliche Kenntnisse erworben. Sie alle haben darüber hinaus an der Entwicklung von Fähigkeiten gearbeitet, derer es in unserer Zeit bedarf, um fachliches Wissen überhaupt sinnvoll einsetzen zu können, die überfachlichen oder sogenannten Schlüsselqualifikationen. Dieselben, die es braucht, um sein Leben als Unternehmer der eigenen Biographie gestalten zu lernen. Aus Schülerhand liest sich das folgendermaßen: «Die Herausforderung eines vom Schulstoff so weit entfernten Themas hat mir, nach anfänglichen Verzweiflungsanflügen, Spaß gemacht. Während der vielen Auf und Ab's, die von ‹Das lässt sich nicht bearbeiten› bis ‹Das macht sogar richtig Freude› habe ich erkannt, dass genau mein Bereich ein wirklich wichtiger ist, was mich dazu motivierte, die Sache tiefgehend zu bearbeiten. Die Tatsache, dass diese Arbeit auf ein Ziel ausgerichtet ist, das die Verwirklichung unserer Pläne bedeutet, machte es leichter, sich in der Fülle an Material zurechtzufinden. Mit Hilfe der Frage: ‹Inwiefern sind diese Informationen für die Konzeption der Käserei relevant?›, die ich mir zigmal gestellt habe, konnte ich immer wieder zum Roten Faden meiner Arbeit zurückfinden.»

Den Stallbau schließlich hatten wir soweit verlangsamt, dass er über drei Jahre lang der Fähigkeitenbildung diente. Am 19. Juli 2002 wurde er seiner Bestimmung übergeben. Auch dieses Fest eine Prüfung, die zwei Schülerinnen des Humanistischen Gymnasiums im Rahmen der Besonderen Lernleistung für das Abitur organisierten. Bis zu diesem Zeitpunkt hatten etwa 140 Schülerinnen und Schüler aus sieben Schulen Freiburgs und Umgebung daran partizipiert. Von der Erstellung einer Baustudie für den Stall bis zur Konzeption der (damals noch) zukünftigen Käserei hatten sie an einem Realauftrag fachliche und überfachliche Fähigkeiten erworben. Ich erinnere mich noch sehr genau an den Tag der festlichen Eröffnung. Der Schulleiter des erwähnten Gymnasiums kam auf mich zu. War es seine hagere Gestalt, war es die altehrwürdige Fliege, die seinen Hemdkragen zierte? Jedenfalls war mir sofort klar, dass so ein Althumanist ausse-hen müsse. «Also das hat mir jetzt gefallen», verwies er auf das abge-schlossene und erfolgreiche Projekt. «Heute Morgen habe ich die Zeugnisse ausgestellt: Latein: 10 Punkte, Griechisch: 12 Punkte, *Kulturgut Käse*: – 14 Punkte!»

Dem Leser kann es nicht entgangen sein: Das Abitur war unser eigentliches Ziel nicht. Auch die Punkte nicht, die dafür vonseiten des Staates im Namen der Studienberechtigung verliehen wurden. Eher schon das Seminarfach mit seinen offenen Arbeitsformen. Dort, wo der Staat der Zukunft eine, wenn auch noch so kleine Chance ein-räumt, wollten wir diese nutzen, um den historisch allfälligen Schritt erstmals zu erproben. Damit freilich hatten wir die neue Schule nicht entwickelt. Eher war es ein Feldversuch zur Bestimmung der Koordi-naten ihres zukünftigen Ortes. Nur der erste Versuch dieser Art, dem inzwischen eine Reihe weiterer gefolgt sind (vgl. S. 229). Es bedarf vieler solcher Wagnisse, um die beiden Königskinder zueinanderzu-führen, die, angeblich weil die Wasser zu tief sind, nicht zueinander-finden können. Doch darf das eine in der Schule nicht länger ge-schunden, das andere im Leben nicht weiter vernachlässigt werden. Die Wasser haben ihren historischen Tiefstand inzwischen über-schritten. Also lassen wir die Königskinder zueinanderfinden.

Wenn Veränderung Schule macht ...

*Die Portfoliokultur des Lernens ist nicht ohne Resonanz
geblieben in Waldorfkreisen. In Nordrhein-Westfalen wurde
ein Forschungsprojekt aufgelegt, das in den beteiligten
Schulen eine Erneuerung der Lernkultur nachhaltig unterstützt. Und damit einen ersten Anstoß bietet für weitere
notwendige Renovierungsmaßnahmen. Am Beispiel einer
Vorreiterschule wird aufgezeigt, wie der ursprünglich mit
Gründung der ersten Waldorfschule verbundene Anspruch
auf gesellschaftliche Innovation unter den gegenwärtigen
Bedingungen wiedergewonnen werden kann. Ein Konzept
wird vorgestellt, in dem die Form staatlicher Abschlussprü-
fungen zum Ausgangspunkt genommen wird, um eine neue
Art der Aufschlussprüfung (unter Beteiligung der Öffentlich-
keit) zu kreieren. – Ein Aktionsplan zwingend erforderlicher
Erstmaßnahmen zur Überwindung der vorherrschenden
Stagnation an Waldorfschulen rundet das Bild ab.*

Forschungsprojekt Portfolio
Internationales Netzwerk Portfolio

Zwar treffen wir uns im Kloster, in Klausur aber gehen wir nicht. Und
über Klausuren werden wir uns hier die Köpfe auch nicht heißreden.
Vielmehr geht es um eine Alternative zur traditionellen Form schulischen Leistungsnachweises: und damit (fast zwangsläufig) um Portfolio: als «ein Entwicklungsinstrument zum selbstbestimmten Lernen» [156]. Das alte Prämonstratenser-Reichsstift, oberhalb der noch
jungen Donau in Obermarchtal gelegen, bietet die beeindruckende
Kulisse für ein ungewöhnliches Stelldichein. Mit Lehrerinnen und
Lehrern aus Schulen und Hochschulen in Deutschland, Österreich
und der Schweiz, mit Gästen aus den USA, Schweden und Südtirol.

Über Länder- und Schulgrenzen hinweg trifft hier der Professor aus Freiburg die Gymnasiallehrerin aus Innsbruck, der Schulleiter einer baden-württembergischen Hauptschule die Schulinspektorin aus Österreich, der Konrektor des Gymnasiums aus Basel das Schulleiterteam der Montessori-Schule Berlin und der Waldorflehrer vom Bodensee die Fortbildnerin für Portfolio aus den USA. Fast so etwas wie eine Bewegung von unten. Jedenfalls hat keine Schulbehörde unser Zusammentreffen organisiert (und der Bund der Waldorfschulen ist auf so eine Idee auch noch nicht verfallen). Vielmehr hat das Interesse an der Portfoliokultur des Lernens alle Beteiligten zusammengeführt: das Ziel, in Schulen bis hinein in die Strukturen die Voraussetzungen für ein selbstbestimmtes Lernen der Schüler zu schaffen.

Den Auslöser freilich bildete jenes Telefonat, das ich mit Dr. Winter vom Oberstufenkolleg in Bielefeld geführt hatte (vgl. S. 129). Gemeinsam hatten wir die Initiative ergriffen. Zunächst als Kooperation zwischen dem Oberstufenkolleg Bielefeld und perpetuum novile einen Arbeitszusammenhang der Portfoliopioniere gegründet. Und Tagungen veranstaltet zu diesem Thema. Zuletzt in Obermarchtal in den Jahren 2002 bis 2005. Danach formiert sich die Initiative neu. Aus ihrem ‹inner-circle› geht das Internationale Netzwerk Portfolio hervor. Ein Fortbildungskonzept wird entwickelt. Der Auftritt professionalisiert, die Anbindung an Hochschulen in Deutschland, Österreich und der Schweiz geleistet und die Kontakte mit Schulbehörden und Ministerien werden aktiviert. Ab 2007 bietet das Internationale Netzwerk Portfolio in Deutschland, Österreich und der Schweiz einen zertifizierten Fortbildungskurs zum Multiplikator für Portfolioarbeit an. Der bunte Haufen hat sich zu einem professionellen Anbieter gemausert und hat doch keine Federn dabei gelassen. Er bleibt so farbig in seiner neuen Zusammensetzung wie er es in seiner ersten war. Zusammenarbeit ist Trumpf, über Länder-, und vor allem über Schulgrenzen hinweg.

Chance für die Schulentwicklung

In Obermarchtal mit dabei ist ein Vertreter der Landesarbeitsgemeinschaft (Organisation auf Länderebene) der Waldorfschulen in NRW, Klaus-Peter Freitag. Dass der eigenen Schulbewegung mit Portfolio mehr ins Haus steht als eine Mappe in Konkurrenz zu den traditionellen Epochenheften (vgl. S. 124), braucht man ihm gar nicht erst zu erklären. Den sechsten Sinn für Zukünftiges hat er bereits und kann ihn als seine Stärke einbringen in das Vorhaben, das nun entsteht und von ihm in Windeseile vorangetrieben wird. Ein Forschungsprojekt wird aufgelegt, das die Voraussetzungen für nachhaltige Schulentwicklung schaffen soll, alle Gremien auf Länder- und Bundesebene sind mit eingebunden. Stiftungen werden angefragt und schließlich überzeugt. Alle 40 Waldorfschulen in Nordrhein-Westfalen leisten einen finanziellen Beitrag, der Bund der Waldorfschulen steuert bei. Ein Budget wird aufgestellt, das dem Projekt eine Laufzeit von drei Jahren sichert. So kann schließlich ein Leiterteam gebildet, eine wissenschaftliche und pädagogische Begleitung organisiert werden. Personale Ressourcen können eingesetzt, verantwortliche Kollegen an den Schulen entlastet werden. Fünf Schulen werden ausgewählt, vertragliche Vereinbarungen zwischen Leiterteam und den beteiligten Schulen werden getroffen. Die Voraussetzungen dafür sind geschaffen, dass ein Veränderungsprojekt über die Initiative Einzelner hinaus eine Chance auf Nachhaltigkeit erhält; für mich die Möglichkeit, bei den Projektpartnern auf die Suche nach den Umrissen der neuen Waldorfschule zu gehen.

Ein neues Konzept für die Oberstufe
Im Windrather Tal

Endlich mal jemand, der Arbeit ernst nimmt! Der den Begriff, wie Steiner ihn einst vergeblich für die erste Waldorfschule zu veranlagen hoffte (vgl. S. 100), aus den gänzlich veränderten Bedingungen der

Gegenwart heraus zu erneuern sucht und zum Ausgangspunkt von Überlegungen für ein eigenes Schulkonzept macht. Im Windrather Tal ist das der Fall, einer Waldorfschule der neuen Art, untergebracht in der charmelosen Rechteckigkeit eines ehemaligen staatlichen Schulgebäudes aus den 60er Jahren und in einem Ort gelegen, der sich rund um seinen historischen Stadtkern als eine Idylle präsentiert, die so knapp unterhalb des ehemaligen Ruhrpotts jeden Besucher nur überraschen kann.

Die Windrather Talschule ist eine integrative Waldorfschule. Was zunächst bedeutet, dass in jeder Klasse und mit jedem neuen Tag die ‹Normalen› die Chance erhalten, in der Begegnung mit sogenannten Behinderten Fähigkeiten auszubilden, die es für ein zukünftig friedliches Zusammenleben auf diesem Planeten unabdingbar braucht. Schon dies eine Pioniertat! Integriert ist aber auch das, was traditionell in Waldorfschulen in die Peripherie abgedrängt wird, sich hier aber unvermutet im Zentrum wiederfindet: eben die Arbeit, die für andere. Wenn der Morgen für Schüler nicht wie sonst üblich mit dem Drücken der Schulbank beginnt, sondern mit echten Aufgaben rund um die eigene Schule, begleitet von Pädagogen, die beim Mitschaffen die Frage umtreibt, welche Rolle in der Erziehung der Wandel vom kindlichen Spiel, über das Erlernen künstlerisch-handwerklicher Fähigkeiten bis zum Arbeiten Jugendlicher im beruflichen Kontext spielt. Und die deshalb auch nicht müde werden, die Beziehungen wechselseitig zu erhellen, die vom Arbeiten hinein ins Lernen und vom Lernen hinaus in die Arbeit führen.

Ein Bemühen, das bis in die Oberstufe hinein Früchte trägt. Ausgerechnet für die Jahre, in denen das Lernen regelmäßig in den Sog der Abschlüsse gerät und sich wie selbstverständlich dabei aufs bloße Pauken zu reduzieren beginnt, hat man hier ein neues Konzept kreiert: die Kollegstufe für die Klassen 11 und 12. Deren Herzstück bilden die sogenannten Expeditionen. Was nicht nur ein neuer Name ist, sondern auch auf einen veränderten Sachverhalt deutet: die Praktikumsidee in ihrer individualisierten Form.

Ursprünglich sollte Schluss sein nach zehn Jahren

Die entscheidende Voraussetzung dafür, ins Kolleg aufgenommen zu werden, ist, zuvor aus der Schule entlassen worden zu sein. Ende der Zehnten ist für alle erst mal Schluss. Wer Kollegiat werden will, muss sich *dort* aufs Neue bewerben, wohin er bis dato zumeist fraglos gegangen ist. Tatsächlich hat ihn ja auch niemand gefragt. Und lange Zeit war er auch nicht alt genug, um selbst entscheiden zu können. Jetzt aber ist er es, und so kann, was als Verfahren der Entlassung und neuerlichen Aufnahme zunächst umständlich erscheinen mag, ausgesprochen sinnstiftend wirken. Jedenfalls dann, wenn Schüler sich dabei so grundlegenden Fragen unterziehen wie: Will ich eigentlich wieder dahin zurück oder will ich es nicht? Und wenn ja, warum? Und wenn nein, wohin will ich dann?

Einen Vorteil jedenfalls können alle Betroffenen aus dieser Prozedur ziehen. Die, die sich für das Kolleg entscheiden, ebenso wie die, die für sich einen anderen Weg favorisieren: dass sie anschließend aus sich heraus wollen, was sie bisher nur wollen sollten.

Aber noch aus einem weiteren Grund verdient dieses Verfahren Beachtung. Und zwar deshalb, weil es in überraschender Übereinstimmung zur ursprünglichen Konzeption der Waldorfschule steht. Jedenfalls muss Waldorf nicht notwendig 12 Jahre dauern! Auch wenn mir die Behauptung, dass es so ist (und anders nicht sein darf) seit Jahrzehnten bereits begegnet und wie eine eherne Wahrheit verkündet wird. Sie stimmt aber trotzdem nicht. Zumindest ist sie, wie vieles andere auch, fragwürdiger, als man es in ‹unseren› Kreisen eindeutiger gerne hätte.

Zwei Tage nämlich, nachdem Steiner den bereits erwähnten Wortbeitrag zur Gesundung der Menschenbildung ausgerechnet in einer Zigarettenfabrik geleistet hatte (vgl. S. 94), fiel in einem kleinen Kreis der Beschluss, die Initiative zur Schulgründung zu starten. Was ihr geistiger Vater zu diesem Zeitpunkt als deren innovatives Konzept vor Augen hatte, umfasste eine nur zehnjährige Schulzeit. Was sich in den Folgewochen daraus konkretisierte, ging darüber nicht hinaus.

Den acht Jahren einer Einheitsschule sollten zwei weitere einer differenzierten Oberstufe folgen[157], um anschließend die Jugendlichen dorthin zu entlassen, worauf man sie ohnehin die ganze Zeit über vorzubereiten gedachte: ins Leben nämlich. Dort sollten die einen als «Geistesarbeiter» ihren Weg an die Universität finden, in ein Grundstudium, von dem man sich zum damaligen Zeitpunkt erhoffte, dass es vorbereitender (propädeutischer) Natur sein würde (erst anschließend sollten die Studenten sich für ihr spezielles Fachstudium entscheiden). Die anderen, als «Handarbeiter», sollten sich ihre Wege in die spezielle Berufsausbildung selber bahnen.

Aber nichts war's! Die ursprünglich radikalen Ideen zur Schulzeitverkürzung scheiterten an den Realitäten, wie sie sich härter ergaben, als man es sich von der ersten deutschen Republik anfangs erhoffte. Der Plan einer «Fortbildungsschule» für die Klassen 9 und 10 (ein Oberstufenmodell mit dem Zentrum einer allgemeinen Arbeitslehre für alle) ließ sich nicht umsetzen (vgl. S. 100). Das war das Aus für die Entlassung ins Leben am Ende der Zehnten. Was zur Verschulung noch fehlte, steuerte die Okkupation der Waldorfschule im Geiste des anthroposophischen Bürgertums bei. Folgerichtig ging man zu aufs Abitur. Die Klassen wurden hochgezogen. Steiner entwickelte Jahr für Jahr den Lehrplan weiter: eine Komposition in zuletzt zwölf Akten (er hätte es aber auch in zehn gekonnt). Was nach innen so als stimmiges Konzept veranlagt wurde, blieb zur gesellschaftlichen Außenseite hin ein Kompromiss, gegen den auch gar nichts weiter einzuwenden wäre, wenn man in der Zwischenzeit mit seiner Überarbeitung begonnen hätte. Jedenfalls umfasst die Regelschulzeit für Waldorfschüler nicht deshalb bis heute zwölf Jahre, weil eherne menschenkundliche Gründe dies geböten, sondern vielmehr deshalb, weil man sich in einmal herausgebildeten Strukturen mit Vorliebe einrichtet wie in seinem eigenen Biedermeier. Wie vieles, das im Brustton der Überzeugung daherkommt, entlarvt sich auch die ‹Wahrheit der 12 Jahre› bei genauerem Hinsehen als nur spezielle Facette einer allgemeinen und zu weit verbreiteten Kochlöffelmentalität.

Nicht so im Windrather Tal. Hier hat man die Intention der ersten Stunde erfasst. Und hat damit begonnen, in einer neuen Zeit etwas Neues daraus zu machen.

Kein Angebot, das für alle gilt

Die Kollegiaten aus dem Windrather Tal verbringen erheblich mehr Lernzeit außer Haus als ihre gleichaltrigen Mitschüler an einer benachbarten Waldorfschule. Das Schuljahr lässt ihnen genügend Raum dazu, für drei Expeditionen in der elften, drei weitere in der zwölften Klasse, großzügig ausgestattet jede einzelne mit einer Dauer von vier Wochen. Die Zeit für die Vorbereitung ist gar nicht mitgerechnet und auch die eine Woche nicht, die im Anschluss an jede Expedition komplett der Nachbereitung vorbehalten bleibt. Doch beschränkt sich der Unterschied zum traditionellen Modell (vgl. S. 87) nicht auf quantitative Aspekte. Er ist vielmehr qualitativer Natur. Zunächst, indem die starre Abfolge der Praktika aufgehoben wurde, nicht länger Landwirtschaft in der Zehnten, Soziales in der Elften, Betriebliches in der Zwölften. Überhaupt nichts, was so und nicht anders zu absolvieren wäre, weil man es sich im Kollegium nicht anders, sondern nur so als förderlich für einen bestimmten Lebensabschnitt vorstellen kann. Die Frage, was in welchem Alter dran ist und warum, die in Waldorfschulen so gern en gros behandelt und klassenweise abgearbeitet wird, sie wird hier im Windrather Talkolleg gleich mit individualisiert. Also kein Angebot, das für alle gilt, kein Oberthema, dem die Einzelinteressen sich unterordnen müssten! Vielmehr bilden die Einzelinteressen selbst das Oberthema. Sechs Expeditionen in zwei Jahren, in denen jeder individuell unterwegs ist zu den weißen Flecken auf der Landkarte seiner zukünftigen Biographie.

Das Konzept unterstützt diesen Prozess. Indem es alle Freiheiten bietet im Spannungsfeld zwischen dem, was nur ‹mir› was bringt, bis dorthin, wo ‹ich› ausschließlich etwas für andere tu. Und die intensive Begleitung und Beratung der verantwortlichen Lehrer für die erforderliche Ausgewogenheit sorgt. Also, wer's nötig hat, organisiert sich seinen Intensivkurs im benachbarten Sprachinstitut, weil er sonst in Französisch für die Abschlussprüfungen kein Land sieht. Oder er verbringt vier Wochen als Gasthörerin an der geschichtlichen Fakultät der Uni Freiburg. Weil die Geschichtsepoche einfach *nur* gut war und deshalb bei ihr die Frage aufgeworfen hat, ob so ein Studium nicht etwas für sie wäre. Oder das Praktikum im Altersheim, in der Kfz-Werkstatt, der Arztpraxis, weil die Kollegiaten wissen wollen, ob sie den Anforderungen der Arbeitswelt gewachsen sind und wo eigentlich ihr Platz im Leben sein könnte.

Klar, dass auf diesen Wegen die Ausbildungsreife gefördert wird! Doch ist da noch mehr. Etwas Grundlegenderes bzw. Übergeordnetes, etwas, was vor der Entscheidung für einen bestimmten Ausbildungsberuf liegt: Berufswahlfähigkeit! Ebendas, was traditionell in Schule immer auf später verschoben wird. Im Talkolleg aber steht sie im Zentrum. Sie kann allmählich wachsen und bietet der Biographie die Chance, als Gestaltungsaufgabe erkannt zu werden.

Womit wir unweigerlich auch wieder bei Portfolio wären: bei den Regeln einer Kunst, Lernerfahrungen, die *außer* Haus gemacht wurden, *im* Haus so aufzuarbeiten, wie es notwendig ist, um sie der Fähigkeitenbildung zugänglich zu machen. Konkret: Es geht um die Weiterentwicklung des alten Praktikumsberichtsheftes in eine ‹sprechende› Mappe.

Was Menschen verbindet

Eigentlich interessiert sich Johanna nicht sonderlich für Baumpflege. Sie weiß überhaupt noch nicht so recht, wofür sie sich interessiert. Fest entschlossen ist sie nur, im nächsten Jahr ins Kolleg zu gehen. Da kann es schon eine Hilfe sein, dass sie und ihre Mitschüler aus der Zehnten heute die Portfolios der Kollegiaten aus der Elften begutachten durften. Immerhin stehen ihnen in den nächsten zwei Jahren sechs Expeditionen bevor, die es sinnvoll zu nutzen gilt. Fragt sich nur wie? Genau diese Frage erörtert Johanna in einem Beratungsgespräch, das sie mit ihrer Lehrerin und mir im kleinen Bibliothekszimmer der Windrather Talschule führt. Doch bevor wir uns gemeinsam auf die Suche nach ihren Zielen für die Zukunft begeben, bitte ich sie zunächst, ihre Eindrücke vom heutigen Vormittag zu schildern. Von den Portfoliomappen der Elfer, die sie begutachtet und zu denen sie jeweils auch schriftlich Rückmeldung gegeben hat.

Da ist ihr Nathans Mappe untergekommen, über ein vierwöchiges Praktikum bei einem Landschaftsgärtner, der sich auf Baumpflege spezialisiert hat.

«Also für Baumpflege interessiere ich mich nicht. Jedenfalls nicht wirklich», bezieht Johanna zunächst Position. «Nichts gegen Bäume! Aber ich will lieber irgendwas mit Menschen zu tun haben.» Deshalb hatte sie zunächst in der Mappe auch nur geblättert (schließlich durfte sie selbst entscheiden, welche Portfolios sie eingehender studieren, welche sie nur beiläufig betrachten wollte oder gar nicht). Aber eben dabei waren ihr die einleitenden Zeilen ins Auge gefallen. Die, die in Kursivschrift gedruckt, den Anfang jedes Kapitels schon optisch vom Folgetext abheben und dabei auch inhaltlich eine besondere Funktion erfüllen. Hier nämlich versucht der Schreiber, was anschließend folgt, schon vorher dem Leser zu vermitteln, bzw. teilt er ihm mit, warum er das Folgende überhaupt für mitteilenswürdig erachtet und was es von ihm und seinem Lernen (seiner Einschätzung zufolge) zeigt. Just hier hatte sich Johannas Interesse verfangen. Einige wenige Zeilen waren es, die sie zum intensiveren Lesen der Beiträge verleiteten: «Also wenn da steht: ‹Ich habe aus meinen Tagesberichten den vom Mittwoch ausgewählt, weil ich da an meine Grenzen gekommen bin›, dann sag ich mir doch: ‹Stopp, Johanna, das könnte auch dich was angehen.› Also für Baumpflege, na ja, Sie wissen schon ... aber an meine Grenzen komme ich auch. Eigentlich ziemlich regelmäßig. Und da hat es mich dann doch interessiert, welche Grenzen Nathan eigentlich meint. Und vor allem, was er macht, wenn er daran stößt.»

Was also hat ein Praktikant der Baumpflege gemeinsam mit einer

Praktikantin, die im Weinfachhandel Kundenwünsche zu befriedigen sucht (tatsächlich die erste Expedition, die Johanna später in Angriff nahm)? – Beide lernen! Und Lernen verbindet! Jedenfalls das Lernen, dem wir im Windrather Tal inzwischen auf die Spur gekommen sind (nicht das, von dem alle Welt nur deshalb glaubt, dass es stattfindet, weil es Schulen gibt). Brücken jedenfalls zwischen dem, was den einen mehr, den anderen weniger interessiert (und den Dritten überhaupt nicht), lassen wir die Kollegiaten selber bauen. Und unterstützen sie nur darin, in ihrem ‹by doing› die eigenen Lernspuren zu entdecken (und darin, sie anschließend in ihren Portfolios für andere lesbar zu machen). Dass die Mappen tatsächlich ‹sprechender› geworden sind, bestätigen uns die Zehner an diesem Vormittag gleich reihenweise. Keinem ist der Fortschritt entgangen, um den wir uns in den letzten Wochen so energisch bemüht haben. Damit aus den Berichtsheften alten Stils durch die Prinzipien der Auswahl und Kontextbezogenheit allmählich Portfolios werden.

Überhaupt ist den zukünftigen Kollegiaten durch die Begutachtung der Mappen deutlich geworden, worauf es im nächsten Jahr ankommt. Wenn sie mit ihrer ersten Expedition aufbrechen zu der Reise, die sie zu den weißen Flecken auf der Landkarte ihrer zukünftigen Biographie führen wird.

Ausblick

Das Forschungsprojekt der Waldorfschulen in NRW gleicht der sprichwörtlich *einen* Schwalbe, von der jeder weiß, dass sie, solange sie nur vereinzelt auftaucht, noch keinen Sommer macht. Aber ein Vorbote besserer Zeiten ist sie doch. Jedenfalls haben die fünf Schulen durch ihre Teilnahme am Projekt ausnahmslos profitiert. Bei dem Versuch, die Portfolioarbeit (wie in der Kollegstufe) zum Bestandteil eines neuen Konzeptes zu machen ebenso wie dort, wo sie in Projekte integriert wurde, die seit Jahrzehnten bereits in der Schulroutine fest verankert sind (wie z. B. Klassenspiel oder Jahresarbeit). Die Aufmerksamkeit der Beteiligten wurde in allen Fällen geschärft. Und die Qualität der Planung und Durchführung der Projekte spürbar gehoben. Intensiver geplant werden musste auch, damit am Ende ein Portfolio dabei rausschauen konnte und die Lernkultur sich spürbar veränderte. Die durch das Forschungsprojekt geschaffenen Rahmenbedingungen, insbesondere die pädagogische und wissenschaftliche Begleitung, wirkten hierbei unterstützend. So hat alle Beteiligten ein Hauch von Schulentwicklung gestreift, so viel eben, wie es eine einzelne Schwalbe vermag. Für den Projektleiter, Klaus-Peter Freitag, kann das aber nur ein Vorbote sein. Er plant inzwischen – in Kooperation mit einer Hochschule – die Gründung eines Instituts für Schulentwicklung, von dem aus Veränderungsprojekte in deutschen Waldorfschulen initiiert, begleitet und evaluiert werden sollen. Um die Anzahl der Schwalben so weit zu erhöhen, dass ein Sommer unabwendbar wird.

Lernen und Arbeiten – zwei Größen begegnen sich
Prüfung im Altersheim

Nach Kaffee und Kuchen geht es ab in den Keller, zum zukünftigen Tatort: einem richtig hässlichen Flur. Er ist Teil eines Altersheims in Unterlengenhardt. Und soll renoviert werden. Die alten Damen nämlich, wenn sie ihn morgens betreten, fühlen sich jedes Mal ein wenig deprimiert. Auch abends, wenn sie ihn wieder durchqueren müssen, um zu ihren Wohnungen zurückzufinden, geht es ihnen nicht besser dabei. An diesem Nachmittag aber sind fünf Schülerinnen und Schüler einer Stuttgarter Hauptschule da, weil sie Abhilfe schaffen wollen. Nach Kaffee und Kuchen begeben sie sich bereitwillig an ihren zukünftigen Arbeitsplatz, um dort die Wünsche ihrer Auftraggeberinnen entgegenzunehmen. Ihren Realauftrag «Renovierung eines Flurs im Altersheim Unterlengenhardt» werden sie im Rahmen ihres Hauptschulabschlusses als Projektprüfung absolvieren. Die Schulprojektgesellschaft perpetuum novile hat in Zusammenarbeit mit der

Firma terraform und der Hauptschule Stuttgart-Ditzingen die Voraussetzungen dafür geschaffen, dass die zwei Mädchen und drei Jungen an einer Aufgabe aus dem wirklichen Leben mitwirken und diese als schulische Prüfung abrechnen können.

Vor Ort sind sich die alte und junge Generation rasch einig: Der rechteckige Schlauch aus Beton mit Neonröhren stellt eine Zumutung dar. Nur, wie man Abhilfe schaffen kann und wo genau man dazu ansetzen sollte, darüber gehen die Meinungen an diesem Nachmittag auseinander. Die Schüler würden die Länge des Flurs gern durch eine Flügeltür an seinem Ende abmildern. Die alten Damen halten dagegen: Keine weitere Tür! Der Flur hat bereits genug davon. Die Schüler legen sich für ihre Idee ins Zeug. Das Kopiergerät, auch nicht gerade eine Schönheit, könnte hinter der Flügeltür verschwinden. – Nein! Jede weitere Tür ist eine zu viel. Und nach einigem Hin und Her geben die Jugendlichen nach. Mit leicht resignativem Unterton fasst Michael stellvertretend für die anderen zusammen: «Also gut! Nicht unsere Idee, sondern Ihre Wünsche!» An exakt diesem Punkt setzt das Projekt an: bei der Ermittlung des fremden Bedarfs. Was die Alten brauchen, wird zum Ausgangspunkt für die Arbeit der Jungen, eine Prüfung, die in den nächsten Wochen ungeahnte Kräfte freisetzt. Von der Konzeption und Planung über den Bau eines Modells, die Materialbeschaffung bis zur Umsetzung vor Ort, der anschließenden Dokumentation und Präsentation der Erfahrungen reicht das Engagement der Projektteilnehmer. Begleitet und unterstützt von ihrer Lehrerin und dem Architekten der Firma terraform. In der Prüfungswoche schließlich gehen die jungen Leute im Altersheim täglich aus und ein. Die Kellerwände erhalten durch wiederholtes Lasieren einen Hauch Transparenz mit einem Anstrich von Freundlichkeit. Die Beleuchtung wird erneuert, und als Clou des Ganzen (im Einvernehmen mit den alten Damen) wird die Decke durch eine so biegsame wie schöne Pappel-Sperrholz-Konstruktion ihrer schroffen Ecken beraubt, ein Arrangement, das sich sehen lassen kann, z. B. bei der Abschlusspräsentation. – Der ersten Prüfung, der ich beiwohne, die nicht hinter verschlossenen Türen stattfindet, sondern dort, wo sie ursprünglich herkommt und zukünftig wieder hingehört: im Leben selbst.

Das Gutachtergremium hat sich entsprechend erweitert. Neben dem Schulleiter, Lehrern, einigen Eltern, dem Geschäftsführer und Architekten der Firma haben im Aufenthaltsraum des Altersheims auch die Abnehmer der Schülerleistung Platz genommen: die alten Damen. Nachdem die Schüler, um Einblick in ihre Arbeit zu geben, die notwendigen Utensilien um sich herum platziert haben, tritt Michael vor und begrüßt die Gäste im Namen seines Teams. Jetzt am Ende des Projektes nimmt er noch einmal Bezug auf das Motiv, das von Beginn an wirksam war: «Wir haben dieses Projekt gewählt, weil wir etwas für die alten Damen tun wollten.» Und als erstes Feedback aus dem Kreis der alten Damen erhält er spontan Beifall. Und ein lautes Bravo schallt ihm entgegen.

Nicht mein Moped, nicht die Stereoboxen für meine Anlage (vgl. S. 83), sondern die Renovierung eines Flurs im Altersheim! Die Befriedigung eines fremden, nicht des eigenen Bedarfs bildet das Motiv für die Arbeit und liefert den Antrieb dazu. Wie nachhaltig der Altruismus wirksam war, stellt das Team an diesem Nachmittag mit seiner Präsentation noch einmal unter Beweis. Und die Abnehmer der Schülerleistung lohnen es durch Aufmerksamkeit und Teilnahme. Am Ende erhebt sich die alte Dame, von der zu Beginn das erste spontane Feedback ausgegangen war. Möglicherweise erscheint es ihr nachträglich zu undifferenziert. Jedenfalls steht sie auf, holt spürbar Luft und sagt mehr zu sich selbst als zu den Umstehenden: «Jetzt habe ich erst richtig verstanden, wie alles gewesen ist. – Ich bin *tief* beeindruckt!» Fast schon ein Schlusswort. Doch wollen die Gäste sich offenbar noch vor Ort von der Güte des Projekts überzeugen. Also nochmal: ab in den Keller und Rede und Antwort stehen. Denn angesichts des ansehnlich erfüllten Tatbestandes werden die Schüler mit Fragen überhäuft: Wie man auf diese Form gekommen, warum man gerade Pappelholz gewählt, wie sich die Farben der Lasur zusammensetzen …? Und: warum eigentlich keine Flügeltür die Länge des Flures mildert? Wie reagiert man auf Prüfungsfragen dieser Art?

Gelassen, wie Carsten sich später in der Auswertungsrunde äußert: «Wenn man sich so lange mit etwas auseinandersetzt, mal was verbockt, aber wieder ausbügeln kann, dann steht man am Ende drin in der Sache.» Die abschließende Vergabe der Zensuren (als schulische Form der Entlohnung für Leistung) gerät dabei fast zur Marginalie. Die Motivation der jungen Leute jedenfalls, die man kaum anders als intrinsisch bezeichnen wird, hatte sie nicht verstören können.

Frappierend auch an diesem Tag, in welcher Übereinstimmung sich Michael mit Intentionen Rudolf Steiners befunden hat, der (nach dem Scheitern der Dreigliederungsbewegung) einst versuchte, den neuen Arbeitsbegriff zum konstituierenden Bestandteil seines pädagogischen Experiments zu machen. Vergeblich, wie wir wissen (vgl. S. 100). Doch heute Nachmittag haben Michael und sein Team Rudolf Steiner verstanden, fünf Hauptschüler, die in einem anthroposophischen Altersheim in Unterlengenhardt ihre Projektprüfung absolvierten. Möglich, dass das Ambiente einen Teil zu dieser Übereinstimmung mit beigetragen hatte und auch die alten Damen Michael zu seiner Einsicht inspirierten.

Jetzt zeig ich Ihnen, wer ich wirklich bin

Bei DaimlerChrysler in Mannheim, im Büro Gunther Weidners, des Leiters der Technischen Ausbildung. Vor uns auf dem Tisch liegen verschiedene Leitz-Ordner. Alle randvoll mit Bewerbungsunterlagen für das kommende Ausbildungsjahr. «Sehen Sie», erfährt unser Gespräch durch meinen Gastgeber den ersten Anstoß, «hier zum Beispiel: Hauptschulabschluss mit Durchschnittsnote 3,4. Dazu ein formales Bewerbungsschreiben. Ersteres so unerfreulich wie Letzteres nichtssagend ist. Und von Beispielen dieser Art quillt der Ordner über. Anfangen aber lässt sich mit keinem etwas. Das Einzige, was mir zu tun übrigbleibt, ist, die Absage über das Sekretariat zu veranlassen. – Doch», fährt er nachdenklich geworden fort, «wenn ich etwas in die Hand bekäme, mit dem der Bewerber mir zeigt, dass er Fähigkeiten besitzt! Irgendein Potenzial, auf das er mich hinweist. Und das ihn für mich interessant macht. Ich würde ihn sofort einladen. So aber ...» – «Was Sie da suchen, heißt Portfolio», lautet mein kurzer Einstieg in eine längere Ausführung, durch die ich meinen Gesprächspartner auf den Pfad der Tugend hin zu einer bahnbrechenden Alternative zu führen gedenke. «Kenn ich», stellt mein Gegenüber lakonisch fest, nachdem ich geendet habe. «Hat mir ein Waldorfschüler gezeigt.» – «Wie bitte?» liegt das Erstaunen plötzlich ganz auf meiner Seite, eine Überraschung, in die sich unwillkürlich Erinnerungen mischen an die Ereignisse, die mich bis hierher ins Büro geführt haben.

Vor einigen Wochen nämlich hatte mich Herr Weisschuh, der Leiter des Fachbereichs Ausbildungspolitik, nach Stuttgart in die Konzernzentrale der DaimlerChrysler AG eingeladen, zusammen mit Teamleiterinnen und -leitern der Ausbildungsabteilungen aller Standorte Baden-Württembergs. Dort durfte ich erzählen, was perpetuum novile ist und bislang versucht hat, Neues in die Welt zu bringen. Und anschließend überlegten alle Anwesenden, was der große Weltkonzern und die kleine Existenzgründung gemeinsam unternehmen könnten. Brainstorming nennt man so was. Wenn alle Ideen äußern dürfen und keiner sofort widersprechen darf. Was ich dabei zu hören bekam, gefiel mir. Denn so unterschiedlich DaimlerChrysler und perpetuum novile auch sein mögen, *ein* Ziel haben beide doch gemeinsam: Sie wollen wachsen. So fassten wir an diesem Nachmittag unser erstes Joint Venture ins Auge. Und ich wurde eingeladen, mich in Verfolgung dieses Zweckes zunächst einmal in allen Werken umzusehen. Ich kam als Erstes ins Stammwerk nach Mannheim, dorthin, wo Daimler und Benz seinerzeit 1926 fusionierten. Der Grund, warum ich – bei aller heutzutage geforderten Flexibilität – diesem Standort treu geblieben bin, war wohl Herr Weidner selbst, der Manager einer Weltfirma, der mir, seit ich ihn kenne, immer wieder zeigt, was es heißt, sein gegenwärtiges Tun aus der Zukunft zu organisieren (und Erfahrungen, statt in ihnen wie in aufschießendem Gestrüpp hängenzubleiben, in Aufmerksamkeitspunkte für das eigene Handeln zu verwandeln).

So weit also war ich gekommen, um hier von meiner Waldorfvergangenheit wieder eingeholt zu werden! «Vor drei Jahren», hub Herr Weidner an, «hat sich ein Waldorfschüler bei uns beworben. Das machen sie nicht häufig», fügte er halb feststellend, halb fragend hinzu. «Jedenfalls, nachdem er den Eingangstest absolviert hatte, stand er von seinem Platz auf. Mit den Worten, ich erinnere mich noch genau: ‹Und das ist alles, was Sie von mir wissen wollen?› Dabei wies er einigermaßen resigniert auf die Blätter des eben absolvierten Standardtests. Ich beeilte mich, ihm zu versichern, dass er gern mehr von sich zeigen könne. Offensichtlich hatte er meine Bereitschaft bereits im Voraus mit einkalkuliert. Denn in einer Ecke lag ein Rucksack, er nahm ihn auf und begann dessen Inhalt bedächtig vor mir auszubreiten. Mit Worten, die ich noch genau erinnere: ‹Jetzt zeige ich Ihnen, wer ich wirklich bin.› Natürlich sprach er dann über die Entstehung der Arbeiten, seine Bemühungen, seine Fortschritte. Und die Qualität seiner Ergebnisse. So was ist doch Portfolio, oder?» – «Auch ohne Mappe», blieb mir nur einzugestehen übrig. «In einem Maße Portfolio, dass man den Eindruck gewinnt, der junge Mann hätte diese Arbeitsweise geradezu erfunden. Wir sollten nur noch dafür sorgen, dass nicht jeder in Zukunft mit Rucksack, Koffer (oder einem Anhänger gar) zur Bewerbung vorfahren muss.» – «Also eine Mappe!», folgert mein Gesprächspartner. «Aber so viel noch zu diesem Bewerber: Wir haben ihn natürlich genommen. Mit Kusshand. Im ersten Lehrjahr zwar tat er sich etwas schwer. Wohl, weil wir ihn unterforderten. Wir übertrugen ihm nicht die Verantwortung, nach der er verlangte. Ab dem zweiten Lehrjahr aber spannten wir ihn mit ein in die Entwicklung neuer Ausbildungsgänge. Von diesem Augenblick an entwickelte er sich blendend.» Und als wären der Überraschungen an diesem Vormittag noch nicht genug, fügt Herr Weidner hinzu: «Eben vor einer Woche hat er seine Ausbildung mit der Durchschnittsnote 1,5 absolviert. Als Zweitbester von 115.» Für einen Augenblick bin ich versucht, meinen intensiv gehegten Zweifel an Abschluss und Durchschnitt fallenzulassen. Doch besinne ich mich noch rechtzeitig auf das, was, veranlasst durch einen Waldorfschüler, aus dem Joint Venture zwischen Daimler und perpetuum werden könnte. Und gemeinsam entwickeln Gunther Weidner und ich in der nächsten Stunde in Umrissen ein Projekt, das sich später, im Stadium seiner gültigen Formulierung, so ausnimmt:

«Schüler der Justus-von-Liebig-Schule (Mannheim) erhalten die Möglichkeit der Erkundung des Berufsbildes ‹Fertigungsmechaniker› in der Ausbildungsabteilung der Firma DaimlerChrysler in Mannheim. Das im Projektverlauf in den Schritten Dokumentation, Reflexion und Selbstreflexion entstehende Portfolio soll den individuellen Zugang zum Berufsbild aufzeigen und die erreichte ‹Erfahrungstiefe› spiegeln. Ziel ist die Bewerbung um einen Ausbildungsplatz zum Fertigungsmechaniker bei der Firma DaimlerChrysler unter Berücksichtigung des Portfolios, seiner Vorlage, Präsentation und Bewertung. Das so entstandene ‹Produkt› kann zum Zwecke der Bewerbung an anderer Stelle von den Teilnehmern weiterbearbeitet und modifiziert werden.»

Am schlechten Durchschnitt vorbei zum Ausbildungsplatz ...

Am 9. Februar 2004, 6.15 Uhr, haben sich 12 Schüler der Justus-von-Liebig-Schule am Tor 1 der Firma DaimlerChrysler AG Mannheim zu ihrem ersten Erkundungstag eingefunden: Schüler des Berufsvorbereitungsjahres. Sie dürfen in den nächsten drei Monaten an diesem und elf weiteren Tagen in der Lernfabrik und unmittelbar im Produktionsbetrieb den Beruf des Fertigungsmechanikers kennenlernen. Ihr Ziel ist, einen Ausbildungsplatz zu erhalten. Und sie wissen, dass DaimlerChrysler 12 Plätze für sie freihält. Sie wissen auch, dass keiner von ihnen es auf dem gewöhnlichen Weg der Bewerbung bis hierhin geschafft hätte. Im üblichen Verfahren wären sie alle mit ihrer Durchschnittsnote durchs Raster gefallen. Und von der Schule aus in die drohende Arbeitslosigkeit entlassen worden. Doch als Teilnehmer des Projektes haben sie für die erste Überraschung bereits gesorgt. Sie haben den Eignungstest bei DaimlerChrysler absolviert und haben ihn alle bestanden. In den nächsten Monaten werden sie zeigen, was sonst noch in ihnen steckt. An zwölf ausgesuchten Stationen dürfen sie ihren Wunschberuf praktisch erkunden. Vier Azubis des zweiten Lehrjahres begleiten sie dabei. Sie schlüpfen in die Rolle der Ausbilder, um so ‹by teaching› anzuwenden, was sie auf ihrem bisherigen Ausbildungsweg gelernt haben. Am 5. Mai sollen die Ergebnisse präsentiert werden. Alle Schüler legen dann eine Bewerbungsmappe vor, die den individuellen Zugang zum Berufsbild aufzeigen und die erreichte ‹Erfahrungstiefe› widerspiegelt. Die dafür verwendeten Materialien werden dem Beruf selbst entnommen. Also Schrauben und Drähte. Und am Ende eine Mappe aus Blech! Man soll der Sache von außen bereits ansehen, was in ihr steckt. Schließlich hat Herr Weidner den Teilnehmern am Starttag des Projektes mit auf den Weg gegeben: «Wer mir am Ende eine Mappe vorlegt, die in der Art, wie sie gestaltet ist, zeigt, dass er sich mit dem Beruf kreativ auseinandergesetzt hat, den nehme ich sofort.»

Doch beginnt die Bewerbung um einen Ausbildungsplatz eigentlich schon an diesem Montag. Das wissen die 12 Schüler vor dem Tor 1 der Firma DaimlerChrysler in Mannheim. Die Meister im Betrieb, die Ausbilder, auch die Azubis werden in den nächsten Wochen reichlich Gelegenheit haben, sie kennenzulernen und zu prüfen. Doch haben auch sie reichlich Gelegenheit zu zeigen, was in ihnen steckt. Und sie sind entschlossen, diese Chance zu nützen.

Bloß ein Bluff

Dachten wir jedenfalls zu Beginn. Doch die Wirklichkeit war wieder einmal komplexer. Schließlich hatten wir uns mit Schülern aus dem Berufsvorbereitungsjahr die denkbar schwierigste Klientel für unser Experiment ausgesucht. Mit abgebrochener Schullaufbahn die einen, abgebrochener Lehre die anderen, und nicht wenigen darunter mit einer Einstellung, die in diesem zarten Alter überraschen mag:

eigentlich nichts mehr vom Leben zu erwarten. Nichts jedenfalls, was die Entwicklung der eigenen Biographie befördern könnte. So äußerten sich einige Teilnehmer noch nach Abschluss des Projektes, dass sie alles schlichtweg für einen Bluff gehalten hatten. Keiner, redeten sie sich ein (und hielten zäh daran fest bis zuletzt) würde je einen Platz bei Daimler bekommen. Illusion pur das alles. (Auch wenn man ganz offensichtlich einigen Aufwand betrieb, sie ihnen vorzugaukeln.) So schafften es schlussendlich nur acht von zwölf bis zum Zieltag der Präsentation. Einer weigerte sich verbissen, mit seiner Mappe vor Publikum aufzutreten und zu sprechen. Ein Jugendlicher aus Litauen, wie überhaupt die Teilnehmergruppe eine eher migrantische als deutsche Zusammensetzung aufwies. Die restlichen sieben boten eine überraschende Leistung. Und konnten neben der unverzichtbaren Power-Point-Präsentation ihre Persönlichkeit behaupten. Mit Hilfe ihrer Erfahrungen, einiger Werkstücke und, nicht zuletzt, durch ihre Mappe aus Blech. Drei Schüler erhielten direkt im Anschluss eine Ausbildungsplatzzusage, ein vierter über die Warteliste im Herbst. – Zugegeben, ein bescheidener Anfang für das Prinzip, den Weg von der Schule in den Beruf individuell zu gestalten. Doch haben alle, die beteiligt waren (oder davon hörten), neben den quantitativen auch noch andere Kriterien angelegt. Die «Neuen Wege in die Ausbildung», wie das Projekt seitdem heißt, wurde rundum als Erfolg gewertet. Und erntete zuletzt – bei einer Betriebsversammlung im Hause von Daimler und Benz in Mannheim – den Applaus der gesamten Belegschaft.

Hänschen klein ging allein

Es begann in den 90er Jahren mit einem Gefühl. Die Sowjetunion hatte sich gerade aufgelöst. Ihre Ober-Leitungen, die seit Jahrzehnten für die Ost-West-Spannung zuständig waren, fielen plötzlich aus. Niemand weit und breit, der Interesse daran hatte, sie wieder instand zu setzen. Die Deutschen hatten sich vor kurzem auf einen gemeinsamen, langweiligen Nationalfeiertag *geeinigt.* Und waren, um die Landschaften im Osten zum Blühen zu bringen, mit der Verdopplung ihrer Staatsschulden *voll* beschäftigt. ‹Das Ende der Geschichte› wurde in Aussicht gestellt. Da kündigte sich – insbesondere hinter zwei Begriffen – eine ganz neue Dynamik an: mit der Globalisierung und Informationstechnik. Sie würde alles und jeden erreichen, irgendwie jedenfalls und ziemlich schnell. So vage diese Empfindung zunächst war, so klar zeichneten sich frühzeitig daraus zwei Alternativen ab: Weitermachen wie bisher. Sich einrichten in den Zuschauerreihen und der eigenen Kritik (auch wenn sich die Distanz zu den Ereignissen unweigerlich verringern und die Betroffenheit zunehmen würde). Oder den Ereignissen entgegengehen und versuchen, bei der zu erwartenden Flexibilisierung aller Lebensverhältnisse gestaltend mitzuwirken.

Ein bisschen merkwürdig klingt das freilich schon. Wie weiland das Lied vom Hänschen, das klein und allein in die Welt hinausging (sich diesmal aber geschworen hat, nicht wieder zu Muttern zurückzukehren), aber so war's. Ein vages Gefühl, doch dafür intensiv. Jedenfalls ließ sich das Ganze vom Klassenzimmer aus nicht managen. Ich würde mich bewegen müssen, wenn ich nicht Gefahr laufen wollte, vom Leben fürs Zuspätkommen bestraft zu werden.

Inzwischen war, ausgehend von Veränderungen auf dem Feld beruflicher Bildung, viel von *neuen* Fähigkeiten die Rede. Die Schlüsselqualifikationen gerieten in alle Munde. Die Phalanx der Personal-, Sozial- und aller weiteren zukünftig unverzichtbaren Kompetenzen war im Anmarsch. Zu den fachlichen traten die überfachlichen Qualifikationen. Allein über spezielle berufliche Fertigkeiten zu verfügen, würde nicht mehr genügen. Zusätzlich sollte sich jeder nach Fähigkeiten umsehen, mit denen er die Bedingungen zur Ausübung seiner Spezialität selbst herzustellen lernt. Nur zu wissen, wo die eigene Schraube hin und wie rum sie richtig gedreht gehört, das war einmal. Jetzt hieß es achtgeben, wer sonst wo noch an einer dreht. Auch andere als die eigene drehen lernen. Und täglich verabreden, wer jeweils wo und bis wann flexibel mit welcher beschäftigt ist.

Verantwortung wurde nach unten verlagert. Der Siebenmeilen-schritt vom weisungsabhängigen Arbeiter und Angestellten zum Mitunternehmer ernsthaft in Erwägung gezogen. Und von einigen Vorzeigefirmen erfolgreich bewältigt.

Wenn ich da als Erzieher zukünftiger Generationen meine Glaub-würdigkeit nicht einbüßen wollte, dann müsste ich meinen Beruf mit einer neuen Schicht unternehmerischen Initiativgeistes unterlegen. Und etwas tun!

Vom Netzwerk zum perpetuum

Es begann zunächst in der eigenen Schule, durch zahlreiche Projekte für Schüler. Doch als wieder einmal deutlich wurde, was zuvor schon als gesicherte Erkenntnis hätte gelten können, dass sich nach-haltig nichts bewegen ließ, empfahl sich der Bau eines Beibootes und seine Trennung vom Mutterschiff. Längst lag es zu schwer im Wasser. Das «Netzwerk Innovative Projekte» wurde gegründet, in dem Waldorflehrer von überallher sich verfingen, um über die Be-ziehung ihrer Pädagogik zur Arbeitswelt im Kontext gesellschaft-lichen Wandels nachzudenken. Aus dem Netzwerk ging die Idee des Stallbauprojektes hervor (vgl. S. 213), und aus deren Umsetzung die perpetuum novile-Schulprojektgesellschaft. Von der ungewöhn-lichen Liaison zwischen einer Kapitalgesellschaft und einer gemein-nützigen Organisation versprachen wir uns Signale in zwei Richtun-gen. Zum einen in die Unternehmenswelt: Mit Gesellschaftern und Beirat im Hintergrund, Geschäftsführung und Projektleitung im operativen Geschäft, empfehlen wir uns mit kurzen Wegen zu Ent-scheidungen und langem Atem in Umsetzungsprozessen. Zum an-deren in die Schulen: Als gemeinnützige Einrichtung erwirtschaften wir keinen Profit und leben wie notwendig alle Einrichtungen des Bildungswesens von den Gewinnen anderer. So ergab sich als Auf-gabe, Brücken zwischen den Welten zu bauen, «Schüler für wirt-schaftliche Fragen und Unternehmen für die Impulse junger Menschen» zu interessieren.[158] Die bislang beste (grundsolide gebaut und weite Horizonte öffnend) führt über die «Neuen Wege» in die Ausbildung.

Ein Armutszeugnis des Schulsystems

Zu Gast im Regierungspräsidium Karlsruhe, Abteilung 7, ehemaliges Oberschulamt. Frau Schwaiger vom Referat 77 hat eingeladen. Neben ihr Platz genommen hat der Schulpräsident, Herr Dr. Schnatterbeck, der sich die nächsten zwei Stunden, weil ihm das Thema so wichtig erschien, kurz zuvor noch aus seinem Terminkalender geschnitten hat. Mit in der Runde Herr Benz und Herr Wagner als Vertreter der Wirtschaftsjunioren, Referatsleiter aus dem Hause und Professor Bräuer vom Schreib-Lese-Zentrum der PH Freiburg. Nachdem die ‹Neuen Wege› drei Jahre erfolgreich in Mannheim begangen werden, wollen wir heute laut darüber nachdenken, wie sie BVJ-Schülern in Karlsruhe in Zukunft auch geebnet werden können.

Im letzten Jahr war ich einer Einladung der Wirtschaftsjunioren nach Karlsruhe gefolgt. Zu einer Podiumsdiskussion, die den beklagenswerten Status der sogenannten Haupt- (aber tatsächlichen) Restschulen des Landes zum Thema hatte. Und Auswege aus dem Dilemma versprach. Anlass genug für mich, auf die ‹Neuen Wege› in Mannheim hinzuweisen. Schließlich wurden sie in der Mehrzahl von Hauptschülern begangen. Von denen unter ihnen, die nach ihrem Abschluss den Anschluss in die Ausbildung nicht finden können. Und von der Logik des deutschen Bildungssystems ins folgerichtig letzte Glied abgeschoben werden: ins BVJ. Was zwar so viel wie Berufsvorbereitungsjahr heißt, die Mehrzahl der Betroffenen aber in die Jugendarbeitslosigkeit entlässt. Also hatte ich einen möglichen Ausweg aus dem Dilemma aufgezeigt. Und mal wieder das Gefühl dabei, dass die Ohren für die allgemeine Klage über Missstände viel größer sind als für konkrete Projekte, die die Energien in eine erfolgversprechende Richtung umzulenken versprechen. Aber denkste! Drei Monate später verfing sich in meiner Mailbox der Beschluss der Wirtschaftsjunioren, die ‹Neuen Wege› in Karlsruhe in Kooperation mit perpetuum novile zu eröffnen. Im kommenden Schuljahr bereits. Und von Stund an hatte ich Partner, wie ich sie jedem nur wünschen kann, der im ‹Pisa-Deutschland› dem dort nachgewiesenermaßen schiefstehenden Turm zu mehr Aufrichte verhelfen will.

Innerhalb kurzer Zeit hatten wir neun Firmen beieinander, die vierzehn Ausbildungsplätze für erfolgreiche Teilnehmer ins Projekt einbrachten. Und die drei Schulen Karlsruhes, die alljährlich von Schülern überlaufen werden, die ihre reguläre Schulzeit mit schlechtem Abschluss (oder gar keinem) beendet haben. Um sie nach einem Jahr von dort wieder zu entlassen: meist ohne Anschluss an einen Ausbildungsplatz.

Nicht so die Teilnehmer unseres Projektes, die wir dort zu finden hofften. Wer unsere ‹Neuen Wege› erfolgreich absolvieren würde, hätte seinen Ausbildungsvertrag in der Tasche: als Kraftfahrzeugmechatroniker bei DaimlerChrysler, Elektriker bei den Stadtwerken, Bürokauffrau bei Health & Beauty (und als vieles andere mehr). Auch dann, wenn ihn sein Durchschnitt zu solchen Hoffnungen nicht berechtigt und ihn auf dem üblichen Bewerbungsweg nur Absagen erreichen. Bis dahin allerdings haben die Teilnehmer eine gehörige Rüttelstrecke zurückzulegen, die nicht alle erfolgreich absolvieren. Ins Ziel getragen wird niemand! Der Stress beginnt bereits in der Bewerbungswoche. Allein um ins Projekt aufgenommen zu werden, müssen sich die Teilnehmer einer Reihe von Herausforderungen stellen: dem Markttag, der Schreibwerkstatt, dem Teamparcours, dem Open Music Workshop, einem Eignungstest und dem Bewerbungsgespräch (vgl. S. 235). Nur wer am Ende zeigt, dass er sich aktiv mit dem gewünschten Ausbildungsberuf auseinandergesetzt hat und weiß, warum er dort (und nirgendwo sonst hinwill), erhält den Zuschlag fürs Projekt, aber noch nicht seinen Ausbildungsplatz. Dieses Ziel winkt erst nach einem qualifizierten Praktikum (dessen Erfahrungen die Teilnehmer durch reflexives Schreiben auf ihr darin verborgenes Lernen erkunden), erst nach der Gestaltung eines Portfolios und erst mit seiner Vorlage bei der Abschlusspräsentation. Wer hier den Mehrwert aufzeigen kann, den dieser neue gegenüber den bisher gebräuchlichen Leistungsnachweisen besitzt, kann tags darauf die Unterschrift unter seinen Ausbildungsvertrag setzen.

Wir finden Zeit, unsere ‹Neuen Wege› vorzustellen. Zum Abschluss bieten wir nun über Laptop und Beamer direkte Einblicke in den Projektverlauf. Im letzten Jahr nämlich haben wir unser firmeneigenes ‹Archiv der Zukunft› [159] mit der ersten perpetuum novile-Kurzfilmproduktion eröffnet. Auch wenn wir uns damit zuallererst den Unterschied zwischen unseren amateurhaften Bemühungen zur Professionalität der Filme Reinhard Kahls praktisch vor Augen geführt haben, so kann sich doch durchaus sehen lassen, was wir heute vorzuführen haben. Eben läuft die Sequenz, in der Marco und Martin, zwei Erfolgreiche des Vorjahres, ihre Portfolios präsentieren, und aus diesem Anlass auf den Schweiß zurückblicken, den diese Arbeit notwendig in ihnen hervorgetrieben hatte, aber auch auf den Stolz, den sie jetzt nachträglich darüber empfinden. Marco schließlich zieht Bilanz: Ein Portfolio zeige eben, dass mehr in ihnen stecke als ihr Zeugnis von ihnen zeige. Da beugt sich Frau Schwaiger zu mir herüber. Offenbar fühlt sie sich veranlasst, Marco beizupflichten: «Noten, Herr Iwan, sind ein Armutszeugnis des Schulsystems.» – Wie viele meiner Waldorfkollegen diese Aussage wohl noch unterschreiben würden!? In meinen Ohren jedenfalls klingt sie wie Musik.

Der Waldorfschule ins Stammbuch geschrieben
Komplette Fehleinschätzung

Es war in dem Jahr 2000, perpetuum novile war kurz vorher gegründet worden. Wie uns schien, an einem welthistorisch nicht unbedeutenden Wendepunkt. Nur leider, die Welt nahm kaum Notiz davon, ging ihren Gang *mit* uns, wie sie ihn vorher *ohne* uns gegangen war. Also mussten wir versuchen, sie für uns zu interessieren, und begannen mit der Planung einer Tagung. Oder vielmehr eines Kongresses.

Weil Kongress bedeutender als Tagung klingt. Und zu einiger Bedeutung in der Welt wollten wir es ja schließlich bringen. Den passenden Aufmacher zur geplanten Großveranstaltung hatten wir auch gleich parat: ein Wortspiel, das Interessenten in Scharen anlocken müsste: perpetuum novile, *wenn Veränderung Schule macht ...*

Man wird es sich bereits gedacht haben: ganz so groß fiel der Kongress nicht aus. Im Gegenteil wäre er beinahe ins Wasser gefallen, wenn uns nicht ein mit Mühe und Not zusammengekratztes Minimum von hundert Besuchern vor der ersten Blamage unseres noch blutjungen Unternehmens bewahrt hätte. Voll Idealismus gestartet, waren wir durch eine komplette Fehleinschätzung der tatsächlichen Nachfrage einer Bauchlandung nur knapp entgangen. Etwas aber hatte bereits zu diesem frühen Zeitpunkt gestimmt – das Motto unseres Kongresses: perpetuum novile, *wenn Veränderung Schule macht.* Im Doppelsinn der Worte lag das Leitbild verborgen, das bis heute wirksam ist und uns auch in Zukunft weitertreibt: Veränderung, die *Schule* macht, weil sie sich durchsetzt als Prinzip. Und tatsächlich Schule *macht*, indem sie bis in die strukturellen Voraussetzungen für eine Erneuerung der Lernkultur wirksam ist. Heute machen wir das und werden dafür sogar nachgefragt. Von einer Reihe Hauptschulen in Baden-Württemberg, die sich von ihrem Image als Restschulen der Nation befreien und unsere ‹Neuen Wege› zum Ausgangspunkt konzeptioneller Überlegungen für eine veränderte Lernkultur machen.

Sieben Jahre nachdem wir unseren eigenen Kurs bestimmt haben und seitdem in fremden Gewässern kreuzen, meldet der Ausguck: Vom Mutterschiff keine Spur! Zwar verfolgt das Beiboot seit seiner Trennung Ideen, die aus den konzeptionellen Ursprüngen der Waldorfschule herrühren, aber mit Waldorfschulen werden sie heute nicht verwirklicht. Auszüge aus unserem Logbuch, dort gelegentlich veröffentlicht (die Evaluation des Stallbauprojektes wurde an alle deutschsprachigen Waldorfschulen verschickt, ohne eine einzige Reaktion), trafen entweder auf taube Ohren oder ungläubiges Staunen. Sie wurden gar nicht oder nur als Botschaft von einem anderen Stern wahrgenommen. Eine Kursänderung jedenfalls blieb aus. Was hat auch die Planung einer Käserei, die Projektprüfung im Altersheim, der Zugang zum Ausbildungsberuf mittels Portfolio mit ‹Waldorf› zu tun? Nichts! – Solange man die Ideen, denen man einst seinen Ursprung verdankte, in ihrer zeitgemäßen Form nicht zu erkennen vermag.

Perpetuum novile setzt mit seinem Engagement dort an, wo es der ersten Waldorfschule bereits in ihrer Gründungsphase verlorenging: bei der beruflichen Bildung, bei den Jugendlichen der neuen Unterschicht. Aus dem Prekariat (was sich laut Shell-Studie 2006 aus prekär plus proletarisch zusammensetzt). Es bestimmt die Koordinaten des Lernens neu, indem sie Arbeit in Realsituationen zum Ausgangspunkt schulischen Lernens macht. Entwickelt aus den zwei getrennten Welten des Lebens und Lernens eine dritte, in der fachliche Qualifikation und überfachliche Kompetenz in wechselseitiger Steigerung zueinanderfinden, und bietet jungen Menschen somit die Chance, in der Wissensgesellschaft der Zukunft handlungsfähig zu sein und Handlungskompetenzen wissensbasiert zu entwickeln.

Hetzjagden auf Kochlöffel vermeiden

Vor dem Hintergrund des bisher Erreichten seien *den* Waldorfschulen, die sich rundzuerneuern in Zukunft bereit sind, einige Empfehlungen in ihr Qualitätshandbuch geschrieben. Als Zusammenfassung des bisher Gesagten und in thesenartiger Verkürzung (damit viel Platz darin für eigene Ideen und deren Umsetzung bleibt).

- Über allem gilt: Die emanzipatorische Rolle, die der ersten Waldorfschule im Kontext des gesellschaftlichen Umbruchs vom Kaiserreich zur Republik einst zugefallen ist, muss nach nunmehr bald 90 Jahren – und in vollständig veränderter Zeitlage – bewusst (also gänzlich neu) errungen werden. Das hört sich nach viel Arbeit an und wird auch nicht ohne Schweiß abgehen. Nur muss damit keine weitere zu allen schon vorhandenen Belastungen hinzukommen. Im Gegenteil. Wer sich an Zielen aus- und aufrichten lernt, wird sich infolge der Anziehung, die von ihnen ausgeht, vom Druck des Alltagsgeschäftes sukzessive entlastet fühlen.

- Also lautet die Devise: Proagieren statt reagieren! Das Handeln aus Zukunftsentwürfen herleiten. Aus den eigenen Quellen im selben Maße schöpfen wie aus den Ideen, die in der Luft liegen und in der Zeit. Gesellschaftlichen Wandel antizipieren. Und das bloße Kreisen um Themen vermeiden, denen andernorts längst ein langer Bart gewachsen ist. Im Gegenteil! Sich mit Konzepten in die Debatte werfen, die vom Geist einer Annahme echter Herausforderungen beseelt sind.

- Bitte ein neues Modell der Mittelstufenjahre entwickeln! Die Koordinaten des Lernens gerade für *die* Jahre neu bestimmen, in denen die ‹Noch-Kinder› und ‹Bereits-Jugendlichen› an den Mauern, die die Institution Schule gegen das Leben errichtet, laut zu rebellieren oder leise zu resignieren beginnen. Durchlässigkeit zum Leben als wesentlichen Bestandteil aufnehmen ins Schulkonzept! Klassenlehrer anhalten, den Mangel, dass sie allein die Vielzahl der Schlüssel zum Verständnis moderner Zivilisationserscheinungen gar nicht zur Verfügung haben können, in eine Stärke umzumünzen. Indem sie ihn als Aufforderung zur Zusammenarbeit begreifen. Nach innen und außen!

- Ein Institut für Schulentwicklung gründen. Am besten gleich in Konkurrenz zum Bund der Waldorfschulen (denn Konkurrenz belebt das Geschäft, und nichts ist überfälliger als Belebung auf diesem Feld). Von dort wird Profilbildung initiiert. Wird die einmal angestoßene Entwicklung begleitet, das Erreichte evaluiert, werden die nächsten Meilensteine vereinbart. Als Instrument der Qualitätssicherung lernen alle Beteiligten das Portfolio kennen und kultivieren, zur Dokumentation, Reflexion, zur Auswertung und Darstellung sowohl der Prozesse als auch der Ergebnisse zielgerichteten Handelns im visionären Kontext! Mit garantiertem Siebenmeilenschritt, der ganze Kollegien aus endlosem Konferieren unmittelbar ins Erleben der Zusammenarbeit versetzt.

- Zur Flankierung dieser Maßnahmen auf einer der nächsten Bundesdelegiertenversammlungen einen Gründungsstopp beschließen: für alle *neuen* Waldorfschulen nach *altem* Muster. Wer in Zukunft aufgenommen werden will in den ewigen Bund, muss sein individuelles Gesicht vorzeigen können. Das Allgemeine bieten, aber in unverwechselbarer Form. Oder eine andere Schule gründen, jedenfalls keine, die zukünftig das Markenzeichen Waldorf tragen darf.

- In allen Waldorfschulen, die sich von Grund auf erneuern (weil sie andernfalls in fünf Jahren ihr Markenzeichen verlieren), werden die vorhandenen Ressourcen gehoben und gestärkt (statt wie bisher outgesourct). Initiativen, die in Schulen bislang an der Peripherie nur geduldet werden, finden sich unversehens im Zentrum der Schulentwicklung wieder. Weil die Voraussetzungen dafür geschaffen wurden, dass Talente sich heimisch fühlen können und nicht notwendig mehr im System verschleißen müssen (oder gerade noch rechtzeitig daraus verabschieden). Erfolgreiche Praxisbeispiele innovativer Kollegen als Bezugspunkt der schulischen Profilbildung! Und die ewig Gestrigen erhalten in einem Clearingverfahren die faire Chance, den Ort ihrer Bestimmung woanders zu suchen.

- Dabei nicht vergessen, die Rolle aller Beteiligten neu zu bestimmen. Allen voran die der Eltern! In Zukunft werden sie umworben als Experten, die schulische und außerschulische Lernorte miteinander verknüpfen helfen und die soziale Einrichtung mit Lehrern gründen, die dem System Schule ermöglicht, vom Leben zu lernen. Eltern als unersetzbare Partner, um die An- und Aufschlüsse am Ende der Schulzeit zu kreieren. Und die Partizipation einer breiten Öffentlichkeit zu erreichen.

- Gleichzeitig stellen sich alle Selbstverwalter der Gretchenfrage und beantworten sie auch: ‹Wie hältst du's mit der Führung und Verantwortung im eigenen Unternehmen?› Folglich lernen alle Beteiligten das kleine Einmaleins des eigenen Handelns im Kontext institutioneller Bedingungen verstehen. Was alles braucht es, um nicht nur sich selbst, sondern ebenso die eigene Organisation entwicklungsfähig zu machen? (– geschweige denn den Organismus lebendig!). Zum Beispiel die Fähigkeit, den obsoleten Gemeinschaftsbegriff bis in seine letzten Auswüchse hinein zu verfolgen und gnadenlos zu individualisieren. Positive Macht ist das Ziel, das allein durch Zusammenarbeit erreichbar ist und das Trauma früheren Konferierens allmählich vergessen macht.

- Immer und überall gilt für alle: die Idee hinter der Tradition aufspüren. Sie begreifen und bewegen lernen – und in vielfältig neue Formen gießen. Hetzjagden auf Kochlöffel sollten unter allen Umständen vermieden werden. Zwar: deren Schonzeit erklären wir hiermit feierlich und für immer beendet, doch müssen Erneuerer auch lernen, die Begegnung mit ihnen auszuhalten. Selbst dann, wenn sich diese in der Anfangsphase zwangsläufig häufen werden.

Klar, dass eine Aufzählung wie diese unvollständig bleiben muss. Doch ist das ganz im Sinne des Erfinders. Viel ist es auch schon so, zu viel, um in einem Angang erledigt zu werden. Also empfehlen wir, vor allem den Anfang zu suchen, die ersten Schritte tatsächlich zu unternehmen und dabei darauf zu achten, welche Spielräume sich aus ihnen ergeben. Aber auch das ist schwer, doch kommt die Ausrichtung auf Leitbilder und Ziele hinzu, kann, was von dort aus zieht (sogar saugt), für die nötige Dynamik sorgen.

Dass so viel aufgelaufen ist nach bald 90 Jahren Stagnation des Modells, haben wir uns selbst zuzuschreiben. Wir sollten deshalb auch versuchen, alles, was im zwanzigsten Jahrhundert liegen geblieben ist, rasch aufzuarbeiten.

Das einundzwanzigste hat nämlich schon begonnen.

Das Wort danach

Tu's nicht!

Mein Freund, in dessen Mailbox sich das Konzept dieses Buches bereits vor seiner gültigen Niederschrift verfangen hatte, bekam auch *in* der Entstehungszeit wesentliche Teile davon zu Gesicht. Bald schon war er alarmiert.

Seine anfänglich noch als Empfehlungen getarnte Skepsis nahm rasch den Charakter ernstgemeinter Ratschläge an, um sich unverhohlen zuletzt als Warnungen vor mir aufzutürmen. Den Höhepunkt unserer Korrespondenz markierte der Inhalt folgender Mail, der sich eines Tages vor mir auftat: «Also abgeholt hast du sie. So viel steht fest! Und behutsam ist es dir *nicht* gelungen. Wie du es in deinem Vorwort bereits ankündigst. Ehrlich bist du, das muss man dir lassen!» Was mich auf den ersten Blick irritierte: Wir hatten bis zu diesem Zeitpunkt (trotz des unaufhaltsamen Crescendos unserer Auseinandersetzung) stets der Formeln gedacht, die Anfang und Ende schriftlicher Mitteilungen den Anstrich zumindest der Höflichkeit verleihen. Hier fehlten sie. Am Anfang wie am Ende. Sie mussten meinem Freund im Eifer des Gefechtes entfallen sein. Doch ließ ich in aufkommender Unruhe die ersten Zeilen noch einmal auf mich wirken. Wo Zustimmung (wie hier) bereits im Tonfall der Missbilligung daherkam, war kein Zweifel möglich über die Schwere der Geschütze, die im Folgenden noch aufgefahren würden. Ich wappnete mich. (Hinzufügen muss ich noch, dass mein Freund stets auch mit Ausschnitten aus dem zweiten Teil des Buches versorgt wurde, dem über die neue Waldorfschule. Doch bezogen sich seine Reaktionen fast ausnahmslos auf den ersten. In die Kochlöffel hatte er sich so richtig verbissen.) «Du weißt genauso gut wie ich, dass Waldorfschulen regelmäßig Angriffen von außen ausgesetzt sind. Und was machst du? Du eröffnest eine neue Front. Als Insider! Von innen!! Und dazu noch auf einem fast vollständig neuen Terrain!!! Wem du damit Mu-

nition lieferst, brauch ich dir nicht erst auseinanderzusetzen. – Aber warte, bevor du auf ‹Antworten› gehst. Es kommt noch doller! Du schreibst ein Buch über die Waldorfschule. Und verlierst nur an wenigen Stellen wenige Worte über deren besondere pädagogische Ausrichtung. Wer soll dich da ernst nehmen? Ich weiß, du wirst behaupten, die wesentlichen Elemente in deinem Buch berücksichtigt zu haben; aber was du diesbezüglich entwickelst – in Ehren, nur es reicht nicht. Ohne dass du dich mit den menschenkundlich-anthroposophischen Grundlagen der Waldorfpädagogik fundiert auseinandersetzt, bleibt deine Kritik stumpf. Du zielst ins Schwarze, aber dein Schuss verliert sich irgendwohin ins Blaue. Übrigens, dein Vorbild, Christoph Lindenberg, ist dem Vermittlungsversuch seinerzeit nicht ausgewichen. Und war erfolgreich damit. Du unterlässt ihn. Die logische Konsequenz daraus brauch ich dir nicht auseinanderzusetzen.»
– Und zwei Zeilen darunter, dort, wo mein Freund im Eifer des Gefechtes die Grußformel vergessen hatte: «Was ich dir zu sagen hatte, wird dich vielleicht getroffen haben. Und genau das sollte es auch.»

Tatsächlich brauchte ich eine kleine Verschnaufpause, bevor ich mich mit einem Klick zur Antwort entschloss. «Lieber Freund», begann ich (auf die Anrede wollte ich nicht verzichten; zu persönlich allerdings auch nicht werden, da mir mein Freund schon frühzeitig mit Maßnahmen für den Fall der Veröffentlichung seines Namens gedroht hatte). «Lass mich auf den ersten Punkt deiner Anklage mit einer Vermutung, auf den zweiten mit einer Drohung antworten. Kurz und knapp: Wir bräuchten uns vielleicht gar nicht (in dem Maße, wie wir heute dazu genötigt werden) gegen die in regelmäßigen Intervallen erfolgenden (auffällig stereotypen) Angriffe von außen zu verteidigen, hätten wir selbst den Kampf an der inneren Front aufgenommen, die ich in meinem Buch viel zu spät, aber endlich doch eröffne. Zum zweiten Punkt! Ich habe das Modell Waldorfschule ins Zentrum gerückt. Warum, das habe ich ausführlich bereits begründet (und im Übrigen gerade ein weiteres Argument nachgeliefert). So war naturgemäß von der Waldorfpädagogik weniger die Rede. Um sich nun das, was an meiner Kritik berechtigt ist, vom Leib zu halten, wird man sich wahrscheinlich des von dir angeführten Argumentes bedienen. Dazu meine Drohung! Vielleicht schreibe ich dieses Buch. Eines, in dem sehr viel von Waldorfpädagogik (und weniger vom Schulmodell) die Rede sein wird. Aber nicht nur idealtypisch darüber, wie Waldorfpädagogik sein sollte, als vielmehr über das, was mir im Konferenz- und Schulalltag tatsächlich begegnet. Ich hätte nicht übel Lust, den Boden der Menschenkunde zu inspizieren, von dem bis heute behauptet wird, dass wir Waldorflehrer alle auf ihm stünden. Eines kann ich dir jetzt schon garantieren: Meine Kritik würde nicht geringer ausfallen. Im Gegenteil, man sollte mir dankbar sein, dass ich dieses Buch noch nicht geschrieben habe. Aber man sollte diese bislang vernachlässigte Auseinandersetzung auch nicht allzu laut einklagen. Ich könnte versucht sein, sie anzunehmen. Und einen Folgeband tatsächlich damit füllen.»

Die Antwort kam postwendend: «Mein lieber Rüdiger, ich befürchte, dass du recht hast. Aber ich bitte dich um eins: Tu's nicht!»

Anmerkungen

1 Portfolio i skolan, del 1 och 2, Fortbildnings Förlaget, Box 34, 17 111 Solna, Sverige
2 Ulrich Meier, Plan zur Abschaffung der Schule, in: Info 3, 09/04, S. 12
3 Michael Brater, Was brauchen wir morgen? Berufsentwicklung, Anforderungsprofile und (Waldorf-)Schule, in: Doris Kleinau-Metzler (Hg.), Die Zukunft der Waldorfschule, Rowohlt Taschenbuch Verlag, 2000
4 Christoph Lindenberg, waldorfschulen: angstfrei lernen, selbstbewusst handeln, praxis eines verkannten schulmodells, Rowohlt, 1975
5 wie 4, S. 15
6 wie 4, S. 17
7 wie 4, S. 15
8 wie 4, S. 15
9 wie 4, S. 15
10 Hermann Hesse, Stufen, erste Zeile
11 Rudolf Steiner, Konferenzen mit den Lehrern der Freien Waldorfschule in Stuttgart, Rudolf Steiner Verlag Dornach/Schweiz, 1975, GA 300 b, die Konferenzen vom 15. 10. und 22. 10. 1922
12 Peter Selg, «Die Lehrer haben den Kontakt mit der Schülerschaft der höheren Klassen ganz verloren», in: Peter Selg, Eine grandiose Metamorphose, Verlag am Goetheanum, 2005, S. 57 ff.
13 wie 11
14 zitiert nach Peter Selg, wie 12
15 wie 11
16 wie 11
17 Elaine Beadle, Albrecht Hemming, Die Organisation für «Stachelschweine», herausgegeben durch MIRA Entwicklungsbegleiter, 1992, S. 21
18 Friedrich Glasl, Trude Kalcher, Hannes Piber (Hg.), Professionelle Prozessberatung, Haupt Verlag Bern, Stuttgart, Wien, S. 26
19 wie 18, S. 27
20 alle Zitate wie 11

21 wie 11

22 Christoph Lindenberg, Rudolf Steiner, Rowohlt, 2004, S. 85

23 alle Zitate wie 11

24 wie 11

25 zitiert nach Selg, wie 12, S. 67

26 wie 12, S. 136

27 wie 12, S. 68

28 wie 22, S. 122

29 wie 11, 300 a, Konferenz vom 16. 1. 1921, S. 270

30 Dietrich Esterl, Die erste Waldorfschule, edition waldorf, 2006, S. 198

31 wie 11, 300 a, S. 152

32 wie 4

33 alle Zitate wie 11, 300 b, Konferenz vom 11. 9. 1921, S. 40 f.

34 wie 11, 300 b, Konferenz vom 9. 12. 1922, S. 206

35 wie 4, S. 58, 59

36 Peter Loebell, Elemente des Waldorfunterrichts, in: Doris Kleinau-Metzler
   (Hg.), Die Zukunft der Waldorfschule, Rowohlt Taschenbuch Verlag, 2000,
   S. 90

37 vgl. Enja Riegel, Schule kann gelingen, Fischer Verlag, 2004, S. 137

38 Ludwig Fertig, Zeitgeist und Erziehungskunst, Wissenschaftliche Buchge-
   sellschaft Darmstadt, 1984, S. 309

39 beide Zitate wie 38, S. 311

40 wie 38

41 wie 11, Konferenzen vom 14. 6. 20; 26. 5. 21

42 vgl. Georg E. Becker, Unterricht auswerten und beurteilen, Beltz Verlag,
   6. Auflage 1998, S. 105

43 wie 42, S. 97

44 Rupert Vierlinger, Leistung spricht für sich selbst, Dieck-Verlag, 1999

45 alle Zitate wie 44, S. 8

46 Felix Winter, Leistungsbewertung, Eine neue Lernkultur braucht einen anderen Umgang mit den Schülerleistungen, Schneider Verlag Hohengehren,
   2004, S. 236 ff.

47 wie 46, S. 240

48 gefunden unter: http://www.agprim.uni-siegen.de / notengutachten.htm

49 wie 4, S. 58

50 wie 11, Konferenz vom 28. 10. 1922, S. 158

51 Rudolf Steiner, 3 Vorträge über Volkspädagogik, in GA 192, Rudolf Steiner
   Verlag

52 wie 51, S. 128
53 wie 51, S. 145
54 wie 11, Konferenz vom 15. 10. 1922, S. 145
55 alle Zitate wie 54, S. 145 f.
56 wie 11, S. 158
57 wie 51, S. 130
58 alle Zitate wie 22, S. 27–29
59 alle Zitate wie 51, S. 129
60 alle Zitate wie 4, S. 61, 62
61 Hansjörg Hofrichter, Waldorf, Die Geschichte eines Namens, Pädagogische Forschungsstelle beim Bund der Freien Waldorfschulen, Stuttgart, 4. Auflage 2004
62 wie 61, S. 9 f.
63 Ulrich Scheufele (Hg.), Weil sie wirklich lernen wollen, Das Altinger Konzept, Beltz Quadriga, 1996
64 Karl Frey, Die Projektmethode, Der Weg zum bildenden Tun, Beltz Verlag, 8. Auflage 1998
65 vgl.: Michael Knoll, Projektmethode und fächerübergreifender Unterricht, Eine historisch-systematische Betrachtung
66 wie 63, S. 160
67 wie 63, S. 158
68 dtv-Lexikon, 1978, Band 14, S. 34
69 wie 63, S. 95
70 wie 63, S. 159, 163
71 Tobias Richter (Hg.), Pädagogischer Auftrag und Unterrichtsziele – vom Lehrplan der Waldorfschule, Verlag Freies Geistesleben, 1. Auflage 2003
72 wie 71 S. 41
73 wie 71, S. 14
74 alle Zitate wie 63, S. 158, S. 160
75 wie 4, S. 113
76 wie 51, S. 119 f.
77 Erhard Fucke, Grundlinien einer Pädagogik des Jugendalters, Verlag Freies Geistesleben, 1991
78 wie 75
79 eine Metapher aus dem Gedicht «Windgespräch» Christian Morgensterns
80 Emil Molt, Entwurf meiner Lebensbeschreibung, Verlag Freies Geistesleben, 1972, S. 203

81 Herbert Hahn, Die Geburt der Waldorfschule aus den Impulsen der Drei-
   gliederung, in: Wir erlebten Rudolf Steiner, Verlag Freies Geistesleben,
   5. Auflage 1977, S. 85

82 Albert Schmelzer, Die Dreigliederungsbewegung, Verlag Freies Geistesleben, 1991, S. 110

83 wie 81, S. 85

84 Christoph Lindenberg, Rudolf Steiner, Eine Chronik, Verlag Freies Geistesleben, S. 406

85 wie 81

86 Sebastian Haffner, 1918/1919, Eine deutsche Revolution, Rowohlt, 1988,
   S. 40

87 Sebastian Haffner, Wilhelm der Zweite, in: Sebastian Haffner, Wolfgang
   Venohr, Preußische Profile, Ullstein Sachbuch, 2. Auflage 1990, S. 262

88 vgl. Schmelzer, wie 82, S. 76 ff.

89 wie 82, S. 214

90 wie 82, S. 229

91 wie 82, S. 230

92 wie 82, S. 125

93 wie 82, S. 138 f.

94 wie 82, S. 232

95 wie 82, S. 233

96 wie 82, S. 233, S. 237

97 wie 11, Konferenz vom 21. Januar 1921, S. 260 f.

98 wie 82, S. 239

99 wie 97

100 vgl. Alexander Strakosch, Lebenswege mit Rudolf Steiner, Philosophisch-
    Anthroposophischer Verlag am Goetheanum, 1994, S. 290 f.

101 Klaus J. Fintelmann, Lernendes Arbeiten, arbeitendes Lernen, in: Flens-
    burger Hefte, Sonderausgabe 15, 1995/96, S. 120 ff.

102 ausführlicher in: Rüdiger Iwan, Ansätze zur Entwicklung einer neuen
    Oberstufengestalt, Freies Geistesleben, 2003

103 zitiert nach Molt wie 80, S. 256

104 Erziehungskunst 3/2001, S. 266 ff.

105 Rudolf Steiner, Allgemeine Menschenkunde als Grundlage der Pädago-
    gik, GA 293

106 wie 37, S. 251

107 wie 11, Konferenz vom 8. 9. 1919, S. 68

108 wie 37, S. 252

109 J. W. v. Goethe, Faust I, Vers 2181 f.

110 wie 107

111 Titel eines Erzählbändchens der Schriftstellerin Marie Luise Kaschnitz

112 wie 4, S. 129

113 wie 4, S. 120

114 wie 4, S. 129

115 Bildung schafft Zukunft, Broschüre der Bundesvereinigung der Arbeitgeberverbände, S. 10

116 wie 4, S. 15

117 Ferdinand J. C. M. van Koolwijk, Außer Reden nichts gewesen, Bertelsmann, 1998

118 wie 4, S. 121

119 Info 3, Ausgabe 09/2004, S. 29

120 wie 11, Konferenz vom 25. 5. 1923, S. 52, 53

121 siehe unter *www.portfolio-schule.de*

122 Felix Winter, Person-Prozess-Produkt. Das Portfolio und der Zusammenhang der Aufgaben, in: Friedrich Jahresheft, 2003, S. 79

123 Elisabeth Hebert, The Power of Portfolios: What Children Can Teach Us About Learning, San Francisco, 2001

124 wie 123

125 zitiert nach: Rüdiger Iwan, Zeig, was du kannst, Portfolioarbeit als zentrales Anliegen der Waldorfpädagogik, Menon Verlag, 2005, S. 19

126 wie 122

127 vgl. Thomas Häcker, Wurzeln der Portfolioarbeit, in: Ilse Brunner, Thomas Häcker, Felix Winter, Das Handbuch Portfolio, Kallmeyer, bei Friedrich in Velber, 2006, S. 36

128 Werner Wintersteiner, Portfolios als Medium der Selbstreflexion, in: ide – zeitschrift für den deutschunterricht in wissenschaft und schule, 1/02, S. 43

129 vgl. Daniel Jabornegg, Der Portfolio-Ansatz in der Schülerbeteiligung der USA und seine Bedeutung für die Schülerbeurteilung in der neuen kaufmännischen Grundbildung, Dissertation der Universität St. Gallen, S. 71 ff.

130 wie 123

131 alle Zitate nach Dietrich Wessel, Hausaufgaben – kein Thema? In: Erziehungskunst 9/2002, S. 966 ff.

132 vgl. Johannes Hemleben, Rudolf Steiner, Rowohlt, 1963, S. 14

133 wie 22, S. 11

134 Es klippert die Schule, Die ZEIT, 30. März 2006

135 wie 4

136 alle Zitate wie 44, S. 16 ff.

137 Christoph Lindenberg, Leistung, Leistungskontrolle und Berechtigungswesen, in: Fragen der Freiheit, 11 / 12 1985, S. 47, S. 55

138 vgl. die Figur Innstettens aus dem Roman Effi Briest von Theodor Fontane

139 wie 46, S. 250 f.

140 wie 46, S. 121

141 Figur aus Momo von Michael Ende

142 Bund der Freien Waldorfschulen

143 alle Zitate Erziehungskunst 10 / 2005, S. 1068

144 zitiert aus: securvital, 11 / 12 2006, S. 18

145 Laurens van der Post, Die verlorene Welt der Kalahari, Henssel Verlag
Berlin, 10. Auflage 1987

146 Ein Ausdruck des Journalisten Reinhard Kahl

147 Elsbeth Orth, Vom Königsschatz und Kataster, in: Uwe Schultz (Hg.),
Mit dem Zehnten fing es an, Eine Kulturgeschichte der Steuer, C. H. Beck,
1986, S. 74 ff.

148 vgl. Veit Valentin, Geschichte der Deutschen, Knaur, 1980, S. 464

149 Wilhelm Rauthe, Das Abitur, Eine Notwendigkeit, Verlag Freies Geistesleben, S. 11

150 wie 38, S. 233

151 alle Zitate: Peter Berglar, Wilhelm von Humboldt, Rowohlt, 1991, S. 79 ff.

152 wie 149, S. 12

153 vgl.: Rüdiger Iwan, Prüfung, Pisa und Portfolio, Menon Verlag, 2004

154 alle Zitate wie 149, S. 14

155 Bastian Sick, Der Dativ ist dem Genetiv sein Tod, KiWi, 2005

156 Thomas Häcker, Portfolio: ein Entwicklungsinstrument für selbstbestimmtes Lernen, Schneider Verlag Hohengehren, 2006

157 siehe: Klaus J. Fintelmann, Erziehung zur Arbeit – Erziehung durch Arbeit, in: Erziehungskunst 7 / 8 1998, S. 815 f., und: Dietrich Esterl, Die erste
Waldorfschule, edition waldorf, 2006, S. 50 f.

158 Auszug aus dem Gesellschaftsvertrag, siehe auch *www.perpetuum-novi-
le.de*

159 Eine Filmreihe von Reinhard Kahl